高等职业教育高速铁路客运乘务专业“十三五”规划教材

高速铁路客运乘务实务

雷莲桂　赵　岚◎主　编

颜梅娟　王慧英◎副主编

中国铁道出版社有限公司

2025年·北　京

内 容 简 介

本书为高等职业教育高速铁路客运乘务专业“十三五”规划教材，主要内容包括高速铁路动车组列车客运乘务基础认知、高速铁路动车组列车乘务工作、高速铁路动车组列车票务处理、高速铁路动车组列车信息传递、高速铁路动车组列车台账资料管理、高速铁路动车组列车卫生管理等六个项目。本书采用项目—任务式的编写体例，每个项目包含若干个任务，每个任务包含任务引入、知识准备、任务训练三部分内容，符合现代职业教育发展和“教、学、做一体化”的要求，便于实现学生学习理论知识和掌握相关岗位作业技能同步进行，达到理论与实践紧密结合的教学效果。

本书适合作为高等职业院校高速铁路客运乘务专业及相关专业教材，也可供从事高速铁路客运相关工作的职工参考、学习。

图书在版编目(CIP)数据

高速铁路客运乘务实务/雷莲桂，赵岚主编. —北京：中国铁道出版社有限公司，2020.8(2025.8 重印)

高等职业教育高速铁路客运乘务专业“十三五”规划教材

ISBN 978-7-113-26968-5

Ⅰ.①高… Ⅱ.①雷… ②赵… Ⅲ.①高速铁路-铁路运输-客运服务-高等职业教育-教材 Ⅳ.①U293.3

中国版本图书馆 CIP 数据核字(2020)第 095450 号

书　　名：高速铁路客运乘务实务

作　　者：雷莲桂　赵　岚

责任编辑：悦　彩　　**电话：**(010)51873206　　**电子邮箱：**sxyuecai@163.com

封面设计：王镜夷　高博越

责任校对：王　杰

责任印制：高春晓

出版发行：中国铁道出版社有限公司(100054，北京市西城区右安门西街 8 号)

网　　址：https://www.tdpress.com

印　　刷：三河市宏盛印务有限公司

版　　次：2020 年 8 月第 1 版　2025 年 8 月第 3 次印刷

开　　本：787 mm×1 092 mm　1/16　**印张：**10.75　**字数：**276 千

书　　号：ISBN 978-7-113-26968-5

定　　价：29.00 元

重印说明

《高速铁路客运乘务实务》于 2020 年 6 月在我社出版，本次重印主要修订内容如下：

以国家铁路运输主管部门和运输企业最新公布的规章规范，更新书中涉及的相关内容。根据《中国铁路运输收入管理规定》，对“铁路运输收入管理”的内容进行了更新。

中国铁道出版社有限公司

2022 年 10 月

前言 FOREWORD

随着高速铁路的迅猛发展，动车组列车开行比例越来越大，需要大量的高速铁路客运乘务高水平技能型人才。为了满足铁路运输企业对人才的新需求，铁路高职院校及开设高速铁路客运乘务专业的其他院校致力于培养高素质技能型高速铁路客运乘务专业人才。本教材的编写主要是为了满足不同类型的院校对培养高速铁路客运乘务专业人才的需求。

本教材以铁路旅客运输有关规章为指导，对接铁路运输行业最新标准和国际先进职业标准，及时跟进现场新技术、新设备的运用成果和发展趋势，全面介绍动车组列车客运乘务工作。本教材中所举例的车次，是为讲清楚工作原理或者方法而虚拟的车次。

本教材由柳州铁道职业技术学院雷莲桂、西安铁路职业技术学院赵岚任主编，中国铁路南宁局集团有限公司颜梅娟、河北轨道运输职业技术学院王慧英任副主编。具体编写分工如下：黑龙江交通职业技术学院兰云飞编写项目一典型工作任务一；柳州铁道职业技术学院尹天编写项目一典型工作任务二；雷莲桂编写项目二，项目三典型工作任务一；西安铁路职业技术学院李颖编写项目三典型工作任务二，项目五；颜梅娟编写项目四典型工作任务一(站车交互系统部分)；中国铁路南宁局集团有限公司黄皎洁编写项目四典型工作任务一(客管系统部分)；王慧英编写项目四典型工作任务二；赵岚编写项目六。

本教材适合作为应用型本科、高职及中职院校相关专业的教学用书，也可作为铁路运输企业培训入职员工、转职(岗)员工及晋升岗位员工的培训用书。

在本教材的编写过程中，得到了中国国家铁路集团有限公司客运部、中国铁路南宁局集团有限公司客运部的大力支持，也得到各铁路高职院校和有关站段的帮助，在此表示诚挚的谢意。

受限于掌握的资料和编者的水平，书中定有不少缺点和疏漏，恳请广大读者批评指正。

编　者

2020 年 5 月

目录 CONTENTS

项目一　高速铁路动车组列车客运乘务基础认知

学习目标

1. 知识目标

- 了解乘务工作特点和乘务组工作制度
- 理解乘务工作任务和乘务组及乘务人员需要数的确定
- 掌握动车组列车乘务组成及分工和乘务制度

2. 能力目标

- 能够熟悉乘务工作的任务，并能够运用乘务管理的知识进行乘务工时分析
- 具备区分乘务工作岗位分工的能力
- 具备进行乘务制度优劣分析的能力

3. 素质目标

- 培养学生积极向上的学习态度和良好的学习习惯
- 培养学生严谨、认真、细致的工作态度和良好的职业素质
- 培养学生树立“人民铁路为人民”的职业情操

典型工作任务一　动车组列车乘务组基础知识认知

任务引入

随着我国高速铁路的快速发展，动车组列车开行数量剧增。与普速旅客列车相比较，动车组列车因其快速性和舒适性，成为很多旅客出行的首选。在我国很多地区，动车组列车开行比例超过普速旅客列车，成为铁路运送旅客的主力军。高速铁路动车组列车的乘务管理制度，不仅影响着动车组列车的运营效率和服务质量，还影响到运输企业的效益。

请思考：

1. 动车组列车客运乘务组由哪些人员组成？各岗位的人员分工是什么？如何配备？

2. 乘务管理中运用哪些制度保证服务质量？

知识准备

一、动车组列车乘务组组成及乘务组工作概述

1. 动车组列车乘务组组成

动车组列车乘务组由列车长、列车员、乘警(或列车安全员)和随车机械师组成,列车乘服人员(保洁员)和餐饮服务人员由社会专业公司承担时,其员工视同列车乘务组成员。列车运行时间在8 h内的动车组列车配备列车安全员,安全员隶属客运段管理,运行时间超过8 h的动车组列车由乘警值乘,不配安全员。

动车组列车上实行列车长领导下的各工种分工负责制,各工种在列车长的领导下,按岗位责任各负其责,相互协调,落实作业标准,有监督,有检查,有考核。

客运乘务组根据交路实际需要采用轮乘制或包乘制,8辆基本编组的动车组列车乘务组由1名列车长、2～3名列车员(具体根据车型和交路确定)组成,动车组重联时,按两个乘务组配备。编组16辆的动车组按1名列车长、4名列车员配备。对运行时间较长的动车组可适当增加客运乘务人员。

2. 动车组列车乘务组工作概述

(1)乘务组职责

动车组列车客运乘务组承担服务旅客、处理票务、检查列车保洁及餐饮工作质量等工作。发生影响旅客安全问题时,客运乘务组应当立即采取有效措施,保护旅客安全。

(2)列车广播

运行时间在3 h以内的动车组列车,一般只播迎送词、服务设备介绍、安全提示、站名和背景音乐。运行时间超过3 h的列车,可在不干扰旅客休息的前提下,适当增加播放内容。列车旅客信息服务及影音播放系统播放的内容应由客运部门提供,由车辆部门录入。

例如,京津城际动车组列车采取中英文广播,动车组列车在始发前5 min播放安全提示,始发后5 min播放欢迎词、安全提示及背景音乐,终到站前5 min播放终到告别词。列车广播内容由客运段提供,铁路局集团公司宣传部、客运部审定,车辆部门录入,始发前由随车机械师按规定操作自动广播装置。自动广播发生故障时,由客运人员人工广播。

(3)车门管理

动车组列车车门采用联控方式,由司机和随车机械师负责开启、关闭和监控。开车前,由列车长接到车站与客运有关的作业完毕通知后,根据车型不同按规定通知司机或机械师关闭车门。动车组重联运行时,由两组列车长互相确认旅客乘降情况后,运行前方第一组的列车长负责通知司机或机械师。动车组驶出动车段到达始发站后,应将车门保持关闭状态。司机或机械师根据列车长的通知开门。其他列车工作人员不得擅自开关车门。

动车组列车停靠低站台时,到站前乘务人员提前锁闭辅助板指示锁,开车后及时将翻板及辅助板指示锁复位。

餐车上货门仅供餐车售货人员补充商品、餐料时使用,无旅客乘降。

列车运行中,要求车门、气密窗锁闭状态良好,定期巡视,保持通道畅通。发现车门未锁闭或锁闭状态不良时，指派专人看守，并及时通知随车机械师处理。

(4)资料台账

动车组列车客运乘务出乘时，按规定配置业务资料，除携带电报用纸、客运记录和必要的设备、资料外，其他纸质资料台账不携带上车。业务办理要符合规定，票据和台账、报表填写规范、内容准确、完整清晰。动车组列车上要配备保险柜，营运进款结算准确，票据、现金及时入柜加锁，到站按规定解款。

(5)通信联络

客运乘务人员配手持电台。动车组列车始发前，列车长的手持电台均应设置在频道1与随车机械师、乘警或司机进行通话联络。运行途中，列车长需与列车员通话时，转为各自的专门频道进行通话。通话完毕，应转回频道1进行守候。

(6)多功能室

列车多功能室只能用于照顾伤、病旅客，存放少量服务备品，由客运乘务人员管理，其他人员不得占用或改作他用。

(7)宣传揭示

动车组列车无招商广告的广告宣传框全部安装公益广告，具体包括失信人员限制购买车票、铁路乘意险、常旅客服务、互联网购票、文明乘动车、列车禁烟宣传和铁路局集团公司企业宣传等内容。框内宣传品制作应质量良好。

二、动车组列车乘务组工作的特点和任务

1. 乘务组工作特点

旅客的旅行生活大部分时间是在列车运行中度过的，因此做好列车乘务工作，对保障旅客安全、便利、舒适的旅行具有十分重要的意义。

旅客列车乘务组是客运部门的基层生产班组，其主要工作任务是输送旅客和行李、包裹，在旅客列车上为旅客营造安全、舒适、良好的旅行环境，并为旅客提供相应的服务。乘务工作的特点是车内人数多、旅客要求不一，列车设备条件有一定限度，列车运行和停站时间有严格规定，而且列车乘务组是在运行过程中，远离领导进行工作，许多问题要及时独立处理，这就决定了旅客列车乘务组要建立相应的组织及一定的工作制度，从实际出发，及时解决旅客提出的要求和处理临时发生的各种问题。

2. 乘务组工作任务

动车组列车客运乘务组的主要任务是：

(1)服务旅客

爱护动车组列车设备，充分发挥各种设备的效能，为服务旅客做好设备方面的保障；保持车厢内温度适宜，照明充足；做好重点旅客的服务工作。

(2)处理客运业务

正确执行规章制度，维护铁路正当收入，为旅客办理补票、改签、变更等级及其他特殊情况的车票业务；及时妥善地为旅客安排座席、铺位；正确掌握车内旅客及行包密度、去向，及时办理预报。

(3)检查列车保洁

监督列车内保洁卫生工作,保持车内环境、服务备品的整齐、洁净。

(4)监督餐饮服务工作质量

监督餐服工作人员的工作,做好餐茶供应及文化服务工作。

(5)其他

动车组列车客运乘务人员在担当乘务过程中需维护列车秩序,保证旅客上下车及旅途中的安全;同时还需保证行李、包裹安全、准确地到达到站。

任务训练

一、场景设计

(一)实训目的和要求

1. 实训目的

通过本任务训练,使学生在理论教学的基础上,综合运用高速铁路动车组列车客运乘务基础理论知识,熟悉高速铁路动车组列车乘务组组成和分工的具体要求,并能够将其运用到实际工作中,分工协作,完成任务。通过训练,不断提高学生的服务技能水平和解决实际问题的能力,培养学生的团队协作意识,以便更好地适应高速铁路动车乘务岗位的需要。

2. 实训要求

(1)实训分小组进行,每小组4～5人。

(2)统一着装:专业实训服(如条件不允许,可着正装)。

(二)实训内容

1. 选择若干对动车组列车,设定具体运行时间。

2. 根据人员组成和分工的规定,结合动车组列车和乘务工作实际,组建模拟乘务班组,组内每位同学分饰不同的岗位角色。

二、实训步骤

(一)实训前准备

1. 知识准备:动车组列车乘务组组成和人员分工的基础知识,列车乘务组工作的特点和任务等相关知识。

2. 人员准备:每小组做好人员分工。

(二)实　　训

实训采取多次抽签的形式开展班组组建模拟实训。

1. 各组根据所抽到的运行时间,确定拟组建班组的岗位角色类型,班组内人员包括列车长、列车员、餐服人员、保洁员、安全员等。

2. 采用组内随机分配(抽签)的形式组建模拟乘务班组,每位同学根据自己抽到的角色,在规定时间内阐述该岗位角色的分工内容。

效果评价

乘务工作认知训练评分表

姓名		地点		时间	
实训项目	实训考查要点	分值	小组评分	教师评分	最终得分
乘务工作认知	岗位角色的确定	30			
	岗位角色的分工内容	50			
	团队协作情况	20			
合　计		100分			

典型工作任务二　动车组列车乘务工作管理

任务引入

动车组列车客运乘务工作是一项服务旅客的工作，严格执行铁路运输企业的各项客运规章制度和服务标准，建立健全规范高效的乘务制度和工作制度，是确保动车组列车乘务工作的标准化、规范化和程序化的基础，是不断提升服务质量的保障。

请思考：

1. 在实际运营工作中，客运乘务班组采用什么样的值乘形式？
2. 动车组通过什么样的工作管理制度进行乘务班组的工作管理？
3. 乘务工作人员的工作时间是如何计算的？

知识准备

一、乘务制度

为保证旅客列车的安全和列车服务质量，同时便于管理，动车组列车实行固定班组制。旅客列车乘务组的乘务形式，按照既有利保养动车组列车又合理使用劳力的原则，根据列车种类和运行距离，分别采用包乘制和轮乘制。

在实际运营组织工作中，动车组列车采用固定交路结合包乘制或轮乘制乘务形式来组织乘务工作。

(一)包 乘 制

包乘制是指按旅客列车行驶区段和车次由固定的列车乘务组包乘。根据车底使用情况不同可分为包车底制和包车次制。

包车底制指乘务组不仅固定区段、车次，而且固定包乘某一车底。

包车次制指一个车次(通常叫线路)几个乘务组包干值乘，但不包车底。其优点是车底使用灵活，便于管理，可保证服务质量。缺点是乘务班组对车底的状况不如包车底制熟悉，不利于车底保养。

运行距离较远的直通动车组列车大都采用包车次制。

例如,在图 1-2-1 中,G1501/1502 次列车(上海虹桥—南宁东)即为典型的采用包车次制的动车组列车,该对动车组列车的车底运行周期为 2 d,车底周转需要 2 组车底,一个周期共需要 2 组乘务组完成该趟动车组列车往返乘务工作。这 2 组乘务组固定值乘于上海虹桥至南宁东区间,固定服务 G1501/1502 次列车,但是车底不固定。

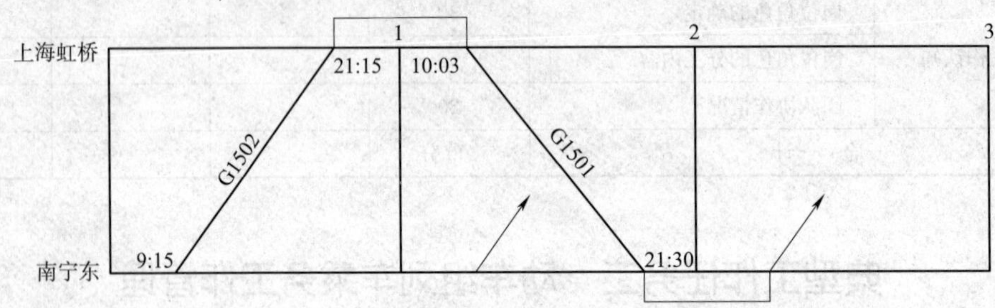

图 1-2-1　包车次制动车组列车车底周转图

动车组列车采用包乘制有利于动车组列车设备及备品的保养,乘务工作人员可以熟悉沿途乘车旅客的乘降规律,以便更好地安排自己的工作,从而有利于提高服务质量。但是,采用包乘制的动车组列车因班组固定服务于一个区间(或交路),乘务工时一般难以保证。执行包乘制的动车组列车,不足乘务工时部分的工时可采用乘务员套跑短途列车或长途车底套跑短途列车(一车底多车次)。这样可节省车底,也可弥补乘务工时的不足。表 1-2-1 为采用包乘制的动车组列车长短途套跑的例子,长途车 G421/422 次(北京西—南宁东)与短途车 G8953/8954 次(北京西—石家庄)套跑,具体套跑的车底周转情况如图 1-2-2 所示。

表 1-2-1　包乘制动车组列车套跑列车发到时刻

序　号	运行区间	车　　次	始 发 站	始发时间	终 到 站	终到时间
1	北京西—南宁东	G422	南宁东	8:25	北京西	20:53
		G421	北京西	9:05	南宁东	22:15
2	北京西—石家庄	G8953	北京西	21:17	石家庄	22:47
		G8954	石家庄	6:46	北京西	8:32

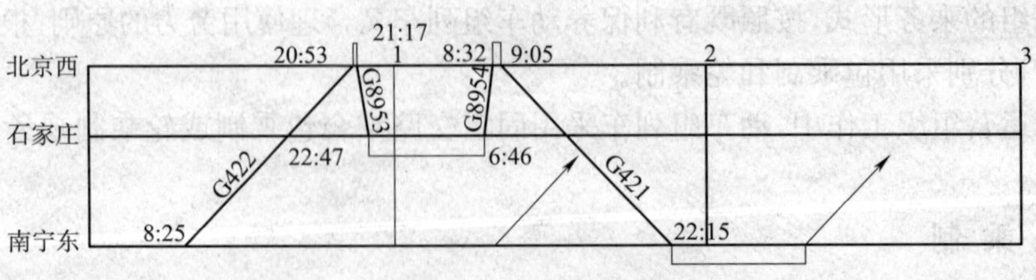

图 1-2-2　包乘制动车组列车套跑车底周转图

(二)轮 乘 制

轮乘制是指在旅客列车密度较大,且列车种类和编组又基本相同的区段,为了紧凑地组织乘务交路和班次，采用乘务组互相套用，不固定乘务组服务于某一列车。其优点是组织工作灵活，乘务班组对线路、客流及交通地理等情况熟悉，联系工作方便。缺点是增加了交接手续，不利于车底保养，对服务质量有所影响。

中短途的动车组列车的开行密度大，编组情况较普速旅客列车单一，故在实际运营过程中，多采用固定交路加轮乘制的组织模式。在运营情况大调整期间，轮乘制能灵活地解决乘务组分工接续问题。为提高动车组列车的运用效率及运输组织的紧凑，动车组列车的交路往往不是单一的区间，而是采用多个区间套跑的形式。例如，表 1-2-2 即为采用轮乘制动车组列车的套跑例子，该乘务班组套跑南宁东至广州南、桂林北至广州南和柳州至广州南三个区间 6 个车次，其运行交路如图 1-2-3 所示。因铁路运输企业运营组织变化较频繁，案例中所列车次并非运营实际情况，仅作为实际组织工作的方法的举例。

表 1-2-2　轮乘制动车组列车套跑车次发到时刻

序　号	运行区间	车　次	始发站	始发时间	终到站	终到时间
1	南宁东—广州南	D3659	南宁东	9:46	广州南	13:49
		D3660	广州南	18:59	南宁东	22:50
2	桂林北—广州南	D2960	广州南	14:10	桂林北	17:00
		D2959	桂林北	17:20	广州南	20:10
3	柳州—广州南	D2944/5	广州南	8:25	柳州	13:44
		D2946/3	柳州	14:10	广州南	18:32

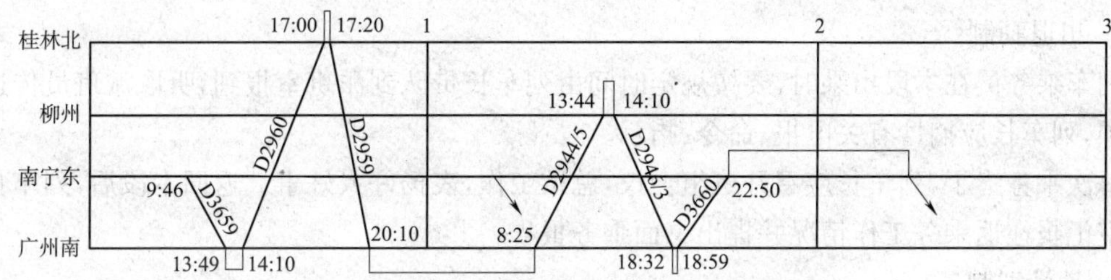

图 1-2-3　轮乘制动车组列车乘务班组交路图

二、乘务组工作制度

为良好地完成乘务组的乘务工作任务，旅客列车必须在列车长统一领导下建立必要的工作制度，以保证旅客、行包的安全运输和服务质量。

(一)动车组列车乘务组工作制度

1. 工作协调制度

列车长每趟车出乘前组织召开随车机械师、公安乘警、餐饮组长、保洁组长参加的工作协调会，沟通信息，提出本趟工作重点和要求。

动车组列车出库后，列车长要及时了解列车员、司机、公安乘警、随车机械师、保洁和餐饮服务等岗位工作准备情况，重点对卫生保洁质量、配餐数量以及各岗位人员等情况进行掌握，遇有重点任务，及时布置。

在担当乘务过程中遇有设备故障、列车晚点等情况，司机或随车机械师要主动向列车长通报故障情况、晚点或停车原因。列车长要及时逐级汇报，按指示向旅客通告，并组织客运乘务员、餐饮、保洁人员做好服务和解释工作。

客运段应每月组织动车组列车客运乘务、车辆乘务、公安、保洁和餐饮服务单位召开动车组一体化管理联席会议，总结工作，加强协调，统一步调，提高效率。

2. 信息传递制度

动车组列车各岗位乘务工作人员（含客运乘务、车辆乘务、公安、保洁和餐饮服务）要掌握列车运行、设备状况、旅客服务和餐饮供应等信息，及时相互通报。

动车组列车运行中遇有各类非正常情况时，各岗位乘务工作人员应按照各自职责逐级汇报，列车长应积极协调处理。

客运乘务、车辆乘务、公安、保洁和餐饮服务等单位之间应建立日常联络机制，加强相互之间的信息沟通。

3. 其他制度

动车组列车实行"首问首诉负责制"，各岗位乘务人员（除司机外）必须及时解答旅客问询、受理旅客投诉、解决旅客困难。

各岗位乘务工作人员必须严格遵守中国国家铁路集团有限公司（以下简称"国铁集团"）、各铁路局集团公司有关规定，严禁私带无票人员上车；如需要安排重点旅客乘坐餐车、多功能室、乘务员室等位置时，必须经列车长同意。

（二）与其他列车通用的工作制度

1. 出退勤制

列车乘务员在本段出乘时，要按规定时间由列车长带队到派班室报到，听取派班员传达有关事项，列车长应摘抄有关电报、命令、指示。

每次乘务终了，列车长应召开班组会议，总结工作，表扬好人好事。返回本段后，列车长向派班室汇报往返乘务工作情况并提出书面乘务报告。

2. 趟计划制

列车长每次出乘前应编制趟计划，趟计划在乘务报告中显示，其主要内容有：

(1)本次乘务工作中的重点工作安排。

(2)对贯彻上级规章、命令、指示、通知的具体措施。

(3)上次乘务工作中的优缺点及改进措施。

(4)针对接车所发现的问题，应采取的措施。

3. 查验车票制

动车组列车途中执行查验车票制度，管内动车组列车途中须查验1次车票，直通动车组不少于1次，视运行时间和距离适当增加验票频次，验票时在票面标记查验戳记。中途各站开车后根据站车交互系统，对上车旅客进行验票。列车应加强商务座和一等座管理，全程实行旅客到站登记制度。

4. 统一作业制

列车长应根据列车乘务的运行时刻、线路、客流、换班、餐茶等情况编制统一作业过程。

除上述制度外，还应建立健全以岗位责任制为中心的各项管理制度，如安全生产，经济核算，票据、现金、备品管理及库内看车，旅客意见处理等各项制度。

三、动车组列车乘务工时

（一）客运乘务人员定员标准

动车组列车根据人员组成和分工，在保证基本编组动车组列车1长2员、大编组动车组列车1长4员的前提下，安全员和查补员配备略有不同。以南宁局集团公司为例，客运乘务岗位的具体的岗位（不含外包的餐服员和保洁员）定员标准见表1-2-3。其中，运行时间在8 h以内的动车组列车，不配备乘警，由安全员承担乘警岗位的工作，安全员属客运乘务组成员。

表1-2-3　动车组列车客运乘务岗位人员定员标准表

岗　位	基本编组列车				大编组列车				重联列车			
	$T_{运行}>8$ h		$T_{运行}\leqslant8$ h		$T_{运行}>8$ h		$T_{运行}\leqslant8$ h		$T_{运行}>8$ h		$T_{运行}\leqslant8$ h	
	D字头	G字头	D字头	G字头	D字头	G字头	D字头	G字头	D字头	G字头	D字头	G字头
列车长	1	1	1	1	1	1	1	1	2	2	2	2
列车员	2	2	2	2	4	4	4	4	4	4	4	4
安全员	0	0	1	1	0	0	1	1	0	0	2	2
查补员	0	1	0	1	0	1	0	1	0	2	0	2
合　计	3	4	4	5	5	6	6	7	6	8	8	10

（二）乘务工时

我国采用8 h工作制，全年12个月，全年日历日365 d，全年周休日104 d，全年法定节假日合计11 d。

$$乘务员每月工作小时=(365-104-11)/12\times8=166.7(h)$$

按照国铁集团的规定，各铁路局集团公司人月均乘务工作时间按166.7 h标准执行。

动车组列车乘务工作人员工作时间包括：值乘时间、出退勤时间和热备工时。乘务工时不足的要合理调整交路，实行长套短轮。乘务工时超标的要创造条件，实行乘务、整备分离，逐步走向整备作业专业化，减少乘务人员工作时间，降低劳动强度。

1. 值乘时间

动车组列车实行单班作业形式，乘务班组的值乘时间按其实际出乘时所在车次的列车运行图规定的运行时间计算。

（1）包乘制动车组列车

采用包乘制的动车组列车，由于固定区间由固定班组值乘，其值乘时间即为乘务交路中的所值乘车次的图定运行时间（不含折返站停留时间）。

（2）轮乘制动车组列车

采用轮乘制的动车组列车，在一个完整的乘务交路周期中，可能会存在中途某个站点进行交接班的情况，即一个交路由两个甚至多个班组共同完成。故采用轮乘制的乘务组，其乘务工作人员的值乘时间为其实际担当车次的运行时间之和，不等于该交路的图定时间。

动车组列车乘务工作人员在外段停留休息时间不算乘务工时。

2. 出退勤时间

动车组列车乘务工作人员在出乘前和退乘后，在单位参加的学习、汇报会等的，记为出退勤时间，一个完整的出退勤工时由本段出乘、外段到达、外段出乘和本段到达四个环节组成，具体的计算标准见表1-2-4。

表1-2-4　动车组列车出退勤工时计算标准

出退勤时间 \ 单程运行时间	$T_{运行} \geqslant 12$ h	$T_{运行} < 12$ h
本段出乘	60 min	60 min
外段到达	20 min	20 min
外段出乘	60 min	50 min
本段到达	20 min	20 min

注：1. 在本段和折返站停留时间不足到达时长时，按实际停留时间计算；
2. 连续乘务交路的出退勤时间按头尾计算一次。

3. 热备工时

当运营中的动车组列车运行途中发生故障无法继续运行或遇行车设备故障、自然灾害、行车事故等严重影响列车运行秩序，造成动车组车底接续不上图定交路时，或正常运用动车组在动车所内检查、存放时发现故障不能及时出库，且影响到列车始发作业时，需要启动热备动车组列车进行救援。为确保热备动车组及时救援出动，运输企业每日按照热备车型对应的出乘人员标准进行人员配备(含餐服员、保洁员、安全员)。热备动车组乘务组成员按出乘标准着装，佩戴标志，携带相关设备、备品、台账，备足商品、食品、保洁用品，每日20:00到指定的动车队报到，参加点名后到指定地点进行24 h热备。乘务组工作人员每热备24 h，折算为11 h工作时长，即为热备工时。

(三)乘务组数及乘务人员需要数的确定

根据两种不同乘务形式可计算服务于某列车的乘务组数，再根据列车乘务组的编制，计算乘务员的需要数量。

根据乘务员每月工作时间计算列车乘务组数。

步骤1:计算乘务组一次往返出乘的工作时间 $T_{往返}$

设固定交路上动车组列车(往返)乘务组的工作时间(不包括在折返站的停站时间)为 $T_{往返}$，则

$$T_{往返}=t_{值乘}+t_{出退勤}+t_{热备}$$

步骤2:计算每班乘务组每月值乘次数 K

因为一个列车乘务组一个月工作时间为166.7 h，则一个列车乘务组每月担当的固定乘务任务回数(往返)K为：

$$K=166.7/T_{往返}=166.7/(t_{值乘}+t_{出退勤}+t_{热备})$$

步骤3:计算一个交路所需要的乘务组数量 B

设一个月为 a 日，设固定交路上每日开行 N 对列车，则一个月共需要 aN 列车回数。所以需要的列车乘务组数 B 为：

$$B=a\cdot N/K$$

步骤4:计算每个班组客运乘务员的需要人数 m

每个班组客运乘务人员的数量标准根据劳工工资部门制定的计划岗位人员编制标准确

定，具体的编制标准根据列车的类型和列车运行时间来确定，见表 1-2-4。

步骤 5：计算乘务员的需要数量 M

再根据列车编组及乘务组编制可以计算乘务员的需要数。

$$M=m\cdot B$$

任务训练

一、场景设计

(一)实训目的和要求

1. 实训目的

通过本项目实训，使学生在理论教学的基础上，综合运用乘务管理中乘务工时的各项标准知识，熟悉高速铁路动车客运乘务的作业流程，并能够进行初步的乘务人员用工分析，提高服务技能水平和解决实际问题的能力，以便更好地适应高速铁路动车乘务岗位的需要。

2. 实训要求

(1)实训分小组进行，每小组 4～5 人，鼓励组内交流和团结协作。

(2)设备环境要求：具备互动的功能的多媒体教学设备。

(3)服装要求：统一着专业实训服。

(二)实训内容

根据铁路旅客运输企业的行业标准和规范，确定旅客列车乘务组和乘务员的需要数。

二、实训步骤

(一)实训前准备

开展本实训需要学生具有乘务组织工作中车底周转图的知识准备。

(二)实　训

1. 实训任务

试计算 A 站—B 站 G1545/1546 次高速铁路动车组列车所需要的乘务组数。该对列车的始发、终到时刻见表 1-2-5。G1546 次 7:36 从配属站 A 站始发，当日 19:16 到达折返站 B 站，G1545 次次日 8:01 从 B 站折返，当日 19:42 终到 A 站。

表 1-2-5　G1545/1546 次列车始发和终到时刻

序　号	运行区间	车　　次	始 发 站	始发时间	终 到 站	终到时间
1	A—B	G1546	A	7:36	B	19:16
		G1545	B	8:01	A	19:42

已知：G1545/1546 为直通列车，采用包乘制，乘务组每月热备一次。

2. 实训步骤

(1)步骤 1：根据已知条件画出车底周转图。

(2)步骤 2：根据车底周转图确定运行时间。

(3)步骤 3:根据运行时间确定出退勤工时、热备工时。
(4)步骤 4:确定该对列车乘务组需要数。
(5)步骤 5:根据列车运行时间和列车等级,确定该对动车组列车每班组乘务组人员数量。
(6)步骤 6:确定该对列车所需要的乘务人员的总数。

效果评价

确定动车组列车乘务组和乘务人员需要数训练评分表

姓名		地点		时间	
实训项目	实训考查要点	分值	小组评分	教师评分	最终得分
列车乘务组和乘务人员需要数的计算训练	车底周转图的绘制	20			
	图定运行时间的确定	20			
	出退勤工时的确定	20			
	每班组乘务人员的配备人数确定	20			
	乘务组和乘务人员需要数的确定	20			
合　　计		100			

复习思考题

1. 简述动车组列车乘务组的工作任务。
2. 简述不同编组类型的动车组列车乘务人员的配备情况。
3. 乘务制度中的包乘制是什么?有何优缺点?
4. 乘务制度中的轮乘制是什么?有何优缺点?
5. 动车组列车的乘务组工作制度有哪些?
6. 动车组列车的乘务工时由哪些方面组成?
7. 动车组列车乘务组工作人员出退勤工时由哪几个环节组成?
8. 什么叫热备工时?

项目二　高速铁路动车组列车乘务工作

学习目标

1. 知识目标

● 了解动车组列车安全和广播视频的规范要求

● 理解动车组服务备品管理、车容标准的规范要求和乘务组工作的岗位职责

● 掌握客运乘务组各岗位的作业内容和标准

2. 能力目标

● 能够按规范管理备品和车内广播视频

● 能够按规范服务旅客,具备维护和保持标准车容的能力

● 具备熟练的乘务服务工作技能,能够根据标准按规定流程和内容进行乘务服务工作

3. 素质目标

● 培养学生精益求精的服务精神

● 培养学生"人民铁路为人民"的职业服务意识及遵章守纪的职业操守

典型工作任务一　动车组列车服务质量规范管理

任务引入

动车组列车客运乘务人员是旅途中直接与旅客接触并为旅客提供服务的铁路客运服务人员,是距离旅客最近的服务岗位。铁路旅客运输服务质量的提升,很大程度上取决于列车客运乘务服务质量的提升。对动车组列车客运乘务人员在服务礼仪和作业标准上进行规范要求和训练,成为提升乘务服务质量的关键。

请思考:

动车组列车上如何通过统一的规范保证列车运行和旅客旅行途中的安全,为旅客提供优质的服务?

知识准备

一、安全规范

动车组列车乘务工作人员在担当乘务过程中应确保防火防爆、人身安全、食品安全、现金

票据、结合部等安全管理制度健全有效。

1. 人身作业安全

乘务人员进出车站和动车所(客车技术整备站)时走指定通道,通过线路时走天桥、人行地道,走平交道时做到“一停二看三通过”,不横越线路,不钻车底,不跨越车钩,不与运行中的机车车辆抢行。进出车站时集体列队。

办理站车交接,短编组动车组列车在4、5号车厢之间;长编组动车组列车在8、9号车厢之间;重联动车组列车在列车运行方向前组第7、8位车厢之间。

乘务人员在接班前充分休息,保持精力充沛,不在班前、班中、折返站饮酒。

2. 设施、设备安全

出、入动车所前,由车辆乘务、客运乘务人员对动车组列车的上部服务设施状态进行检查,办理一次性交接;运行途中,发现动车组列车上部服务设施故障时,客运乘务人员立即向列车长报告,并通知随车机械师共同确认、处理。

各车厢灭火器、紧急制动阀(手柄或按钮)、烟雾报警器、应急照明灯、防火隔断门、紧急门锁、紧急破窗锤、气密窗、厕所紧急呼叫按钮及车门防护网(带)、应急梯、紧急用渡板、应急灯(手电筒)、扩音器等安全设施、设备配置齐全,作用良好,定位放置。乘务人员要知位置、知性能、会使用。

安全标志设置齐全、规范,符合标准。采用广播、视频、图形标志、服务指南等方式,宣传安全常识和车辆设备设施的使用方法,提示旅客遵守安全乘车规定。

3. 用电安全

动车组列车乘务人员须安全使用电源,正确使用电器设备。电器元件安装牢固,接线及插座无松动,按钮开关、指示灯作用良好;不乱接电源和增加电器设备,不超过允许负载。配电室(箱)、电气控制柜锁闭,无堆放物品。不用水冲刷车内地板、连接处和车内电器设备。

餐车配置的微波炉、电烤箱、咖啡机等厨房电器符合规定数量、规格和额定功率,规范使用,使用中有人监管,用后清洁,餐车离人断电。

4. 车门安全

动车组列车全程执行严格的车门管理制度。

动车组列车到站停稳后,司机或随车机械师开启车门,并监控车门开启状态。开车前,列车长(重联时为运行方向前组列车长)接到车站与客运有关的作业完毕通知后,按规定通知司机或随车机械师关闭车门。

动车组列车停靠低站台时,到站前乘务人员提前锁闭辅助板指示锁并打开翻板,开车后及时将翻板及辅助板指示锁复位。

餐车上货门仅供餐车售货人员补充商品、餐料时使用,无旅客乘降。

列车运行中,车门、气密窗锁闭状态良好。定期巡视,保持通道畅通。发现车门未锁闭或锁闭状态不良时,指派专人看守,并及时通知随车机械师处理。

5. 人员安全

运行中做好安全宣传和防范,车内秩序、环境良好,无闲杂人员随车叫卖、拣拾、讨要。发现可能损坏动车组列车设施和影响安全及其他不文明的行为及时制止。

发现行为、神情异常的旅客时,重点关注,配备乘警的列车通知乘警到场处理;未配备乘警的由列车长按规定处理,情形严重时交列车运行前方停车站处理。

发生旅客伤病时，提供协助，通过广播寻求医护人员帮助；情形严重的，报告客运调度员（以下简称“客调”）。

全列各处所禁止吸烟，加强禁烟宣传，发现吸烟行为及时劝阻，并由公安机关依法查处。

6. 携带品安全

行李架、大件行李存放处物品摆放平稳、牢固、整齐。大件行李放在大件行李存放处，不占用席（铺）位，不堵塞通道。锐器、易碎品、杆状物品及重物等放在座（铺）位下面或大件行李存放处。衣帽钩限挂衣帽、服饰等轻质物品。使用小桌板不超过承重范围。

发现旅客携带品可疑及无人认领的物品时，配备乘警（或列车安全员，下同）的列车通知乘警到场处理；未配备乘警的由列车长按规定处理，对危险品做好登记、保管及现场处置，并交前方停车站（公安部门）处理。

二、服务礼仪规范

根据《铁路旅客运输服务质量规范》中动车组列车的规范要求，动车组列车乘务工作人员应严格按照仪容仪表、沟通、仪态等方面的规范，为旅客提供高质量的服务。

（一）仪容仪表礼仪

动车组列车客运乘务人员在仪容仪表上总体要求为：仪容整洁，着装统一，整齐规范。

1. 仪容整洁

面部、双手保持清洁，身体外露部位无文身。指甲修剪整齐，长度不超过指尖 2 mm，不染彩色指甲。

头发干净整齐、颜色自然，不理奇异发型、不剃光头。男性两侧鬓角不得超过耳垂底部，后部不长于衬衣领，不遮盖眉毛、耳朵，不烫发，不留胡须；女性发不过肩，刘海长不遮眉，短发不短于 7 cm。

女性淡妆上岗，唇线与口红的颜色一致；眉毛修剪整齐，眉笔和眼线为黑色或深棕色；眼影的颜色与制服一致；使用清香、淡雅型香水。工作中保持妆容美观，端庄大方。补妆及时，在洗手间或乘务间进行。不浓妆艳抹。

2. 着装统一

所有的客运乘务人员必须佩戴职务标志，胸章牌（长方形职务标志）戴于左胸口袋上方正中，下边沿距口袋 1 cm 处（无口袋的戴于相应位置），胸章牌包含单位、姓名、职务、工号等内容。菱形臂章佩戴在上衣左袖肩下四指处。此外，按规定应佩戴制帽的工作人员，在执行职务时戴上制帽，帽徽在制帽折沿上方正中。除列车长外，其他客运乘务人员在车厢内作业时可不戴制帽。

乘务组换装统一，衣扣拉链整齐。着裙装时，丝袜统一，无破损。系领带时，衬衣束在裙子或裤子内。外露的皮带为黑色。佩戴的外露饰物款式简洁，限手表一只、戒指一枚，女性还可佩戴发夹、发箍或头花及一副直径不超过 3 mm 的耳钉。不歪戴帽子，不挽袖子和卷裤脚，不敞胸露怀，不赤足穿鞋，不穿尖头鞋、拖鞋、露趾鞋，鞋的颜色为深色系，鞋跟高度不超过 3.5 cm，跟径不小于 3.5 cm。

3. 仪表礼仪

表情自然，态度和蔼，用语文明，举止得体，庄重大方。

(二)沟通礼仪规范

1. 沟通服务用语规范

列车客运乘务人员在服务旅客的过程中，首语要使用普通话，表达准确，口齿清晰，语气温和、用词文雅、简洁适中、诚恳态度，给对方以体贴信赖感。服务语言表达规范、准确，使用“请、您好、谢谢、对不起、再见”等十字礼貌服务用语。对旅客称呼恰当，统称为“旅客们”“各位旅客”“旅客朋友”，单独称呼“先生、女士、小朋友、同志”等。无意碰撞或影响了旅客，应说“对不起”表示歉意，取得对方谅解。

遇到经常乘坐列车的旅客，应主动打招呼问候，表示欢迎。

与旅客交谈时，要面对对方，保持适当距离(45～100 cm)，要注意听取对方的谈话，不可东张西望。

在服务过程中遇旅客问讯时，应面向旅客站立(工作人员办理业务时除外)，站姿端正，可采取稍弯腰或下蹲等动作来调节身体的姿态和高度。为旅客解答问题过程中，乘务人员的目光要注视对方的眼睛，以示尊敬。服务过程应做到有问必答，回答准确，解释耐心。遇有失误时，向旅客表示歉意。对旅客的配合与支持，表示感谢。

如果不得已需要打断旅客说话时，应等对方讲完一句话后，先说“对不起”，再进行说明。

2. 联控用语规范

联控作业应用语标准、吐字清晰并使用普通话，对用语中的“0”“1”“2”“7”可读作为“dong(洞)”“yao(幺)”“liang(两)”“guai(拐)”。

车站客运(值班)员确认客运作业(含旅客乘降、上水、吸污)完毕后，使用对讲机通知列车长。客运(值班)员呼叫列车长：“××次××站客运作业完毕。”列车长应答：“××次客运作业完毕，列车长明白。”

单编组时，列车长接到车站与客运有关的作业完毕通知后，在站方开车铃声结束并确认旅客乘降完毕后，通知司机关闭车门。列车长呼叫动车组司机：“××次司机，旅客上下完毕，请关门。”司机应答：“××次是否可以关门?”列车长应答：“××次司机可以关门。”司机回复：“××次司机明白。”

重联时，后组列车长还需使用对讲机向前组列车长报告：“动车××次前组列车长，动车××次后组旅客乘降完毕。”前组列车长应答：“动车××次前组列车长明白。”前组列车长使用联控对讲机按照前述联控用语通知司机关门。信息确认时间为 5 s，超过 5 s 司机未应答的，应再次呼叫，做到准确无误。执行联控中，呼叫与复诵内容有误时，对方要及时给予纠正，必须再次复诵。

列车长必须使用录音对讲机进行站车联控、车机联控作业，严禁口头交接或使用内部对讲机进行联控作业。

(三)仪态礼仪

1. 站姿规范

动车组列车乘务工作人员在工作中应按服务质量规范中，立岗姿势规范，精神饱满。站立时，挺胸收腹，两肩平衡，身体自然挺直，双臂自然下垂，手指并拢贴于裤线上，脚跟靠拢，脚尖略向外张，呈“V”字形。女性可双手四指并拢，交叉相握，右手叠放在左手之上，自然垂于腹前；左脚靠在右脚内侧，夹角为 45°，呈“丁”字形。

列车进出站时，在车门口立岗，面向站台致注目礼，以列车进入站台开始，开出站台为止。

2. 坐姿规范和标准

乘务工作人员在入座前，腿与座椅应有 30 cm 的距离；就座后，上身挺直，略向前倾，不得斜肩、倾背、抱胸、曲腰或闭目，不得打趣、玩笑和直接面对旅客整理个人仪容仪表，注意保持专业化坐姿和良好精神面貌。

女性乘务人员：右手轻抚后裙摆(手心向上)，左手自然放在身体一侧，坐下后右脚略向前移，左脚跟上，双膝、双脚并拢，大小腿之间成不小于 90°夹角，双手五指并拢自然放在腿上。

男性乘务人员：坐下后，双脚略分开，膝关节分开与之同宽，双手五指伸直或轻握拳放在双腿之上。

3. 走姿规范和标准

动车组列车乘务工作人员在行走过程中应挺胸收腹，颈部正直，目视前方，身体自然挺直，双臂自然摆动，双脚内侧在同一直线上行走，不左右摇摆，脚步不过重、过大、过急(特殊情况除外)，行走姿态端正，步伐适中，轻重适宜。

集体进出车站时，要列队行走，携带箱包行走时，拎(背)包或拉箱时，应队列整齐，步伐一致，箱(包)应在同一侧。列车长在队列左侧中后部同步行走。

在站、车行走过程中要礼让，与旅客走对面时要主动停下，伸手示意让路，不与旅客抢道、并行。

女性乘务人员在旅客周围巡视时，双手可自然相握，抬至腰间。

4. 蹲姿规范和标准

动车组列车乘务人员在担当乘务工作的过程中，在较低位置取拾物品时，不得弯腰，必须下蹲。下蹲时，一腿在前一腿在后，双腿并拢，腿高一侧的手轻扶在膝盖上，腿低一侧的手用来取拾物品，背部尽量保持自然挺直，轻蹲轻起，直蹲直起。

5. 指示方位规范

动车组列车乘务工作人员在工作中如遇旅客问路或问询设施设备的位置，应按规范进行方位指引。指示方位时应五指并拢，小臂带动大臂，根据指示距离的远近调整手臂的高度，身体随手的方向自然转动，目光与所指示的方向一致；收回时，小臂向身体内侧略成弧线自然收回。忌用单个手指指示方位。

6. 鞠躬规范

动车组列车乘务人员在车门口迎送旅客、行还礼以及向旅客道歉时，均需行鞠躬礼。

鞠躬时应面带微笑，双脚并拢，脚尖略分开，双手四指并拢，交叉相握，右手叠放在左手之上，自然垂于腹前，身体向前，腰部下弯，头、颈、背自然成一条直线，上身抬起时，要比向下弯时稍慢些；视线随着身体的移动而移动，视线的顺序是：旅客的眼睛—脚—眼睛。

鞠躬的角度应视不同的情况进行确定。迎送旅客和行还礼时，身体鞠躬角度为 15°；给旅客道歉时，身体鞠躬角度为 45°。

7. 端拿递送规范

动车组列车乘务人员为旅客端茶倒水及递接物品时，应面带微笑，和旅客有适当的语言交流和眼神交流。

如需要端托盘时，应使用双手端住托盘的后半部分，大拇指握紧托盘内沿，其余四指托住托盘底部；托盘的高度应在腰间以上胸部以下，托盘端平，微向里倾斜；托盘上放置的物品不应过高，以不超过胸部为宜。

拿东西时，应轻拿轻放。为旅客递送开水端拿水杯时，应该一手握住水杯把（无把手水杯应拿水杯的下 1/3 处），一手轻托水杯底部。

递送东西时，应站在旅客的正面与之成 45°角的地方，双手递送；递送东西应到位，当对方接稳后再松手。

8. 上举规范

动车组列车乘务人员在帮旅客放置行李物品到行李架、整理行李架时，需要上举手臂，手臂上举时要做到姿态优雅；必要时，可踮起脚跟以增加身体的高度。

9. 其他规范

清理卫生时，清扫工具不触碰旅客及携带物品。挪动旅客物品时，征得旅客同意。

不高声喧哗、嬉笑打闹、勾肩搭背，定时定点分批用乘务餐，其他时段不在旅客面前吃食物、剔牙齿和出现其他不文明、不礼貌的动作，不对旅客评头论足，接班前和工作中不食用异味食品。

三、服务备品管理

动车组列车的备品包括服务备品、清洁备品和应急备品等。动车组列车车厢要做到服务备品齐全、干净整洁、定位摆放。乘务人员在运行途中，应按照职责和分工及时补充和更换服务备品。

（一）动车组列车服务备品的具体配置

动车组列车上服务备品、材料等应符合国家环保规定，质量符合要求，色调与车内环境相协调。服务备品齐全，干净整洁，定位摆放。布制、易耗备品备用充足，保证使用。布制备品按规定的时间使用和换洗，有启用时间（年、月）标志。服务备品具体配备见表 2-1-1。

表 2-1-1　动车组列车服务备品配置表

序　号	车厢类型	服务备品名称
1	软卧	被套、被芯、枕套、枕芯、床单、垫毯、卧铺套、靠背套； 茶几布、一次性拖鞋、衣架、不锈钢果皮盘、带盖垃圾桶、热水瓶、面巾纸盒及服务指南、免费读物； 托盘、热水瓶和一次性硬质塑料水杯
2	商务座	小毛巾，就餐时提供餐巾纸、牙签； 耳塞、靠垫、鞋套、一次性拖鞋、清洁袋和专项服务项目单、服务指南、免费读物； 防寒毯、耳机、眼罩、托盘、热水瓶和一次性硬质塑料水杯
3	特等、一等座、二等座	座椅套、头枕片、头枕； 清洁袋、免费读物和服务指南（放置在座椅靠背袋内或其他指定位置）； 电茶炉配有纸杯架的，有一次性纸杯； 热水瓶、耳塞和一次性硬质塑料水杯（乘务组配备）
4	餐车	座椅套； 售货车、托盘、热水瓶、一次性硬质塑料水杯； 餐巾纸、牙签
5	洗脸间	洗手液、擦手纸（或干手器）
6	厕所	芳香盒和水溶性好的卫生纸、擦手纸； 坐便器有一次性坐便垫圈； 小便池内放置芳香球

(二)动车列车服务备品的管理要求

动车组列车的服务备品,要按要求使用和管理。服务备品、清洁备品和清洁工具按照“谁使用、谁管理”的原则做好备品管理和交接。终到入库的列车,乘务人员将需办理交接的备品集中存放。

办理交接时,要认真清点无误后签字交接。发生备品丢失时,按照“谁丢失、谁赔偿”的原则,由责任人进行赔偿,并及时补齐备品,保证旅客正常使用。

1. 车厢备品管理

动车组列车软卧包房内的贴身卧具(被套、床单、枕套)和头枕片应干燥、清洁、平整,无污渍、无破损,已使用与未使用的折叠整齐,分别装袋保管。卧具袋防水、耐磨,干净,无破损。贴身卧具与其他布制备品分类洗涤;洗涤、存储、装运及更换不落地、无污染。

动车组列车软卧包房内的垫毯、被芯、枕芯等非贴身卧具备品应保持干燥、清洁,无污渍、无破损,定期晾晒。被芯、枕芯先加装包裹套,再使用被套、枕套。包裹套定期清洗,保持干燥整洁。

布制备品定位存放在储物(藏)柜内。无储物(藏)柜或储物(藏)柜容量不足的,软卧车定位放置在3、7、11号卧铺下。

动车组列车座车车厢,应在座椅靠背袋中配备纸制清洁袋,并在适当位置配备洗手液、卫生纸、擦手纸、一次性坐便垫圈、芳香球等一次性用品。

2. 卫生备品的管理

动车组列车配有厕所专用清扫工具的,与车内清扫工具分开定位存放在清洁柜内;无清洁柜的定位隐蔽存放。商务座、特等座、一等座车厢客室内不存放清洁工具。清扫工具、清洁剂材质符合规定。

清洁袋质地、规格符合规定,具有防水、承重性能。

每标准编组车底配备2辆垃圾小推车,垃圾小推车、垃圾箱(桶)内用垃圾袋符合国家标准,印有使用单位标志,与垃圾箱(桶)规格匹配,厚度不小于0.025 mm。

3. 应急备品的管理

列车应配备红十字紧急救护药箱,定点存放专人管理。药箱配备规定的非处方药品、器械和用品,并建立旅客用药登记制度。兼任红十字救护员的列车员,须经培训合格并持有“红十字救护员”证书。

4. 其他备品管理

列车配有补票机、站车客运信息无线交互系统手持终端和GSM-R通信设备;乘务人员配置具备录音功能的手持电台及音视频记录仪。设备电量充足,作用良好。站车客运信息无线交互系统手持终端在始发前登录,途中及时更新信息。

四、车容标准

根据《铁路旅客运输服务质量规范》要求,动车组列车的车容标准具体如下:

1. 车厢总体要求。

车厢内外各部位整洁,窗明几净,四壁无尘,物见本色。

外车皮、站台补偿器内外、窗门框及玻璃、扶手干净、无污渍。

天花板(顶棚)、板壁、边角、地板、连接处、灯罩、座椅(铺位)、空调口、通风口、电茶炉、靠背袋网兜内等部位清洁卫生,无尘无垢无杂物。

热水瓶、果皮盘、垃圾箱(桶)、洗脸间内外洁净。

餐车橱、柜、箱干净无异味，分类标志清晰，商品、餐饮品和备品等分类定位放置。

厕所无积便、积垢、异味，地面干净无杂物。污物箱内污物排尽。

2. 深度保洁结合检修计划安排在白天作业，范围包括车厢天花板、板壁、遮阳板(窗帘)、灯罩、连接处、车梯、商务座椅表面、座椅(铺位)缝隙、座椅扶手及旋转器卡槽、小桌板、脚踏板、暖气罩缝隙、洗手液盒、车厢边角，以及电茶炉、饮水机内部。

3. 布制品、消耗品和保洁工具等服务备品配备齐全，定位放置，定型统一。

卧具叠放整齐，摆放统一，床单、头枕片、座席套、茶几布等铺设平整，干净整洁。

清洁袋、洗手液、卫生纸、擦手纸、一次性坐便垫圈、服务指南、免费读物、商务座专项服务等备品补足配齐，定位放置。服务指南中含有旅行须知、乘车安全须知、本车型的设备设施介绍、主要停靠站公交信息、铁路12306手机客户端和微信公众号二维码及本趟列车销售的商品价目表、菜单。

垃圾小推车等保洁工具及售货车等备品定位放置，不影响旅客使用空间。

4. 可旋转式座椅转向列车运行方向。

5. 定期进行“消、杀、灭”，蚊、蝇、蟑螂等病媒昆虫指数及鼠密度符合国家规定。

五、列车广播视频工作

动车组列车上的广播分为自动广播和手动广播两类。

1. 自动广播

动车组列车的广播常播内容录音化，通过广播系统自动广播。动车上的自动广播系统可以实现一站二报，即开车后报、到站前报。不同的铁路局集团公司根据车型不同，设置到站前的自动播报时间，如南宁局集团公司的CRH380A型动车组列车设置到站前15 km自动预报前方站，即到站前6～9 min自动广播。

2. 手动广播

由于自动广播系统的局限性，规定的广播宣传的部分内容以及一线运输生产服务宣传无法实现自动广播，采取人工使用控制放大器来辅助广播。在进行人工广播时要使用普通话。经停少数民族自治地区车站的列车可根据需要增加当地通用的民族语言播音。过港列车可增加粤语播音。直通列车可增加英语播报客运作业信息。

广播语音清晰，音量适宜，用语准确，不干扰旅客正常休息。自动广播系统播报正确。

视频系统性能良好，使用正常，始发前开启系统播放节目，播放内容符合规定并定期更新。

动车组列车的广播和视频内容以方便旅行生活为主，介绍宣传安全常识和动车组列车设备设施的使用方法，提示旅客遵守安全乘车规定，播报前方停站、到站信息等内容，可适当插播文艺娱乐、文明礼仪、沿线风光、民俗风情、餐食供应、广告等节目。

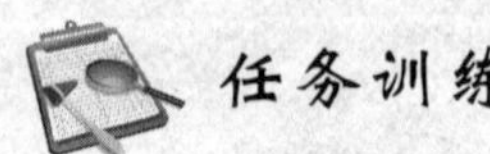

任务训练

一、场景设计

(一)实训目的和要求

1. 实训目的

通过本任务训练，使学生在理论教学的基础上，综合运用高速铁路动车客运乘务服务质量规范的理论知识，熟悉高速铁路动车组列车服务质量规范的具体要求，能够将服务礼仪规范运用到乘务服务工作中,管理好服务备品,并能够整理和保持车容,进行规范的广播和视频播放管理工作。通过训练,不断提高服务技能水平和解决实际问题的能力,以便更好地适应高速铁路动车乘务岗位的需要。

2. 实训要求

(1)实训分小组进行,每小组4～5人。

(2)统一着装:专业实训服(如条件不允许,可着正装)。

(二)实训内容

1. 根据列车乘务人员班前仪容要求,在规定的时间完成仪容仪表的整理。

2. 根据服务质量规范的要求,结合动车组列车乘务工作实际,选取某个具体情境进行模拟,进行仪态规范、服务用语规范的运用训练。

二、实训步骤

(一)实训前准备

1. 仪容仪表准备:根据服务质量规范,做好仪容仪表准备。

2. 物品准备:卫生保洁用品。

3. 知识准备:动车组列车服务礼仪规范、安全规范、服务备品管理、广播视频工作规范要求。

4. 情境准备:实训前各小组查阅、收集资料,选择动车组列车乘务工作的某个情境,情境中包括乘务工作人员、旅客,人数自定,情境涉及服务旅客、广播等必备环节,具体内容由小组自定。

5. 人员准备:每小组做好人员分工。

(二)实　　训

1. 先视频示范高速铁路动车组列车车容规范,以小组为单位进行车容整理实训。车容整理的具体要求如下:

(1)卫生标准:车厢内外各部位整洁,窗明几净,四壁无尘,物见本色。

(2)服务备品:配备齐全,定位放置,定型统一。

(3)座椅朝向:座椅统一朝向列车运行方向,转向到位,靠背处于默认的原始位置。

2. 各小组根据设定的实训情景,综合运用服务仪态规范和安全规范,开展规范综合运用训练,场景中人员应符合乘务工作实际。

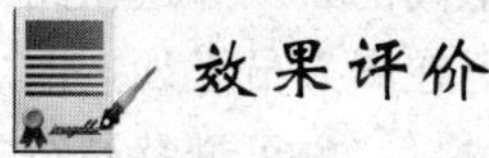

效果评价

服务质量规范训练评分表

姓名		地点		时间	
实训项目	实训考查要点	分值	小组评分	教师评分	最终得分
车容整理训练	卫生标准	50			
	服务备品	30			
	座椅朝向	20			
合　计		100			

续上表

实训项目	实训考查要点	分值	小组评分	教师评分	最终得分
动车组服务质量规范运用综合训练	情境内容(应覆盖服务质量规范中的几个大点)	25			
	礼仪规范	25			
	安全规范	25			
	广播	25			
合　计		100			

典型工作任务二　动车组列车乘务工作流程与标准的应用

任务引入

进入高速铁路运输的新时期,动车组列车坚持“人民铁路为人民”的服务宗旨,严格作业流程和作业标准,做实做细各项作业内容,以保障旅客旅途中安全为前提,为出行旅客营造温馨舒适的旅行环境,提供热情、周到的服务,做到全面服务、重点服务,不断弘扬“安全优质,兴路强国”新时期铁路精神。

请思考:

动车组列车上不同乘务岗位的作业流程和作业内容有哪些?

知识准备

一、动车组列车客运乘务组岗位职责

动车组列车客运乘务人员应当按照岗位标准和岗位培训规范进行岗前资格性培训,并经考试合格后持证上岗。动车组列车员、列车长登记使用“高速铁路岗位培训合格证书(CRH)”,其岗前“资格性培训合格证”由铁路局集团公司填发,其他岗位人员登记使用“铁路岗位培训合格证书”,其岗前“资格性培训合格证”由站段填发。保洁人员上岗前必须经过铁路安全知识、应急演练和设备操作培训,考试考核合格后方可上岗。站车客运在岗人员必须按照岗位培训规范和有关规定,定期参加现任岗位适应性培训并经考试考核合格后,方可继续履行岗位职责。

动车组列车上的服务工作,是以客运乘务为主导,以列车长为乘务工作核心来开展的,各岗位实行列车长统一领导下的分工负责制。客运乘务人员的岗位职责是具体如下:

1. 列车长工作职责

(1)服从指挥,完成上级布置的各项任务。

(2)负责组织实施列车运行中的工作,督促乘务员按照标准作业,确保服务质量及车内安全。

(3)负责召开出、退乘会。

(4)负责检查指导列车餐饮工作。

(5)负责检查验收保洁工作。无随车保洁人员时,负责运行中车内卫生清洁。

(6)负责办理乘务过程中的各项客运业务。

(7)负责与车站办理交接。

(8)负责收集旅客对列车服务工作的意见,受理旅客投诉。帮助旅客解决困难,妥善安排重点旅客。

(9)按照有关规定,处理运行中的紧急情况,并及时向派班室(客调)及上级部门汇报。

(10)监督乘务员、保洁、餐饮人员在值乘中各个阶段保持专业化。

(11)负责乘务组在折返站及住宿期间的管理。

(12)负责信息反馈,并提出改进建议。

2. 列车员工作职责

(1)在列车长的领导下,完成乘务工作。

(2)负责实施列车服务和车内安全工作。

(3)无随车保洁人员时,负责运行中车内卫生清洁。

(4)负责各种服务备品的检查。

(5)协助做好餐饮工作。

(6)负责完成规定的广播任务。

(7)负责实施车内各类紧急情况的处置。

(8)完成规定的作业流程,并达到质量标准。

(9)负责向列车长反馈各种信息。

(10)完成列车长交办的其他工作。

3. 安全员工作职责

高速铁路动车组专职安全员主要负责维护列车内的秩序,制止威胁列车正常运营的行为,保护旅客和乘务人员人身财产安全。主要履行下列职责:

(1)认真贯彻执行国家、国铁集团、铁路局集团公司等上级部门有关安全管理的方针、政策、法规、文件。

(2)熟知、熟记列车安全员的相关工作要求、乘务规范、纪律规定、相关法律常识等工作内容。

(3)维护列车治安秩序,巡视车厢,维护列车运营秩序;做好实名制验票,及时清理无票和闲杂人员;对行为异常人员和可疑物品进行安全检查;制止非工作人员进入列车限制区域;制止列车上发生的扰乱秩序的行为;妥善处置发现的危险、违禁物品。

(4)值乘期间列车发生案件时,立即赶赴现场。对可能伤害本人及其他人的人员予以控制,对无法控制的行为或紧急警情,应保护现场、固定证据,并及时通知乘警处理。

(5)熟悉掌握各类突发事件应急处置预案,应对突发事件,组织应急逃生。

(6)防范和制止其他影响旅客列车运营秩序、危害人身安全和财产安全的行为;专职安全员组织其他列车工作人员共同维持列车秩序。

二、动车组列车长乘务作业内容与标准

动车组列车的作业流程由以下七个环节组成:接车准备作业、始发作业、途中作业、途中停站作业、折返站作业(分立即折返和折返站终到作业两种类型)、中途交接班作业和终到作业。

各个阶段有不同的作业内容和标准。其中，中途交接班作业环节因动车组列车行驶速度快、运行时间不长，在实际乘务工作组织中较少采用。

动车组列车客运乘务工作是整个乘务班组工作的关键环节，客运乘务服务工作在列车长的统一领导下，由列车员、安全员、餐服员和保洁员共同完成。

动车组列车列车长在各个作业环节对应的作业内容如图 2-2-1 所示。

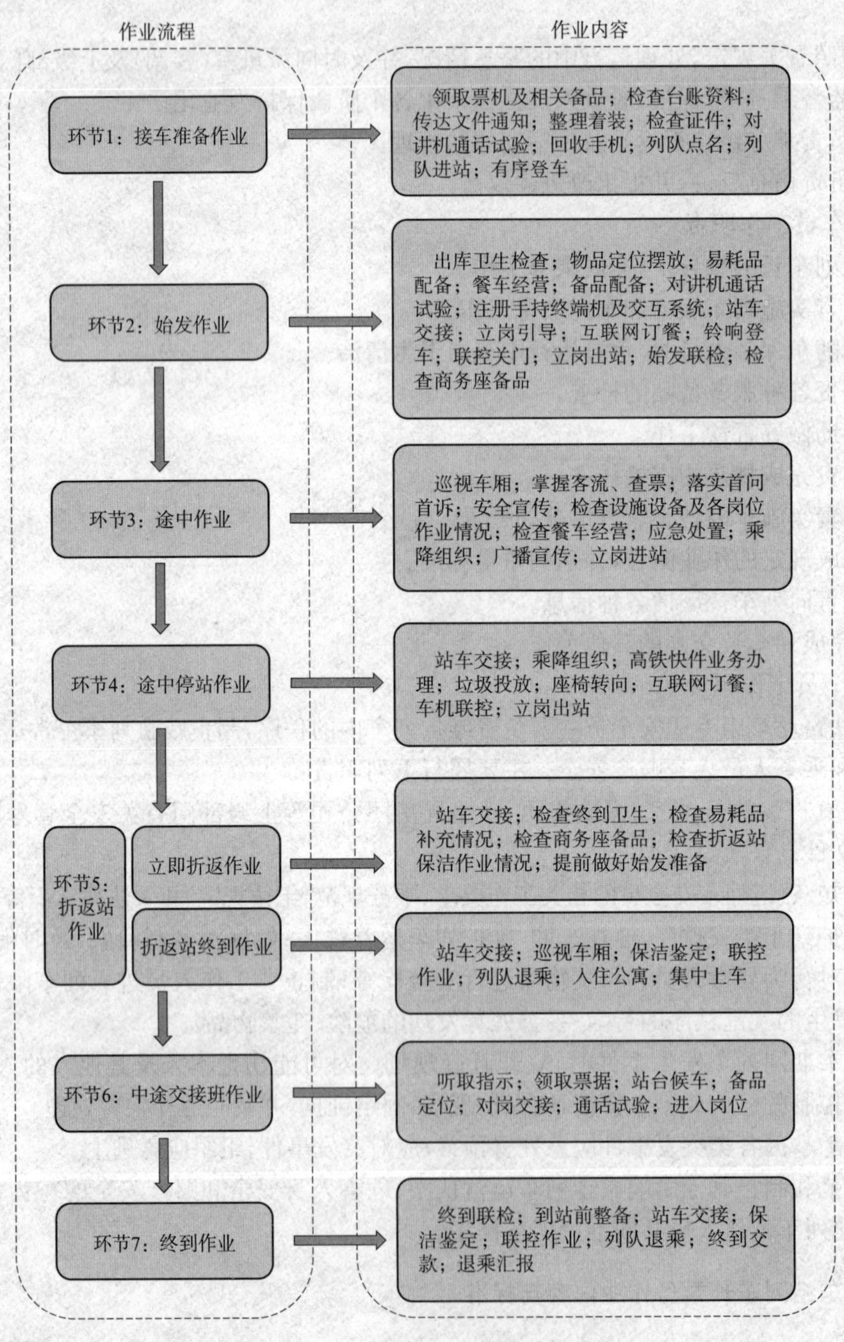

图 2-2-1　列车长作业流程和作业内容

注：环节 5 折返站作业根据列车在折返站的停留时间分为立即折返作业和折返站终到作业两类。

(一)接车准备作业内容和标准

动车组列车长在接车准备作业阶段的作业内容如图 2-2-2 所示。

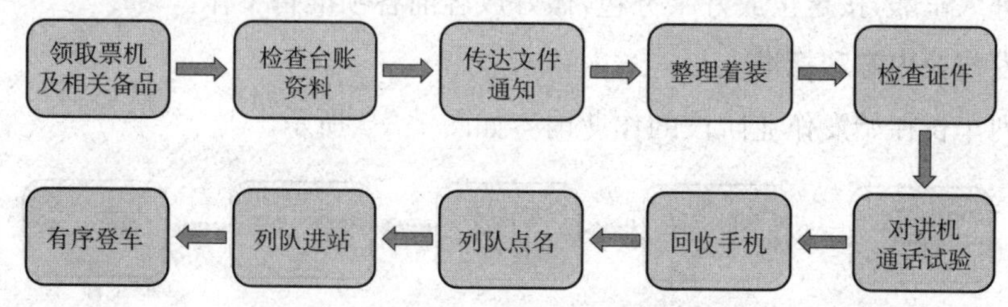

图 2-2-2　列车长接车准备作业内容

1. 领取票机及相关备品

列车长在出乘前提前到进款室领取票机、票卷(一长一员结伴领取);到备品管理室领取出乘所需备品,确认设备状态良好、电量充足,并签字确认。

2. 检查台账资料

在接车准备作业阶段,列车长要检查整理列车台账,须做到资料齐全;了解有关文电通知及要求,掌握当趟乘务工作重点。

3. 传达文件通知

在接车准备作业阶段,列车长要按规定时间到派班室或车队签到点名,同时接受任务,做到接受命令指示准确、无遗漏,乘务任务明确。

4. 整理着装

列车长负责在接车准备作业阶段检查全体乘务员的着装及仪容仪表,做到仪容整洁,标志佩戴正确,符合动车组列车服务质量规范的要求。

5. 检查证件

检查班组成员的健康证、职业资格证、铁路岗位培训合格证、餐饮服务许可证是否齐全有效。

6. 对讲机通话试验

动车组列车长在接车准备作业阶段,应检查班组的所有对讲机作用是否良好,统一佩挂在右腰后部,耳机挂右耳,耳机线隐蔽在制服内,进行对讲机通话试验。

7. 回收手机

列车长在接车准备作业阶段统一将列车员、餐服员、保洁员、安全员手机回收,集中管理。

8. 列队点名

动车组列车全体乘务人员在接车准备阶段列队到派班室点名(排队顺序为列车长走在队伍前方,之后依次为列车员、餐服长、专职商务座服务员、兼职商务座服务员、餐服员、随车保洁员、安全员),面向列车长排成一列横队,列车长以立正站姿,回到左侧第一位;列车长面向派班员或车队干部敬礼,报告出乘;派班员点名完毕后,进行业务抽考。列车长布置趟计划,传达注意事项;组织乘务员进行指纹考勤录入、酒精测试。

9. 列队进站

点名完毕后,列车长组织乘务员排成一路纵队,右手拉乘务包。列车长位于队伍左侧中后部,按指定线路指定进站口列队进站。

10. 有序登车

始发前,列车长组织乘务组全体工作人员在规定的位置准备登车。商务座服务员在 1 号车厢，兼职商务座服务员在 8 号车厢，其余人员在 6 号车厢（重联时 9～16 号车厢依次对应 1～8 号车厢，下同）站台停车位等候动车组列车出库；动车组列车进站台停稳后，从 6 号车厢一位端依次进入车厢，按定位放好乘务包，做好放客前各项准备工作。

（二）始发作业内容和标准

动车组列车长在始发作业阶段的作业内容如图 2-2-3 所示。

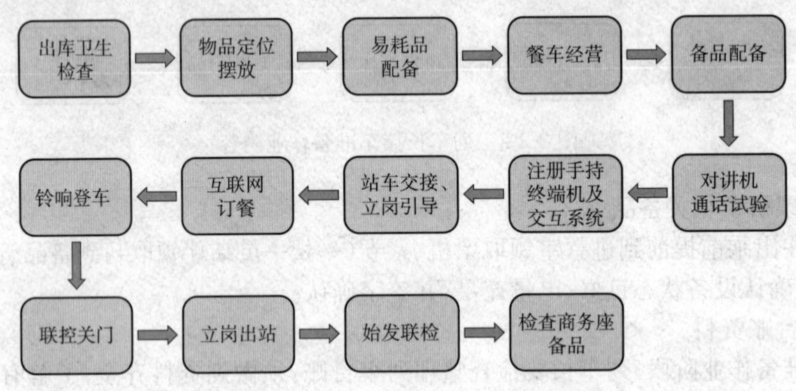

图 2-2-3　列车长始发作业阶段作业内容

1. 出库卫生检查

动车组列车长在始发作业阶段，应首先检查动车组列车出库卫生质量整备情况，车厢卫生干净整洁、厕所干净无异味、易耗品补充完全、没有卫生死角。如发现问题，立即通知随车保洁员进行补强，并记录存在问题。

2. 物品定位摆放

乘务班组登乘动车组列车后，乘务包、药箱、应急备品、票机、票卷（本）、推车、物料周转箱等物品要定位摆放，列车长负责督促检查，具体摆放位置应根据不同车型来具体确定。如 CRH380A 型动车组列车乘务包定位在 5 号车厢储藏柜；CRH2A 型动车组列车列车员、列车安全员乘务包定位在 8 号车厢客运备品柜，保洁员乘务包定位在 7 号车厢的洁具柜及 3 号车厢客运备品柜，列车长、餐服人员乘务包定位在餐车吧台储藏柜内。

动车组列车上的药箱、应急备品箱统一定位在保险柜上，票机、票卷（本）锁入保险柜，班组台账资料定位放在乘务员室最上层抽屉内。商务座服务推车定位在 1 号车（8 号车）门处小吧台一侧，做好防溜措施；物料周转箱定位在 1 号车厢一等座和 8 号车厢二等座运行方向最后一排转椅后，存放的物料周转箱不得影响座椅的正常使用及旅客通行。

3. 易耗品配备

在始发作业阶段，列车长要对列车的清洁备品和易耗品等进行检查，要求做到定位存放、摆放有序，并在数量上满足旅途需求。保洁工具、清洁车等清洁备品定位在 4 号车厢洁具柜；卷纸、擦手纸、坐便纸、清洁用剂、清洁袋、垃圾袋等易耗品根据车型不同，确定具体存放位置。例如，CRH380A 型动车组列车的易耗品定位存放在 5 号车厢洁具柜，CRH2A 型动车组列车则定位存放在 7 号车厢洁具柜。

动车组列车全程为旅客配备纸质清洁袋，与服务指南和免费读物等物品一起摆放在旅客座椅网兜内侧，按照从内至外的顺序将服务指南、免费读物、纸质清洁袋定位摆放；新换上的厕所卷纸及盥洗台的擦手纸首张要叠成对称三角形，方便抽取使用；垃圾箱按型号套有垃圾袋。列车长检查列车易耗品数量，并在“动车组易耗备品单”上签字确认。

4. 餐车经营

列车长在始发站作业阶段，需检查列车餐车的上料情况，销售餐食上料情况，同时还需要检查餐车生产经营许可证。

5. 备品配备

列车长在始发作业阶段要检查防洪备品、应急备品、反恐防暴备品、防污坐垫、备用座椅套等备品的配备情况，要求做到：数量齐全、定位摆放。列车长检查时要进行全列巡视，并打开车厢视频记录仪，巡视完毕后使用视频仪拍照备查。

6. 对讲机通话试验

列车长在始发作业阶段要进行对讲机（含车机联控对讲机和内部对讲机）的通话试验，车机联控对讲机使用专用频率，设置在频道 1(CH1)，与司机、随车机械师进行通话试验，并与司机核对钟表、车次；内部对讲机与列车客运、商务服务、餐服、保洁人员通话，确认人员到岗情况。

7. 注册手持终端机及交互系统

始发作业阶段，列车长按照值乘车次，注册 GSM-R 手持终端机和站车无线交互系统、客管系统，做好列车上信息传递的准备工作。

8. 站车交接、立岗引导

始发作业阶段，动车组列车发车前，列车长在 4 号车厢二位端门站台处立岗，重联时前组列车长在运行前组 7 号车厢二位端门（10 号车厢一位端门）处、后组列车长在 4 号车厢或者 12 号车厢二位端门处面向旅客进站方向立岗引导并办理站车交接。开车前 5 min 回到 4 号车厢或 12 号车厢二位端车门处立岗。协助车站做好旅客上车的引导工作。对车站交接的特殊重点旅客，做好重点服务。

9. 互联网订餐

在互联网订餐车站，列车长须盯控有无旅客在互联网订餐。遇有互联网订餐时，盯控餐食上餐情况，上餐完毕后，与餐服员用内部对讲机进行联控作业。确定上餐完毕后，方可进行车机联控作业。

10. 铃响登车

车站开车铃响登车，列车长使用对讲机提醒车门内立岗乘务人员做好边门瞭望，发现情况立即报告列车长。

11. 联控关门

始发作业阶段，列车长接到车站与客运有关作业完毕的通知后，方可按要求报告司机（或随车机械师）联控关门。

12. 立岗出站

列车起动后，列车长在上车的车门处立岗，面向站台直至动车组列车出站。

13. 始发联检

始发站开车后 30 min 内，列车长会同随车机械师、乘警，对动车组列车的上部设施进行核对，确认出库“动车组固定服务设施状态检查记录”中故障处理情况；发现故障或出库故障未修复时，在“动车组固定服务设施状态检查记录”出库状态交接栏内记录（客运、机械师各 1 份）。

14. 检查商务座备品

始发作业阶段,列车长检查商务座饮料、矿泉水、休闲小食品以及拖鞋、眼罩、防寒毯等服务备品是否配置齐全。

(三)途中作业内容和标准

动车组列车长在途中作业阶段的作业内容如图 2-2-4 所示。

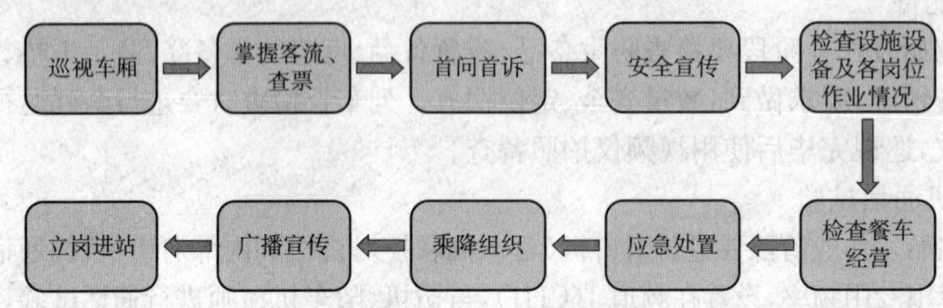

图 2-2-4 列车长途中作业阶段作业内容

1. 巡视车厢

动车组列车运行途中,列车长全列巡视检查车厢、厕所、盥洗室保洁是否达标,检查各岗位工作人员车厢安全宣传、车容整理、重点服务、问讯解答、车厢卫生等作业标准执行情况。

列车长巡视车厢的时间:每站开车巡查全列车厢(遇连续运行区间小于 20 min 的区段,每小时全列巡查不少于一次),遇特殊情况立即巡查,巡查路线为 4 车—1 车—8 车—4 车;检查卷纸、擦手纸、一次性垫圈、洗手液、清洁袋是否补充更换;保洁用具、易耗品、服务用品是否定位摆放。检查列车厕所卫生,按规定在"卫生间保洁卡"上签字。遇高速铁路快件运输任务时,要加强巡视,检查集装件码放是否整齐、外包装是否良好、件数是否齐全。

2. 掌握客流、查票

在动车组列车运行途中,列车长根据站车交互系统及时掌握车内客流情况,核对空余席位和"挂失补"旅客席位。管内动车组列车的列车长在每站开车后,须巡视中铁银通卡预留座席,掌握车内中铁银通卡旅客乘车情况,妥善安排持卡乘车旅客。播放实名制查票广播,并组织列车员、安全员按照规定的查票区段进行实名制查验车票,并用视频记录仪拍照记录。对减价不符、儿童超高等旅客办理补票手续。对需要补票的旅客进行补票业务,解答旅客问询等。途中遇无票人员上车补票时,通知列车安全员使用金属探测仪对无票人员进行安全检查工作(无安全员值乘时,由列车 3 号列车员负责),未发现危险品后,列车才能为其办理补票手续。

3. 首问首诉

在动车组列车运行途中,列车长落实首问首诉负责制,依据规章耐心解释旅客问询、投诉。

4. 安全宣传

在动车组列车运行途中,列车长加强安全宣传,尤其是重点区段、重点时段、重点部位须加强口头安全宣传及广播宣传。安全宣传内容包括:提醒旅客盖好杯盖、打开水时不要装得太满;带小孩的旅客照顾好小朋友,不要让小朋友在车厢内随意跑动;取放行李物品时拿稳、放好;中途转换运行方向转动座椅时,提醒旅客注意安全;防止烫伤、砸伤、摔伤等危险。

5. 检查设施设备及各岗位作业情况

在动车组列车运行途中,列车长检查车内安全、服务设备设施,检查列车员、商务座服务员安全宣传、车容整理、查验车票、重点服务、问询解答、车厢卫生等作业标准执行情况；检查、督促商务座服务员按照作业流程为旅客提供服务；检查、督促各工种人员落实作业标准，加强服务礼仪礼节，发现"两违"立即制止，并落实考核；检查餐售食品销售、食品卫生、服务质量和规范经营情况。

6. 检查餐车经营

途中逢用餐时间，列车长加强对餐吧售餐情况、移动售货车情况的检查，杜绝餐车违规经营，并用视频记录仪拍照记录。

7. 应急处置

在动车组列车运行途中遇异常情况，列车长及时启动应急预案。遇旅客严重失信行为予以制止，及时、准确采集证据(相关票据复印件、身份证件复印件、文字记录、音视频等资料)，并按规定做好站车交接工作。

8. 乘降组织

列车到站前全列巡视车厢，加强安全宣传，检查厕所卫生，填写卫生间保洁卡组织下车旅客提前到边门口等候下车，做好到站前准备工作。

9. 广播宣传

运行途中，列车长按照列车手动广播相关文件要求，做好列车禁烟宣传、安全宣传、旅客征信等广播宣传。遇下一停车站需转换方向运行时，列车长到站前 5 min 提前做好广播宣传。

10. 立岗进站

列车进站前列车长提前到岗位门处立岗进站：单编组岗位门设在 4 号车厢二位端，重联时在运行前组第 7、8 号车厢之间(7 车厢二位端门或 10 号车厢一位端门)，后组在 4 号车厢二位端或者 12 号车厢二位端车门处。

(四)途中停站作业内容和标准

动车组列车长在途中停站作业阶段的作业内容如图 2-2-5 所示。

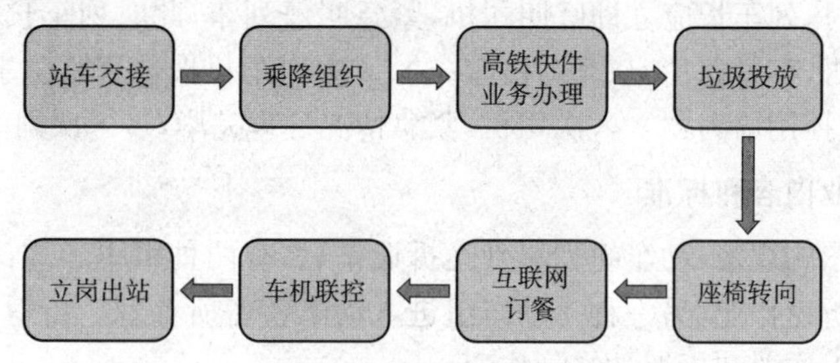

图 2-2-5　列车长途中停站作业内容

1. 站车交接

停站时，列车长在规定位置与车站客运值班员办理交接，交接位置单编组在 4 号车厢二位端，重联时在运行方向前组第 7、8 号车厢之间(7 号车厢二位端或 10 号车厢一位端)。特殊情况变换交接位置，列车长应提前向当地客调报告，由客调通知车站做好接车准备(重联时后组需要与车站办理交接，后组列车长应提前与前组列车长联系，前组列车长向当地客调报告，由客调通知车站做好接车准备)。

2. 乘降组织

到站前，列车长根据站车交互系统掌握各车厢下车人数，按照前门下后门上、先下后上的原则组织旅客有序乘降，客流较大站及旅客上、下较多的车厢，提前做好宣传引导，引导旅客分散上、下车，杜绝因乘降组织不力造成超站停事件。

3. 高速铁路快件业务办理

遇有高速铁路快件业务时，列车长应与工作人员办好交接，并督促快运公司人员根据列车装载方案将货物码放整齐。

4. 垃圾投放

停站时，列车长把岗位门处垃圾投放至站台指定位置的垃圾投放站。

5. 座椅转向

在中途站，因车站站场布置等因素影响，动车组列车需转向运行时，列车长组织列车乘务员、保洁员、安全员、餐服员进行座椅转向。要对旅客做好解释工作，并尽快完成座椅转向，对旅客的配合表示感谢。

6. 互联网订餐

如中途停车站为互联网订餐车站，列车长盯控有无旅客在互联网订餐。遇有互联网订餐时，盯控餐食上餐情况，上餐完毕后，与餐服员用内部对讲机进行联控作业。确定上餐完毕后，方可进行车机联控作业。

7. 车机联控

在中途停车站，列车长接到车站与客运有关作业完毕通知后，方可按要求通知司机关闭车门。车机联控作业用语标准、吐字清晰。列车长在岗位门处立岗出站(特殊情况除外)。列车长的岗位门的具体设置为：基本编组列车的岗位门设在 4 号车厢二位端，重联时设在 4 号车厢二位端门或 12 号车厢二位端。

8. 立岗出站

在中途站，动车组开车后至列车尾部过出站信号机前，列车长加强瞭望，发现危及旅客人身安全或行车安全时，列车长应立即呼叫司机，紧急叫停列车，此时列车长与司机之间的联控用语为："××次司机，有紧急情况，立即停车。××次列车长报告。"紧急事件处置完毕后，列车长向司机报告，联控用语为："××次司机，紧急情况处理完毕，××次列车长报告。"

(五)折返站作业内容和标准

根据列车运行图的规定，动车组列车到达折返站后，有两种组织形式：一种是动车组列车在站台上组织立即折返作业，另一种是动车组进入动车整备所整备。折返站的作业也相应地分为折返站立即折返作业和折返站终到作业。

1. 折返站立即折返作业内容和标准

动车组列车长在途中作业阶段的作业内容概括起来如图 2-2-6 所示。

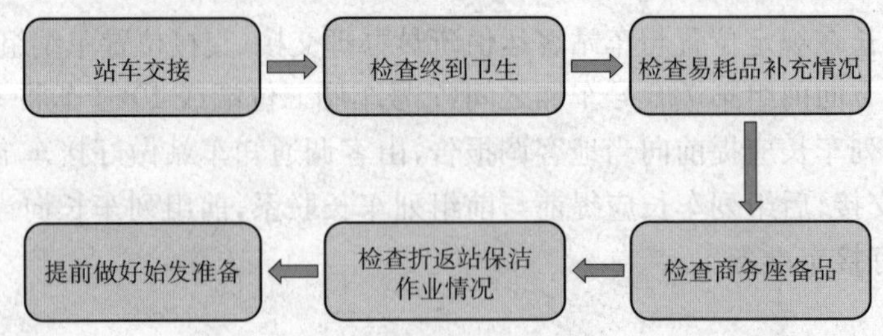

图 2-2-6 列车长折返站立即折返作业阶段作业内容

（1）站车交接

动车组列车在折返站到站后，列车长与车站办理特殊重点旅客交接；旅客下车完毕，巡视车厢，发现旅客遗失物品与车站办理交接。

（2）检查终到卫生

列车长要检查督促折返保洁人员做好折返站终到的卫生清扫、垃圾投放、座椅转向等工作，布置列车员予以协助。

（3）检查易耗品补充情况

列车长督促随车保洁人员补充洗手液、卷纸、擦手纸、清洁袋、垃圾袋等易耗备品。

（4）检查商务座备品

到达折返站后，列车长要检查督促商务座服务员、餐服员按作业流程及标准做好备品整理等工作。

（5）检查折返站保洁作业情况

待折返站保洁作业完毕后，列车长根据检查情况填写“动车组折返（不进库）保洁整备质量考核表”，与折返站保洁组长进行签认。

（6）提前做好始发准备

做好始发准备，折返站始发作业比照始发作业执行。

2. 折返站终到作业内容和标准

动车组列车长在途中作业阶段的作业内容如图 2-2-7 所示。

图 2-2-7　列车长折返站终到作业阶段作业内容

（1）站车交接

与车站办理特殊重点旅客交接；旅客下车完毕，巡视车厢，发现旅客遗失物品与车站办理交接。

（2）巡视车厢

检查督促保洁人员做好折返站终到的卫生清扫和垃圾投放、座椅转向等工作，布置列车员予以协助；督促保洁人员补充更换、摆放洗手液、卷纸、擦手纸、清洁袋、垃圾袋等易耗备品；检查督促商务座服务员、餐服员按作业流程及标准做好备品整理等工作。

（3）保洁鉴定

折返站保洁作业完毕后，根据检查情况填写“动车组折返（进库）保洁整备质量考核表”，与折返站保洁组长进行签认；列车折返终到站后，组织乘务人员与地面保洁人员做好列车终到交接。

（4）联控作业

作业完毕后，各岗位工作人员在本岗位车门下车，面对车门站在安全线以内，做好车门关闭防护，列车长巡视全列车厢，检查终到卫生、旅客遗失物品、车厢内是否有滞留人员、备品定位等，巡视完毕后，按规定进行联控作业。

（5）列队退乘

待车门关闭后（列车在折返站有上水吸污作业时，列车长与车站联控客运作业完毕后组织乘务员列队退乘），到 6 号车厢站台停车位集中（乘务包统一由餐服长、餐服员拿下车，定位在 6 号车厢站台停车位安全线外依次排好），按列车员、餐服长、专职商务座服务员、兼职商务座服务员、餐服员、随车保洁员、安全员的顺序列队出站退乘；重联时，待两个班组统一在 6 号车厢集中后，按列车员、商务座服务员、餐服员、随车保洁员的顺序列队出站退乘。

(6)入住公寓

入住当地公寓，统一安排房间，及时将票据、票款(机)锁入保险柜；入住公寓后抓紧时间洗漱与休息，并遵守公共秩序，注意队伍整体形象，不得大声喧哗或说笑嬉戏，不得影响其他人员休息；次日，督促乘务人员起床后抓紧时间进行梳洗，整理着装仪容，检查随身备品、票据、票款(机)，做好集体出乘前的各项准备工作。

(7)集中上车

列车长按照规定时间提前在公寓门口集中点名，按照指定路线列队进站，集体登车，做好始发准备；按照折返值乘车次、更新注册 GSM-R 手持终端机和站车无线交互系统。折返站的始发作业比照始发站的始发作业执行。

(六)中途交接班作业内容和标准

动车组列车采取单班作业形式。根据乘务交路的安排，在动车组列车运行过程中遇需要在中途站进行交接班作业时，交接作业在车站进行，接班乘务组登车后，退班乘务组在车站下车退乘。接班班组的动车组列车长在途中交接班作业阶段的作业内容如图 2-2-8 所示。

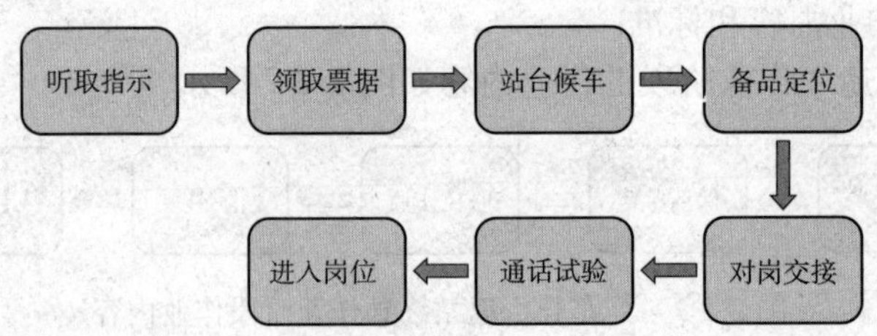

图 2-2-8　列车长途中交接班作业内容

1. 听取指示

在途中实行交接班作业时，接班列车长按规定时间到车队听取指示、请领备品。

2. 领取票据

在听取指示和请领备品后，接班列车长到进款室领取票据(包括移动补票机和票卷)。

3. 站台候车

在待值乘动车组列车到站前，列车长按始发站作业标准组织班组出乘点名，列队上站台，并在待值乘的列车停靠站台的停车位 6 号车厢一位端处列队等候。

4. 备品定位

在待值乘的动车列车进站前，接班乘务组各岗位工作人员到对应的车厢等候列车进站。

5. 对岗交接

在待值乘的动车列车进站台停稳后，接班乘务组各岗位乘务员到规定岗位进行对岗交接。交接内容包括：车内客流情况、设备设施的情况，同时，接班乘务班组按定位放好乘务包。

6. 通话试验

接班列车长进行车机联控通话试验。列车长将对讲机使用专用频率设置在频道 1 (CH1)，与司机、随车机械师、乘警进行通话试验，并与司机核对钟表、车次；按照值乘车次，注册 GSM-R 手持终端机和站车无线交互系统。内部对讲机与列车客运、商务座服务、餐服、保洁人员通话试验，确认人员到岗情况。

7. 进入岗位

在完成通话试验后，接班乘务组列车立即进入岗位立岗，作业内容和作业标准比照始发作业执行。

(七)终到作业内容和标准

动车组列车长在终到作业阶段的作业内容如图 2-2-9 所示。

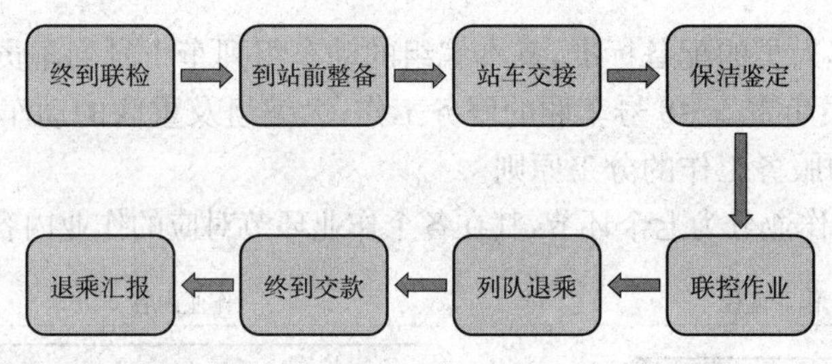

图 2-2-9　列车长终到作业内容

1. 终到联检

动车组列车入库终到前 30 min，列车长组织随车机械师、乘警进行上部设施检查，如有设备问题，在“动车组固定服务设施状态检查记录”入所状态交接栏内记录(客运、机械师各 1 份)，并签字确认，交随车机械师带回动车所。

2. 到站前整备

动车组列车终到前 10 min，列车长巡视车厢，督促乘务员做好重点旅客下车工作；检查督促随车保洁员做好终到站前卫生清扫和垃圾投放工作，对易耗备品剩余数量进行清点；督促餐服人员按作业流程及标准做好剩余食品整理和器具消毒等工作。

3. 站车交接

动车组列车终到后，列车长与车站办理特殊重点旅客交接；旅客下车完毕后，列车长巡视全列车厢，检查终到卫生、旅客遗失物品、车厢内是否有滞留人员、备品定位等，关闭全列车厢视频仪。巡视完毕，使用视频记录仪拍照备查，发现旅客遗失物品与车站办理交接。遇有高速铁路快件业务时与快运公司人员办理交接，发现中铁快件未卸车及时报告指挥中心。

4. 保洁鉴定

终到保洁作业完毕后，列车长根据检查情况填写“动车组随车保洁整备质量考核表”，与随车保洁组长进行签认；动车组终到前，随车保洁组长统计易耗备品剩余数量，列车长核实后填写“动车易耗备品交接单”一式三份，签字确认。

5. 联控作业

待动车组列车各作业完毕后，列车长在本岗位车门下车，面向车门站在安全线以内，做好车门关闭防护，确认工作人员下车完毕后，按规定进行联控作业。

6. 列队退乘

动车组列车车门关闭后，列车长到 6 号车厢站台停车位集中(乘务包统一由餐服长、餐服员拿下车，定位在 6 号车厢站台停车位安全线内依次排好)，按列车员、餐服长、专职商务座服务员、兼职商务座服务员、餐服员、随车保洁员、安全员的顺序列队；按指定线路列队出站退乘。重联时，待两个班组统一在 6 号车集中后，统一列队出站退乘。

7. 终到交款

终到退乘后，列车长与安全员一起到进款室缴纳票款、票机；剩余票卷入柜加锁存放。

8. 退乘汇报

退乘后，列车长到车队向值班干部汇报往返工作情况，到备品管理室交还备品；上报各类报表，台账资料入柜保管。

三、动车组列车员乘务作业内容与标准

根据动车组列车人员的配备标准，基本编组的动车组列车 1 号列车员负责 1～4 号车厢的服务工作，2 号列车员负责 5～8 号车厢的服务工作；大编组及重联的动车组列车，遵循 1 名列车员负责 4 节车厢的服务工作的分工原则。

动车组列车员的作业分为七个环节，其在各个作业环节对应的作业内容如图 2-2-10 所示。

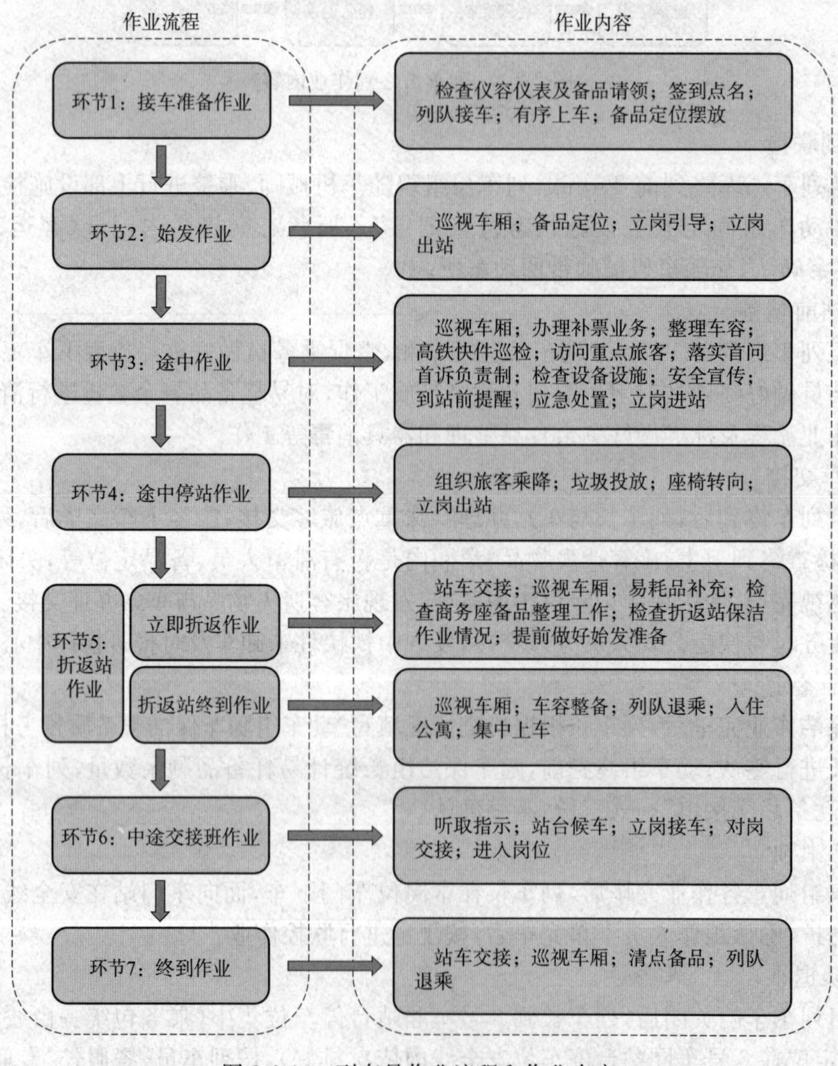

图 2-2-10　列车员作业流程和作业内容

(一)接车准备作业内容和标准

动车组列车员在接车准备作业阶段的作业内容如图 2-2-11 所示。

图 2-2-11　列车员接车准备作业内容

1. 检查仪容仪表及备品请领

在接车准备作业阶段,乘务班组点名前,列车员检查自身仪容仪表,着装规范整洁,正确佩戴职务标志,精神饱满,淡妆出乘;检查对讲机作用是否良好,统一佩挂在右腰后部,耳机挂右耳,耳机线隐蔽在制服内,确保设备状态良好。按规定上交手机,协助列车长请领相关备品,到进款室请领票机票卷。

2. 签到点名

客运乘务班组按列车员、餐服长、专职商务座服务员、兼职商务座服务员、餐服员、随车保洁员、安全员的顺序列队到派班室点名,听取派班员或车队干部传达命令、指示,接受业务抽考,听取列车长布置趟工作计划及要求;进行指纹考勤录入、酒精测试,完毕后统一列队从指定进站口进站。

3. 列队接车

由列车长带队,乘务员排成一路纵队,右手拉乘务包,按指定线路列队进站。

4. 有序上车

站台接车,商务座服务员在 1 号车厢,兼职商务座服务员在 8 号车厢,其余人员在 6 号车厢(重联时 9～16 号车厢依次对应 1～8 号车厢,下同)停车位等候动车出库,到站停稳开门后依次上车。

5. 备品定位摆放

在接车准备作业阶段,动车进站台停稳后,全体乘务组工作人员从规定的 6 号车厢一位端依次进入车厢,按定位放好乘务包。例如,CRH380A 型动车组列车的乘务包定位摆放在 5 号车厢储藏柜;CRH2A 型动车组列车的乘务包定位摆放在 8 号车厢客运备品柜。

(二)始发作业内容和标准

动车组列车员在始发作业阶段的作业内容如图 2-2-12 所示。

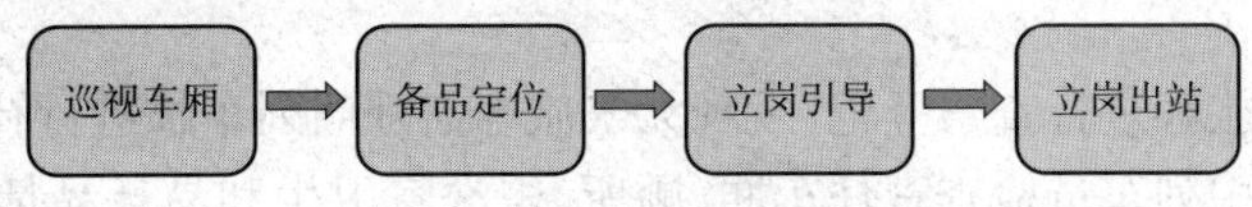

图 2-2-12　列车员始发作业内容

1. 巡视车厢

列车员在动车组列车始发阶段按照分工分别巡视责任车厢,对出库消防、上部设备设施以及保洁质量进行检查,督促、协助保洁人员补强车内卫生,同时向列车长汇报车厢卫生和设备设施检查情况。

2. 备品定位

按照动车组列车服务备品管理的规范要求，列车员定位摆放双所长名牌、卫生间保洁卡、服务接待备品。

3. 立岗引导

始发作业时，1 号列车员在 1 号车厢、2 号列车员在 8 号车厢车门处，分别背靠反面车门立岗引导，脚跟与反面内侧门框平齐后，前移约 30 cm(约一脚距离)，并对乘车旅客使用规范用语致欢迎词："您好！欢迎乘车。"

4. 立岗出站

接到列车长瞭望指令时，列车员及时确认责任车厢旅客乘降完毕后，进行边门瞭望，发现紧急情况立即报告列车长；关门后，在靠近站台一侧面向站台立岗，脚尖与靠近站台内侧门框平齐，直至列车驶出站台。

(三)途中作业内容和标准

动车组列车员在途中作业阶段的作业内容如图 2-2-13 所示。

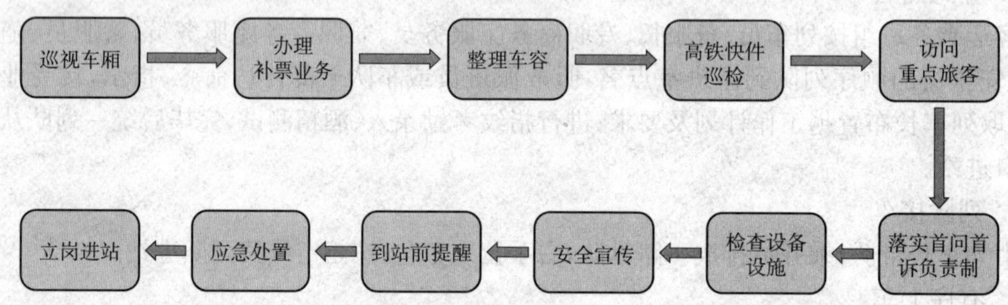

图 2-2-13　列车员途中作业阶段作业内容

1. 巡视车厢

列车员在列车运行途中，每 15 min 巡查责任车厢不少于一次，遇特殊情况列车员应立即巡查，巡查路线为：1 号列车员按从 1 车走到 4 车，再从 4 车返回 1 车的路线；2 号列车员按从 8 车走到 5 车，再从 5 车走到 8 车的路线。巡查内容包括：一整理、二登记、三检查、四协助、五宣传，具体要求如下：

(1)巡查过程要整理责任车厢的行李架、衣帽钩、大件行李处，做到行李摆放平稳，不超出行李架，不堵塞过道，衣帽钩上无包件。在整理行李的同时，做好爱车宣传，对发现旅客用服务指南垫脚、趴在小桌板上睡觉、吵闹喧哗干扰他人等不文明行为及时制止、劝阻，并及时掌握车内旅客动态。

(2)对上车有座旅客进行查票登记，发现无票旅客需呼叫列车长进行补票手续办理。

(3)列车运行途中列车员检查责任车厢、厕所、盥洗室卫生和易耗品情况，收取垃圾、更换垃圾袋，并督促、协助保洁员工作，按规定填写"卫生间保洁卡"。

(4)协助商务座服务员、兼职餐服员做好商务座、一等座的专项服务，在巡视车厢发现商务座使用服务呼叫时，及时通知商务座服务员或兼职餐服员到场服务。

(5)动车组运行途中列车员要加强安全宣传。提醒旅客盖好杯盖、打开水时不要装得太满；提醒带小孩的旅客照顾好小朋友，不要让小朋友在车厢内随意跑动；取放行李物品时拿稳、放好；中途转换运行方向转动座椅时，提醒旅客注意安全；防止烫伤、砸伤、摔伤等危险。

2. 办理补票业务

列车长播放实名制查票广播后，列车员协助列车长(3 号列车员)按照规定的查票区段，利用站车无线交互系统核对席位，实名制查验车票。列车员查验车票时态度要和蔼，减少对旅客的干扰；劝告无座旅客不占用座席，对乘车条件不符的人员及时通知列车长办理补票手续。管内有预留中铁银通卡旅客座席的动车组列车，需预留车厢服务工作的列车员，在列车沿途各站开车后，巡视预留座席使用情况，妥善安排持卡旅客使用座位。预留座席的具体安排由各铁路局集团公司根据车型和实际工作需要具体安排。例如，南宁局集团公司南宁客运段担当乘务的“D8”字头桂林北至北海区间的列车，中铁银通卡预留座席安排在 6 号车厢 3～4 排，2 号列车员在每站开车后，负责该车厢相应座席巡视工作，并做好持卡旅客使用座席安排。遇特殊情况应立即向列车长汇报。

3. 整理车容

列车员根据动车组列车服务质量规范中对车容的规范标准，整理责任车厢行李架及衣帽钩，对大件行李或不宜摆放在行李架上的物品引导旅客摆放在大件行李存放处，必要时予以帮助。

4. 高速铁路快件巡检

遇有高速铁路快件运输任务时，列车员要加强巡视、检查集装件码放、外包装、施封等状况，发现时，要加强巡视、检查集装件码放、外包装、施封等状况，发现集装件短少或外包装、施封破损应立即报告列车长。

5. 访问重点旅客

在列车运行途中，列车员要访问责任车厢的重点旅客，根据旅客需求提供相应的服务；并向列车长报告特殊重点旅客所在的车厢号、座位号。

6. 落实首问首诉负责制

在动车组列车运行途中，列车员要落实首问首诉负责制，依据规章耐心解答旅客问询、投诉，能解决的立即解决，不能解决的询问列车长后给予旅客答复，不能相互推诿。

7. 检查设备设施

列车员根据分工检查责任车厢的车门及通道、消防器材、电器设备、服务设施、电茶炉等设备设施，发现问题及时向列车长报告，并采取有效措施解决问题。

8. 安全宣传

列车员在运行途中应加强安全宣传，尤其要加强对重点区段、重点时段、重点部位的口头安全宣传及广播宣传，按规范播报安全提示用语。

9. 到站前提醒

列车运行途中在各中途车站，列车员要提前做好宣传引导，引导旅客分散上、下车，杜绝因乘降组织不力造成列车停站超时事件。提醒旅客不要在中途站下车散步，以免漏乘；提醒旅客不要将携带物品遗忘在列车上，做好重点旅客的下车引导工作。

10. 应急处置

在列车运行途中遇异常情况，列车员要及时报告列车长，启动应急预案。遇旅客严重失信行为要予以制止，并协助列车长及时、准确采集证据，证据包括相关票据复印件、身份证件复印件、文字记录、音视频等资料。

11. 立岗进站

列车进站前,列车员检查责任车厢厕所卫生,提前到岗到位,分别在 1 号车厢和 8 号车厢车门内面向站台方向位置立岗进站。

(四)途中停站作业内容和标准

动车组列车员在途中停站作业阶段的作业内容如图 2-2-14 所示。

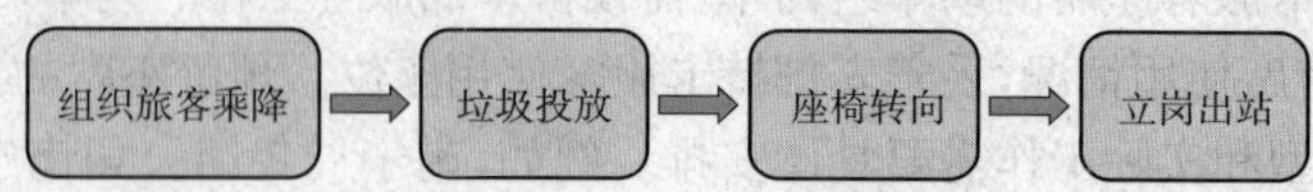

图 2-2-14　列车员途中停站作业阶段作业内容

1. 组织旅客乘降

1 号列车员在 1 号车厢车门、2 号列车员在 8 号车厢车门处,分别背靠反面车门立岗,引导旅客乘降。立岗时应注意不影响乘降旅客通行,脚跟与反面内侧门框平齐后,前移约 30 cm(约一脚距离),并对乘降旅客致欢送词和欢迎词。

对下车旅客使用规范用语:"请慢走,注意脚下安全,欢迎下次乘车。"

对上车旅客使用规范用语:"您好! 欢迎乘车。"

2. 垃圾投放

动车组列车在途中停站时,列车员要把岗位门处的垃圾投放至站台指定垃圾投放站,不能随意投放。

3. 座椅转向

在列车运行途中因车站站场布置等因素,动车组列车需转向运行时,列车员要进入车厢向旅客进行安全宣传,并迅速将全列座椅调转方向,同时做好解释工作,维持车内秩序。

4. 立岗出站

列车员接到列车长瞭望指令时,确认旅客乘降完毕后,在边门进行瞭望,遇紧急情况及时报告列车长并采取有效措施。关门后,在靠近站台一侧面向站台立岗,脚尖与靠近站台内侧门框平齐,直至列车驶出站台。

(五)折返站作业内容和标准

折返站作业根据列车在折返站停留的时间和是否进入整备所整备,分为两种不同的作业类型:一是折返站立即折返作业,另一种是折返站终到作业。

1. 折返站立即折返作业

动车组列车员在折返站作业阶段的作业内容如图 2-2-15 所示。

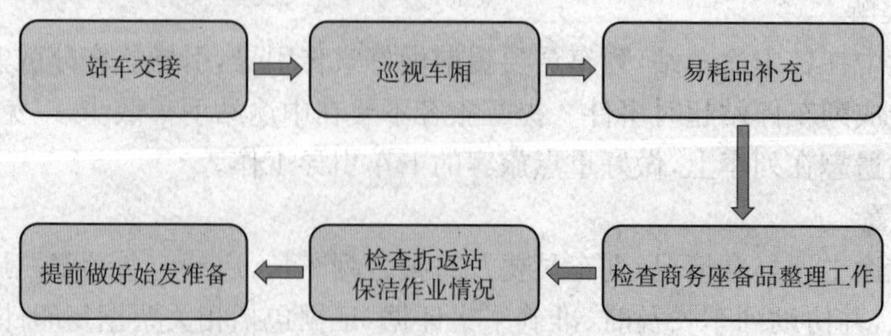

图 2-2-15　列车员折返站立即折返作业内容

(1)站车交接

在折返站到站后，列车员要与车站办理特殊重点旅客交接工作，对重点旅客做到“三知三有”(知座席、知到站、知困难，有登记、有服务、有交接)，登记重点旅客信息，做好重点旅客的服务工作。

(2)巡视车厢

折返站旅客下车完毕后，列车员要巡视责任车厢，如发现旅客遗失物品，要及时交列车长处理。

(3)易耗品补充

列车员要检查、督促保洁人员做好折返站终到的卫生清扫和垃圾投放、座椅转向等工作，及时补充洗手液、卷纸、擦手纸、清洁袋、垃圾袋等易耗备品，并对保洁人员的工作予以协助。

(4)检查商务座备品整理工作

列车员要检查、督促商务座服务员、兼职餐服员按作业流程及标准做好商务座备品的整理等工作，保证商务座车厢服务备品符合规范要求。

(5)检查折返站保洁作业情况

在折返站，各列车员要巡视责任车厢，检查折返站保洁卫生整备情况，对存在问题的要及时指出，并立即整改补强。

(6)提前做好始发准备

折返站到站旅客下车完毕后，列车员要马上做好始发准备，在折返站始发作业比照始发作业执行。

由于折返站立即折返作业设计到站和始发两部分，遇特殊情况列车到站时间晚点时，会直接影响折返始发作业，因此折返站立即折返作业要在按规定标准进行的同时，要保证各个作业环节的紧凑。

2. 折返站终到作业

折返站终到作业是列车到达折返站，组织旅客下车完毕，动车组列车进入折返站整备所进行整备的一种作业形式。动车组列车员在折返站终到作业阶段的作业内容如图 2-2-16 所示。

图 2-2-16　列车员折返站终到作业阶段作业内容

(1)巡视车厢

列车到达折返站，乘务工作人员组织旅客下车完毕后，列车员要巡视车厢，如发现旅客遗失物品，及时交由列车长处理。

(2)车容整备

列车员要检查、督促保洁人员做好折返站终到的卫生清扫和垃圾投放、座椅转向等工作，列车员要协助保洁人员的工作；督促保洁人员补充更换、摆放洗手液、卷纸、擦手纸、清洁袋、垃圾袋等易耗备品；检查督促商务座服务员、餐服员按作业流程及标准做好备品整理等工作。

(3)列队退乘

在巡视车厢和整备车容后等作业完毕后,1 号列车员在 1 号车厢车门、2 号列车员在 8 号车厢车门下车,同时分别面向车门站在安全线以内,做好车门关闭防护。车门关闭后(或接列车长对讲机通知后),到 6 号车厢站台停车位集中,按列车员、餐服长、专职商务座服务员、兼职商务座服务员、餐服员、随车保洁员、安全员的顺序列队出站退乘;如重联时,待两个班组统一在 6 号车厢站台停车位集中后,按列车员、餐服长、专职商务座服务员、兼职商务座服务员、餐服员、随车保洁员、安全员的顺序列队出站退乘。

(4)入住公寓

列车员退乘后,按照列车长安排房间入住当地公寓,入住后抓紧时间洗漱与休息,遵守公共秩序,注意队伍整体形象,不得大声喧哗或说笑嬉戏,影响其他人员休息;次日,督促乘务人员起床后抓紧时间进行梳洗,整理着装仪容,检查随身备品、票据、票款(机),做好集体出乘前的各项准备工作。

(5)集中上车

次日返乘时,列车员按照规定时间提前在公寓门口集中点名,按照指定路线列队进站,集体登车,做好始发准备。折返站始发作业比照始发作业执行。

(六)中途交接班作业内容和标准

动车组列车采取单班作业形式。根据乘务交路的安排,在动车组列车运行过程中遇需要途中站进行交接班作业时,接班乘务组的列车员中途交接班作业阶段的作业内容如图 2-2-17 所示。

图 2-2-17　列车员中途交接班作业内容

1. 听取指示

接班乘务组按规定时间到车队听取指示,按始发标准出乘点名。

2. 站台候车

接班乘务组在动车组列车到达前,提前列队上站台,在动车组列车停靠站台停车位的 6 号车厢一位端列队等候。

3. 立岗接车

动车进站前,接班乘务组列车员提前到岗位门相应停车位置立岗接车。

4. 对岗交接

接班列车员与当班列车员进行对岗交接,重点交接车内客流及设备设施情况。

5. 进入岗位

接班列车员进入岗位后,要立岗迎接旅客上下车,作业内容和作业标准比照始发作业执行。

(七)终到作业内容和标准

动车组列车员在终到作业阶段的作业内容如图 2-2-18 所示。

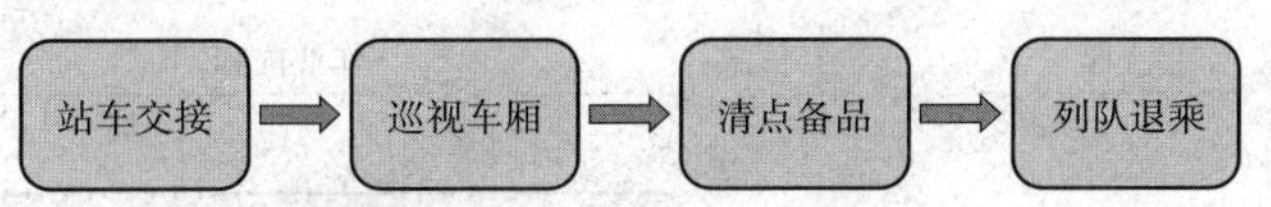

图 2-2-18　列车员终到作业内容

1. 站车交接

列车从折返站返回，到达始发站组织旅客下车完毕后，列车员要巡视车厢，如发现旅客遗失物品，及时交列车长处理。

2. 巡视车厢

列车员要检查、督促保洁人员做好折返站终到的卫生清扫和垃圾投放、座椅转向等工作，列车员对保洁员的工作要予以协助。同时督促保洁人员补充更换、摆放洗手液、卷纸、擦手纸、清洁袋、垃圾袋等易耗备品；检查督促商务座服务员、餐服员按作业流程及标准做好备品整理等工作。

3. 清点备品

列车员对责任车厢的服务备品进行清点，按规定做好交接工作，并向列车长报告备品情况。

4. 列队退乘

巡视车厢作业完毕后，1 号列车员在 1 号车厢车门、2 号列车员在 8 号车厢车门下车，分别面向车门站在安全线以内，做好车门关闭防护；车门关闭后（或接列车长对讲机通知后），到 6 号车厢站台停车位集中，按列车员、餐服长、专职商务座服务员、兼职商务座服务员、餐服员、随车保洁员、安全员的顺序列队出站退乘；重联时，待两个班组统一在 6 号车厢站台停车位集中后，按列车员、餐服长、专职商务座服务员、兼职商务座服务员、餐服员、随车保洁员、安全员的顺序列队出站退乘。

四、动车组列车商务座服务人员作业内容和标准

动车组列车商务座服务人员分为专职和兼职两种，兼职服务员为餐服员。商务座服务水平直接关系到动车组列车的服务质量，对设有商务座的动车组列车，应严抓商务座的服务工作。

商务座服务人员的作业包括六个环节，各个作业环节对应的作业内容如图 2-2-19 所示。

（一）接车准备作业内容和标准

动车组列车商务座服务人员在接车准备作业阶段的作业内容如图 2-2-20 所示。

1. 检查仪容仪表及设备

在动车组列车接车准备作业阶段，商务座服务人员在点名前检查自身仪容仪表，着装规范整洁，正确佩戴职务标志，精神饱满，淡妆出乘；检查对讲机作用是否良好，统一佩挂在右腰后部，耳机挂右耳，耳机线隐蔽在制服内，确保设备状态良好，手机交给列车长统一管理。

2. 签到点名

按列车员、餐服长、专职商务座服务员、兼职商务座服务员、餐服员、随车保洁员、安全员的顺序列队到派班室点名，听取派班员传达命令、指示，接受业务抽考，听取列车长布置趟工作计划及要求；进行指纹考勤录入，酒精测试完毕后统一列队从指定进站口进站。

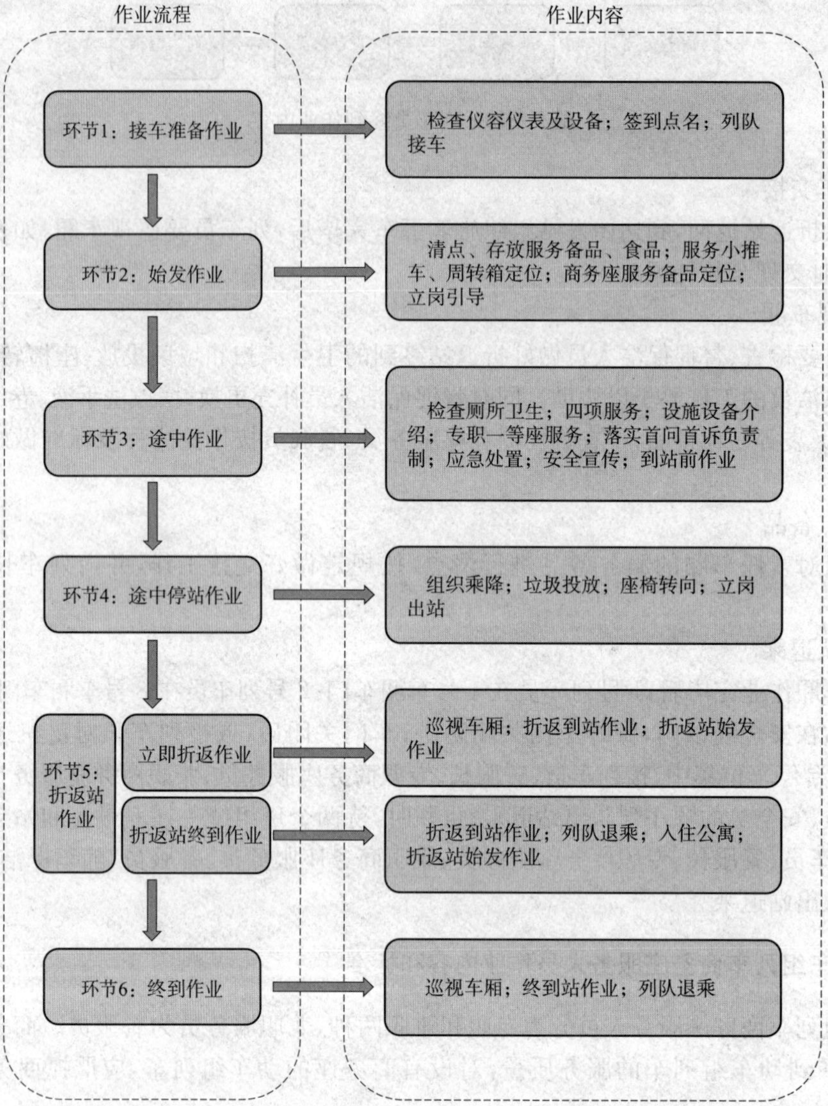

作业流程	作业内容
环节1：接车准备作业	检查仪容仪表及设备；签到点名；列队接车
环节2：始发作业	清点、存放服务备品、食品；服务小推车、周转箱定位；商务座服务备品定位；立岗引导
环节3：途中作业	检查厕所卫生；四项服务；设施设备介绍；专职一等座服务；落实首问首诉负责制；应急处置；安全宣传；到站前作业
环节4：途中停站作业	组织乘降；垃圾投放；座椅转向；立岗出站
环节5：折返站作业 — 立即折返作业	巡视车厢；折返到站作业；折返站始发作业
环节5：折返站作业 — 折返站终到作业	折返到站作业；列队退乘；入住公寓；折返站始发作业
环节6：终到作业	巡视车厢；终到站作业；列队退乘

图 2-2-19　商务座服务人员作业流程和作业内容

图 2-2-20　商务座服务人员接车准备作业内容

3. 列队接车

始发时，专、兼职商务座服务员在设有商务座的车厢的站台停车位等候，在动车组列车进站停稳后进入车厢。以 CRH380A 型动车组列车为例，专、兼职商务座服务员分别在 1 号、8 号车厢(重联时 9～16 号车厢依次对应为9 号、16 号车厢)站台停车位等候动车出库，动车进站台停稳后，从 1 号、8 号车厢(重联时 9～16 号车厢依次对应为 9 号、16 号车厢)进入车厢。

(二)始发作业内容和标准

动车组列车商务座服务人员在始发作业阶段的作业内容如图 2-2-21 所示。

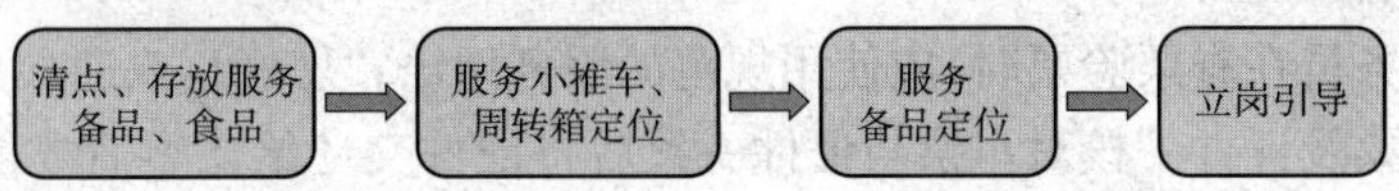

图 2-2-21 商务座服务人员始发作业内容

1. 清点、存放服务备品、食品

商务座服务人员要做好商务座车(一等座车)服务备品、食品的清点和存放工作,并做好服务准备工作。具体要求包括:备用服务备品、食品定位在物料周转箱内;即时服务备品、食品定位在服务推车上(商务座食品饮料类放在上部,商务座服务备品类、一等车食品饮料类放在车内),摆放整齐、统一。

2. 服务小推车、周转箱定位

商务座服务推车定位在 1(或 8)号车厢车门处小吧台一侧,商务服务人员要做好防溜措施;物料周转箱定位在 1 号车厢一等座和 8 号车厢二等座运行方向最后一排转椅后,平整盖上盖布,存放的物料周转箱不得影响座椅的正常使用及旅客通行。

3. 服务备品定位

做好商务座车厢座位靠垫、免费读物(报纸)的摆放。做到定位摆放,具体要求为:座位靠垫横摆在靠背下方;免费读物(报纸)定位在边柜内。

4. 立岗引导

专职商务座服务员在 2 号车厢一位端、兼职商务座服务员在 7 号车厢二位端背靠反面车门处面向站台方向立岗引导(重联为 10、15 号车厢),脚跟与反面内侧门框平齐后,前移约 30 cm(约一脚距离),对上车旅客使用规范用语:“您好! 欢迎乘车。”

(三)途中作业内容和标准

动车列车商务座服务人员在途中作业阶段的作业内容如图 2-2-22 所示。

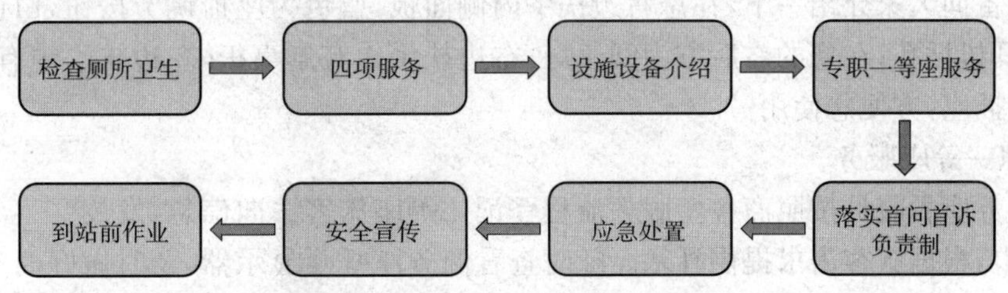

图 2-2-22 商务座服务人员途中作业内容

1. 检查厕所卫生

开车后,商务座服务人员巡视车厢时,加强安全宣传,检查厕所卫生,将感应隔离门调至感应挡。

2. 四项服务

动车组列车商务座车配有专职服务人员的,专职服务人员应主动介绍专项服务项目,提供饮品、餐食、小食品、小毛巾、耳塞等服务。商务座车厢服务员在途中作业阶段,应做好查票验票、茶水饮品供应、供餐服务及其他专项服务工作，开展服务工作时要注意服务用语的规范。

(1)查票验票服务工作

商务座车服务员在查票验票时，应使用规范的服务用语："您好！欢迎乘坐本次列车旅行。请您出示您的车票及证件。"核对车票与证件一致后将证件交还给旅客后才能登记车票信息，并向旅客宣传商务座内无广播通报到站，到站前工作人员会提醒旅客下车。

(2)茶水饮品供应

商务座的茶水饮品有茶水、饮料，品种不少于 6 种，茶水全程供应。茶水供应需使用规范服务用语，可参考的服务规范用语如下："我们为您免费提供矿泉水、饮料、咖啡和热茶，请问您需要什么呢?"另外，六合一休闲小食品和湿毛巾直接递给旅客，无须询问。休闲小食品选用非油炸类点心、蜜饯类、坚果类等无壳、无核、无皮、无骨的休闲小食品，品种不少于 6 种，独立小包装。

(3)供餐服务

逢供餐时间动车组列车上免费为乘务商务座旅客供应餐食。商务座供餐时间为：早餐 8:00 以前，正餐 11:30～13:00、17:30～19:00(如遇特殊情况，可视情况灵活调整)。正餐以冷链为主，配用速溶汤，分量适中，可另行配备面点、菜品、佐餐料包等。品种不少于 3 种，配有清真餐食，定期调整。

商务座服务人员为旅客供餐时，使用供餐规范用语，如："旅客您好，我们 8:00 以前为您供应早餐，11:30 至 13:00，17:30 至 19:00 为您免费提供午餐和晚餐，分别有××和××餐，请问您需要用什么餐？几点给您送餐呢?"在征询旅客用餐选择时，应提供两种以上的餐供旅客选择，并将用餐时间及品种登记在本子上。

(4)其他专项服务

商务座服务人员除了要完成以上三项服务工作外，还要询问旅客是否需要其他专项服务，其服务的规范用语："我们为您提供有防寒毯、拖鞋、耳机、眼罩、耳塞，请问您需要吗?"

3. 设施设备介绍

商务座服务员在旅途中为旅客作设施设备介绍，介绍时，应背靠隔离门中部(脚跟与隔离门相距 20 cm)面向旅客，作商务座设施设备的介绍："各位旅客，你们好！现在我将商务座的服务设施设备向大家介绍一下，在您右边扶手内侧面板，蓝色为座椅调节按钮，白色为呼叫按钮，下方有耳机插孔；在您的右后方为阅读灯，右边扶手内有餐桌板，左边扶手内有影视系统，并配有电源插座，方便您使用。"

4. 专职一等座服务

专职商务座餐服员按照商务座服务流程登记一等座旅客去向信息，发放"三合一"小食品和饮品、湿巾，根据旅客需求提供耳塞。随时查看商务座呼唤显示器，及时做好商务座旅客需求服务，向列车长报告特殊重点旅客信息，做好登记、服务工作；做好验票工作，发现无座旅客和乘车条件不符人员时劝其离开商务座和一等座车厢。兼职商务座餐服员按照商务座服务员流程做好商务座旅客的服务工作后，与列车员交接盯控后方可到与商务座车厢的邻近车厢销售食品，以 CRH380A 型动车组为例，8 号车厢兼职商务座餐服员可到 6 号车厢至 8 号车厢销售食品，不能跨区域销售。随时保持商务座和一等座车厢卫生。

5. 落实首问首诉负责制

商务座服务人员需落实首问首诉负责制，依据规章耐心解答旅客问询、投诉，能解决的立即解决，不能解决的询问列车长后给予旅客答复。

6. 应急处置

商务座服务人员在工作中遇异常情况，及时报告列车长，启动应急预案。

7. 安全宣传

提醒旅客妥善保管手机（提示用语：请商务座的旅客们妥善保管好您的手机，不要将手机放在座椅边缘，以免掉落到座椅夹缝内；如手机掉落座椅夹缝，请立即通知列车工作人员处理，请勿自行操作）；盖好杯盖、打开水时不要装得太满；带小孩的旅客照顾好小朋友，不要让小朋友在车厢内随意跑动；取放行李物品时拿稳、放好；中途转换运行方向转动座椅时，提醒旅客注意安全；防止烫伤、砸伤、摔伤等危险。

8. 到站前作业

列车进站前，检查并清洁厕所卫生，提前到岗到位，专职商务座服务员提前到 2 号车厢一位端、兼职商务座服务员在 7 号车厢二位端背靠反面车门处面向站台方向立岗。

（四）途中停站作业内容和标准

动车组列车商务座服务人员在途中停站作业阶段的作业内容如图 2-2-23 所示。

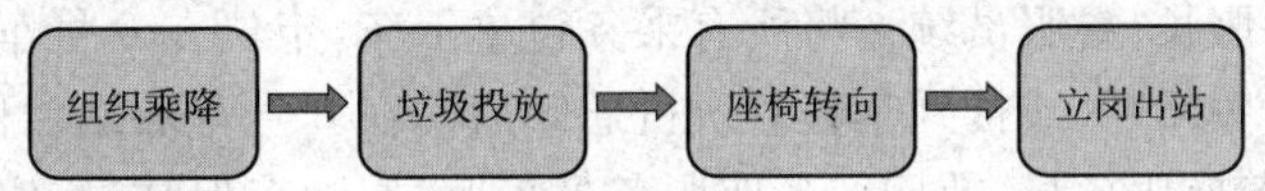

图 2-2-23　商务座服务人员途中停站作业内容

1. 组织乘降

专职、兼职餐服员在岗位门处立岗引导，脚跟与反面内侧门框平齐后，前移约 30 cm（约一脚距离），对下车旅客使用规范用语："请慢走，注意脚下安全，欢迎下次乘车。"对上车旅客使用规范用语："您好！欢迎乘车。"

2. 垃圾投放

在途中停站时，商务座服务人员须把岗位门垃圾投放至站台指定位置。

3. 座椅转向

在动车组列车运行途中，因车站站场布置形式，需动车组列车转向运行时，商务座服务人员应进入车厢向旅客进行安全宣传，并迅速将全列座椅转向。

4. 立岗出站

商务座服务人员接到列车长瞭望指令时，确认旅客乘降完毕后，在边门进行瞭望，遇紧急情况及时报告列车长并采取有效措施。关门后在靠近站台一侧面向站台立岗，脚尖与靠近站台内侧门框平齐，直至列车驶出站台。

（五）折返站作业内容和标准

1. 折返站立即折返作业内容和标准

动车组列车商务座服务员折返站立即折返作业阶段的作业内容如图 2-2-24 所示。

图 2-2-24　商务座服务员折返站立即折返作业阶段作业内容

旅客下车完毕，商务座服务人员巡视责任车厢，发现旅客遗失物品，及时交列车长处理。在折返站对商务座车(一等座车)服务备品、食品进行整理补充。同时做好始发作业准备，折返始发比照始发作业标准执行。

2. 折返站终到作业内容和标准

动车组列车商务座服务人员折返站终到作业阶段的作业内容如图 2-2-25 所示。

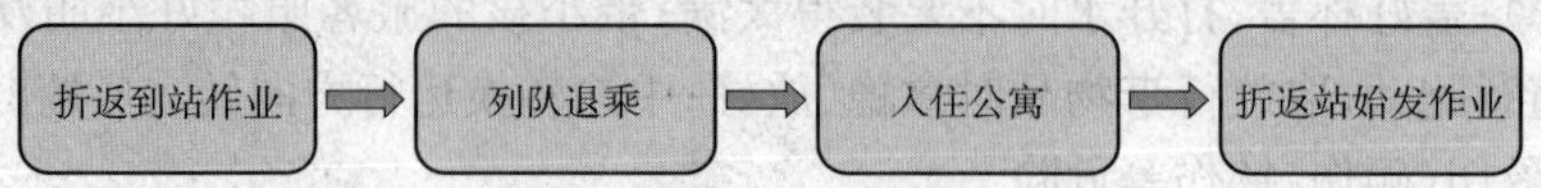

图 2-2-25　商务座服务人员折返站终到作业内容

(1)折返到站作业

旅客下车完毕，巡视责任车厢，发现旅客遗失物品，及时交列车长处理。旅客下车完毕后，将服务备品、食品入箱封存。

(2)列队退乘

作业完毕后，餐服长、餐服员统一将所有乘务包拿下车，定位在 6 号车厢站台停车位安全线内依次排好，车门关闭后(或接列车长对讲机通知后)，在 6 号车厢站台停车位集中，按列车员、餐服长、专职商务座服务员、兼职商务座服务员餐服员、随车保洁员、安全员的顺序列队出站退乘；重联时，待两个班组统一在 6 号车厢站台停车位集中后，按列车员、餐服长、专职商务座服务员、兼职商务座服务员、餐服员、随车保洁员、安全员的顺序列队出站退乘。

(3)入住公寓

商务座服务人员跟随乘务班组入住公寓并遵守公共秩序，注意队伍整体形象，不得大声喧哗或说笑嬉戏，不得影响其他人员休息。起床后抓紧时间进行梳洗，整理着装仪容，检查随身备品，做好出乘前的各项准备工作。

(4)折返站始发作业

折返站始发前，商务座服务人员按照规定时间在公寓门口集中点名，按照指定路线列队进站，集体登车，做好始发准备；折返始发比照始发作业标准执行。

(六)终到作业内容和标准

商务座服务人员终到作业阶段的作业内容如图 2-2-26 所示。

图 2-2-26　商务座服务人员终到作业阶段作业内容

1. 巡视车厢

旅客下车完毕，商务座服务人员巡视责任车厢，如发现旅客遗失物品，及时交列车长处理。

2. 终到站作业

动车组列车终到站后，商务座服务人员要对商务座车(一等座车)服务备品、食品进行清点，按规定与地面保管人员交接。

3. 列队退乘

作业完毕后，商务座服务人员在本岗位车门下车，面对车门站在安全线以内，做好车门关闭防护；车门关闭（接列车长通知后）后，到 6 号车厢站台停车位集中（乘务包统一由餐服长、餐服员拿下车，定位在 6 号车厢站台停车位安全线内依次排好），按列车员、餐服长、专职商务座服务员、兼职商务座服务员、餐服员、随车保洁员、安全员的顺序列队出站退乘；重联时，待两个班组统一在 6 号车厢站台停车位集中后，按列车员、餐服长、专职商务座服务员、兼职商务座服务员、餐服员、随车保洁员、安全员的顺序列队出站退乘。

五、动车组列车安全员作业内容和标准

动车组列车安全员乘务作业分为 7 个环节，各个作业环节的作业内容如图 2-2-27 所示。

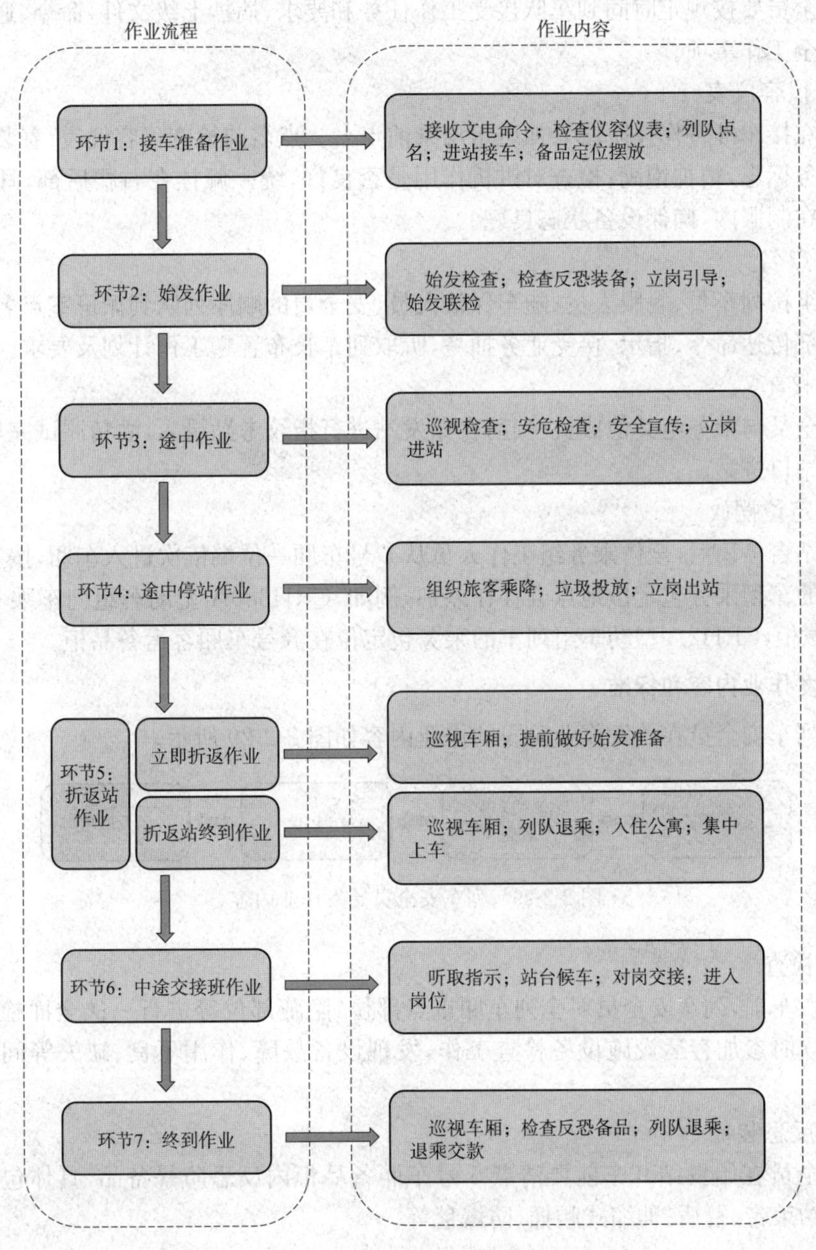

图 2-2-27　列车安全员作业流程和作业内容

(一)接车准备作业内容和标准

动车组列车安全员在接车准备作业阶段的作业内容如图 2-2-28 所示。

图 2-2-28　列车安全员接车准备作业内容

1. 接收文电命令

列车安全员要按规定时间到车队接受工作任务和要求，摘抄上级文件，命令、通缉、通报和有关列车安全工作事项。

2. 检查仪容仪表

安全员在接车准备作业阶段参加班组出乘前点名。点名前检查仪容仪表，着装规范整洁，正确佩戴职务标志，精神饱满；检查对讲机作用是否良好，统一佩挂在右腰后部，耳机挂右耳，耳机线隐蔽在制服内，确保设备状态良好。

3. 列队点名

乘务班组按列车员、餐服人员、随车保洁人员、安全员的顺序列队到派班室点名，听取派班员或车队干部传达命令、指示，接受业务抽考，听取列车长布置趟工作计划及要求。

4. 进站接车

列车安全员与乘务组其他成员一起，在始发站进行指纹考勤录入，酒精测试完毕后统一列队从指定进站口进站。

5. 备品定位摆放

动车进站台停稳后，全体乘务组工作人员从 6 号车厢一位端依次进入车厢，按定位放好乘务包。不同的车型乘务包定位地点会存在差别，例如，CRH380A 型动车组列车乘务包定位在 5 号车厢储藏柜，CRH2A 型动车组列车的乘务包定位在 8 号车厢客运备品柜。

(二)始发作业内容和标准

动车组列车安全员在始发作业阶段的作业内容如图 2-2-29 所示。

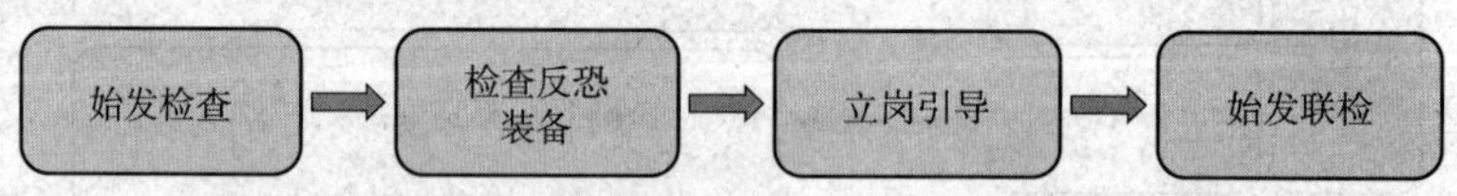

图 2-2-29　列车安全员始发作业内容

1. 始发检查

始发站发车前，列车安全员对全列车厢重点部位、隐蔽部位等进行一次全面检查，不留死角。安全员同时参加客运设施设备检查工作，发现设备故障、作用不良、缺失等问题，做好记录，追踪整改。

2. 检查反恐装备

列车安全员在始发站开车前要清点 5 号车厢备品柜内反恐防暴备品，具体包括：防割手套、伸缩棍、约束带、臂盾、伸缩式腰插、防爆毯等。

3. 立岗引导

列车安全员在始发作业阶段要立岗引导旅客乘车，立岗引导的位置固定，例如，CRH2A型动车组安全员在2号车厢一位端（重联时为10号车厢一位端）车门处，背靠反面车门立岗引导，CRH380A型动车组安全员在2号车厢二位端（重联时为10号车厢二位端）车门处，背靠反面车门立岗引导，脚跟与反面内侧门框平齐后，前移约30 cm（约一脚距离）。

4. 始发联检

在动车组列车始发30 min内，列车安全员与列车长、随车机械师等一起参与列车始发联检。检查列车上部设施，并对车内设施设备进行故障排查。

(三)途中作业内容和标准

动车组列车安全员在途中作业阶段的作业内容如图2-2-30所示。

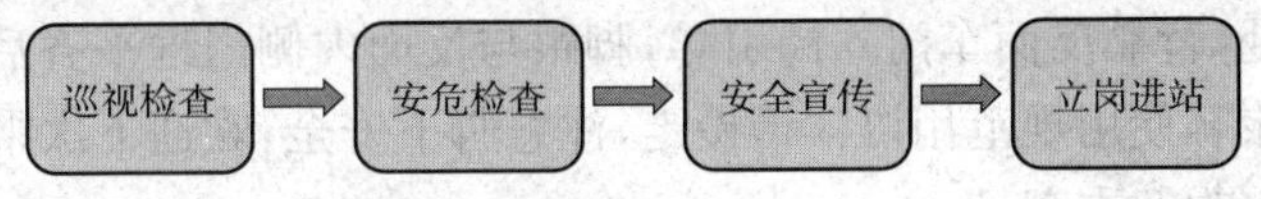

图2-2-30　列车安全员途中作业内容

1. 巡视检查

列车安全员担任列车上的治安维持任务时，应与列车长沟通情况，向有关人员交代任务；巡视车厢，加强安全宣传，维护列车秩序，检查情况应做出记录，发现问题通知有关人员立即整改；观察旅客动态，参加列车长组织查票以及清查旅客越席乘车工作；对行为异常人员和可疑物品进行安全检查。每30 min巡查车厢不少于一次，巡查线路为2车—1车—8车；发现行为异常人员应立即进行安全检查，必要时可采取控制措施，并及时向列车长、公安部门报告；发现可疑物品应立即进行先期处置，必要时可隔离可疑物品，疏散旅客，并向列车长、公安部门报告；发生烟雾报警时，立即赶到现场，协助列车长做好处理，到站按规定交站；制止列车上发生的扰乱秩序行为，接到列车发生扰乱秩序信息后，立即赶到现场处理，稳定车内秩序；发生旅客斗殴时及时调解，耐心疏导，化解矛盾，调换座位，防止事态扩大。必要时动员周围旅客予以协助，向列车长及公安部门报告现场情况，并按照要求开展处置；妥善处置发现的危险、违禁物品；发现易燃、易爆、危险物品、违禁品应立即进行先期处置，并向列车长、公安部门报告；易燃、易爆物品应立即隔离，并按规定妥善处理；易燃、易爆、危险物品、违禁品应协同列车长编制客运记录，交最近前方停车站公安派出所处理；应对突发事件，组织应急逃生。

2. 安危检查

途中遇无票人员上车补票时，使用金属探测仪对无票人员进行安检查危工作，未发现危险品后，列车长或2号(3号)列车员才能为其补票。列车长播放实名制查票广播后，列车员协助列车长按照规定的查票区段，利用站车无线交互系统核对席位，实名制查验车票。

3. 安全宣传

动车组列车运行途中，安全员要加强安全宣传。提醒旅客盖好杯盖，打开水时不要装得太满；带小孩的旅客照顾好小朋友，不要让小朋友在车厢内随意跑动；取放行李物品时拿稳、放好；中途转换运行方向转动座椅时，提醒旅客注意安全，防止烫伤、砸伤、摔伤等危险。

4. 立岗进站

动车组列车进站前，安全员提前到岗到位，定点立岗。不同的车型具体的定点位置会有不同,例如,CRH2A 型动车组安全员在 2 号车厢一位端(重联时为 10 号车厢二位端)车门处,背靠反面车门立岗引导;CRH380A 型动车组安全员在 2 号车厢二位端(重联时为 10 号车厢一位端)车门处,背靠反面车门,同时面向站台方向立岗进站。

(四)途中停站作业阶段作业内容和标准

动车组列车安全员在途中停站作业阶段的作业内容如图 2-2-31 所示。

图 2-2-31　列车安全员途中停站作业内容

1. 组织旅客乘降

安全员在车门处,背靠反面车门立岗引导,脚跟与反面内侧门框平齐后,前移约 30 cm(约一脚距离),对下车旅客使用规范用语:"请慢走,注意脚下安全,欢迎下次乘车。"对上车旅客使用规范用语:"您好! 欢迎乘车。"

2. 垃圾投放

动车组列车在途中停站时,安全员需把岗位门处的垃圾投放至站台指定位置的垃圾投放站。

3. 立岗出站

动车组列车安全员在接到列车长指令后,进行边门瞭望,确认旅客乘降完毕后,在靠近站台一侧面向站台立岗,脚尖与靠近站台内侧门框平齐,直至列车驶出站台,发现情况立即报告列车长。

(五)折返站作业内容和标准

1. 折返站立即折返作业内容和标准

动车组列车安全员在折返站立即折返作业阶段的作业内容如图 2-2-32 所示。

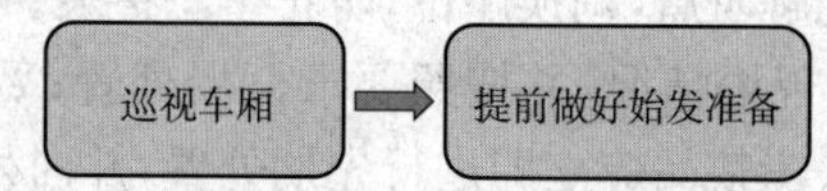

图 2-2-32　列车安全员折返站立即折返作业内容

(1)巡视车厢

旅客下车完毕后,安全员全列巡视车厢,如发现遗失物品,会同列车长进行检查,编制客运记录交旅客到站或终到站处理;如有机密文件、枪械、巨款等贵重物品,应列出移交清单,交车站公安派出所,做好签字交接手续。

(2)提前做好始发准备

在巡视完车厢后,安全员要提前做好折返站的始发准备,安全员折返站始发作业内容和标准比照始发作业执行。

2. 折返站终到作业内容和标准

动车组列车安全员在折返站终到作业阶段的作业内容概括起来如图 2-2-33 所示。

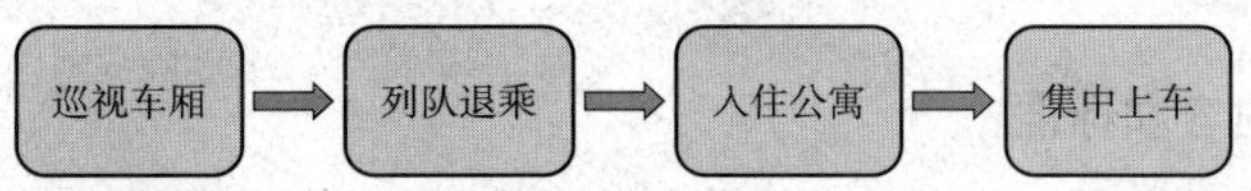

图 2-2-33　列车安全员折返站终到作业内容

(1)巡视车厢

旅客下车完毕后,列车安全员须全列巡视车厢,如发现遗失物品,会同列车长进行检查,编制客运记录交旅客到站或终到站处理;如有机密文件、枪械、巨款等贵重物品,应列出移交清单,交车站公安派出所,做好签字交接手续。

(2)列队退乘

作业完毕后,列车安全员在岗位门下车,面向车门站在安全线以内,做好车门关闭防护;车门关闭后(或接列车长对讲机通知后),到 6 号车厢站台停车位集中,按列车员、餐服长、专职商务座服务员、兼职商务座服务员、餐服员、随车保洁员、安全员的顺序列队出站退乘;重联时,待两个班组统一在 6 号车厢站台停车位集中后,按列车员、餐服长、专职商务座服务员、兼职商务座服务员、餐服员、随车保洁员、安全员的顺序列队出站退乘。

(3)入住公寓

退乘后,列车安全员按照列车长安排的房间入住当地公寓,入住后抓紧时间洗漱与休息,遵守公共秩序,注意队伍整体形象,不得大声喧哗或说笑嬉戏,影响其他人员休息;次日,起床后抓紧时间进行梳洗,整理着装仪容,检查随身备品做好集体出乘前的各项准备工作。

(4)集中上车

列车安全员按照规定时间提前在公寓门口集中点名,按照指定路线列队进站,集体登车,做好始发准备。折返站始发作业内容和标准比照始发作业执行。

(六)中途交接班作业内容和标准

动车组列车采取单班作业形式。根据乘务交路的安排,在动车组列车运行过程中遇需要在中途站进行交接班作业时,接班乘务组的动车组列车安全员在中途交接班作业阶段的作业内容如图 2-2-34 所示。

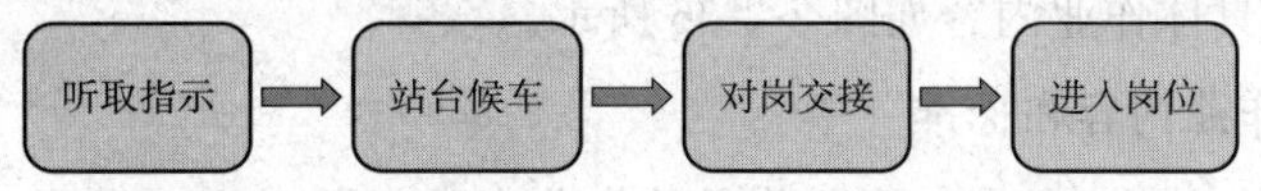

图 2-2-34　列车安全员中途交接班作业内容

1. 听取指示

接班乘务组要按规定时间到车队听取车队指示,并按始发站标准进行出乘点名。

2. 站台候车

列车到站前,接班乘务组全体成员列队上站台,在 6 号车厢一位端站台停车位列队等候。

3. 对岗交接

接班安全员和当班安全员进行对岗交接,重点交接列车治安情况、重点盯控区域、消防设施设备等工作。

4. 进入岗位

交接完毕后,列车安全员应立即进入岗位,在岗位门处立岗,其作业内容和标准比照始发作业执行。

(七)终到作业内容和标准

动车组列车安全员在终到作业阶段的作业内容如图 2-2-35 所示。

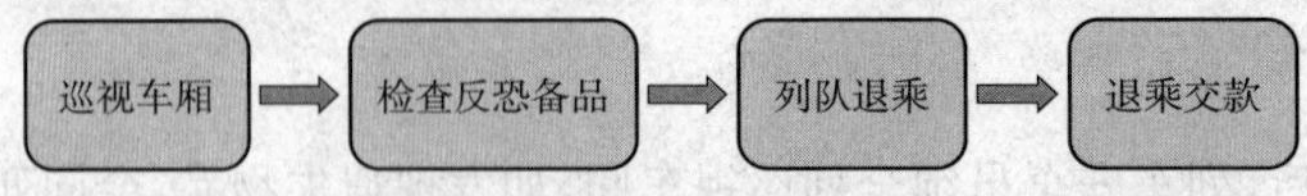

图 2-2-35 列车安全员终到作业内容

1. 巡视车厢

终到站前,安全员对全列车厢状况、旅客动态、消防设施和治安重点部位进行一次全面检查。参加客运设施设备联检。发现遗失物品,会同列车长进行检查,编制客运记录交旅客到站或终到站处理;如有机密文件、枪械、巨款等贵重物品,应列出移交清单,交车站公安派出所,做好签字交接手续。遇途中交接班时,列车安全员做好交接,重点交接列车治安情况、重点盯控区域、消防设施设备等工作。

2. 检查反恐备品

列车终到后,待旅客下车完毕后,安全员检查清点 5 号车厢备品柜内反恐防暴备品(防割手套、伸缩棍、约束带、臂盾、伸缩式腰插、防爆毯)。

3. 列队退乘

作业完毕后,安全员在岗位门下车,面向车门站在安全线以内,做好车门关闭防护;车门关闭(或接列车长对讲机通知)后,到 6 号车厢站台停车位集中,列队退乘。

4. 退乘交款

动车组列车终到后,安全员陪同列车长到进款室交款,交票机、票据。到车队存放携带的多功能腰带、可伸缩警棍、约束带等,做好交接登记。同时汇报往返值乘情况。

六、动车组列车餐服员工作作业内容和标准

动车组列车上的餐饮服务工作在列车长统一指挥下分工协调进行。餐服员的作业内容和标准分为 7 个环节,具体作业内容如图 2-2-36 所示。

(一)接车准备作业内容和标准

动车组列车餐服人员接车准备作业阶段的作业内容如图 2-2-37 所示。

1. 检查仪容仪表及设备

餐服人员在点名前检查自身仪容仪表,着装规范整洁,正确佩戴职务标志,精神饱满,淡妆出乘;检查对讲机作用是否良好,统一佩挂在右腰后部,耳机挂右耳,耳机线隐蔽在制服内,确保设备状态良好,手机交给列车长统一管理。

2. 签到点名

在接车准备作业阶段,乘务班组按列车员、餐服长、专职商务座服务员、兼职商务座服务员、餐服员、随车保洁员、安全员的顺序列队到派班室点名,听取派班员传达命令、指示,接受业务抽考,听取列车长布置趟工作计划及要求;进行指纹考勤录入,酒精测试完毕后统一列队从指定进站口进站。

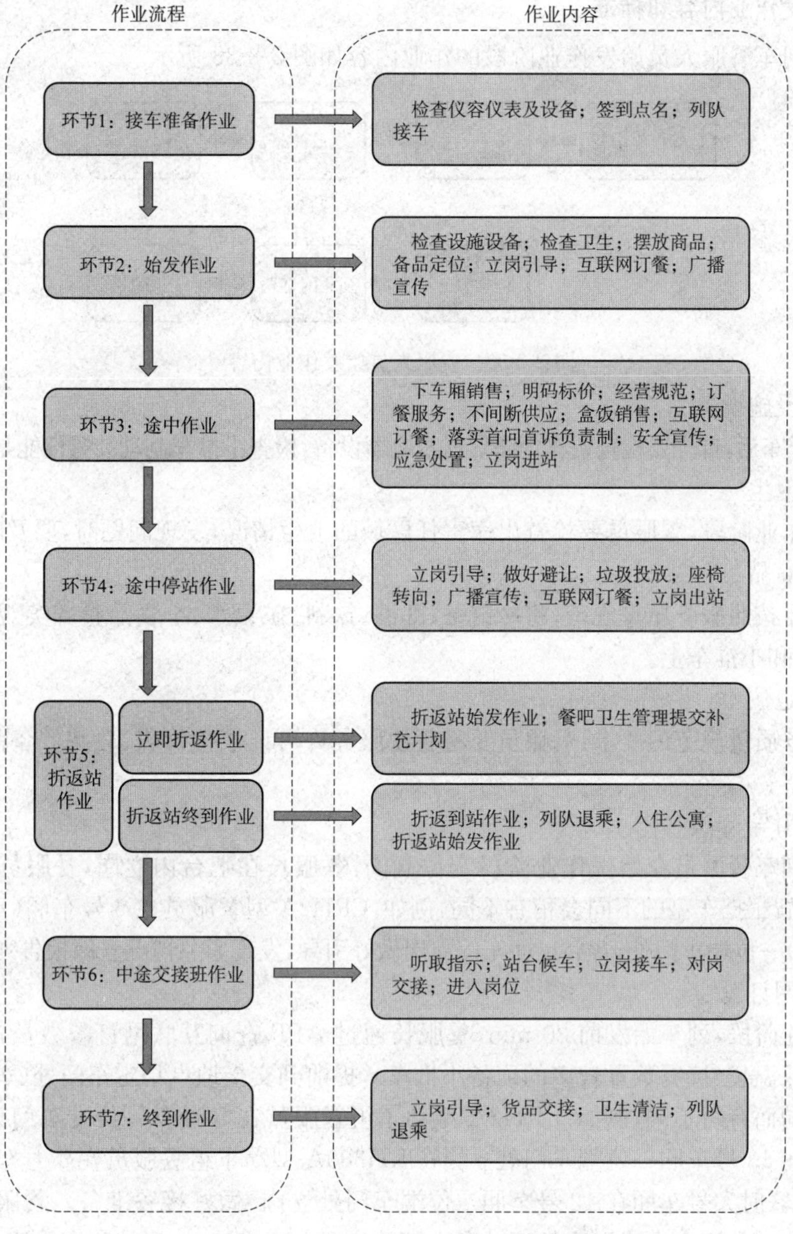

作业流程	作业内容
环节1：接车准备作业	检查仪容仪表及设备；签到点名；列队接车
环节2：始发作业	检查设施设备；检查卫生；摆放商品；备品定位；立岗引导；互联网订餐；广播宣传
环节3：途中作业	下车厢销售；明码标价；经营规范；订餐服务；不间断供应；盒饭销售；互联网订餐；落实首问首诉负责制；安全宣传；应急处置；立岗进站
环节4：途中停站作业	立岗引导；做好避让；垃圾投放；座椅转向；广播宣传；互联网订餐；立岗出站
环节5：折返站作业——立即折返作业	折返站始发作业；餐吧卫生管理提交补充计划
环节5：折返站作业——折返站终到作业	折返到站作业；列队退乘；入住公寓；折返站始发作业
环节6：中途交接班作业	听取指示；站台候车；立岗接车；对岗交接；进入岗位
环节7：终到作业	立岗引导；货品交接；卫生清洁；列队退乘

图 2-2-36　餐服员作业流程和作业内容

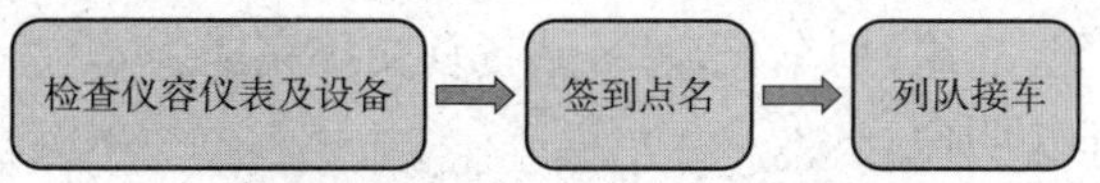

图 2-2-37　餐服人员接车准备作业内容

3. 列队接车

动车组列车始发时，乘务组在 6 号车厢(重联时 9～16 号车厢依次对应 1～8 号车厢)站台停车位等候动车出库，待列车进站台停稳后，从 6 号车厢一位端依次进入车厢，按定位放好乘务包。

(二)始发作业内容和标准

动车组列车餐服人员始发作业阶段的作业内容如图 2-2-38 所示。

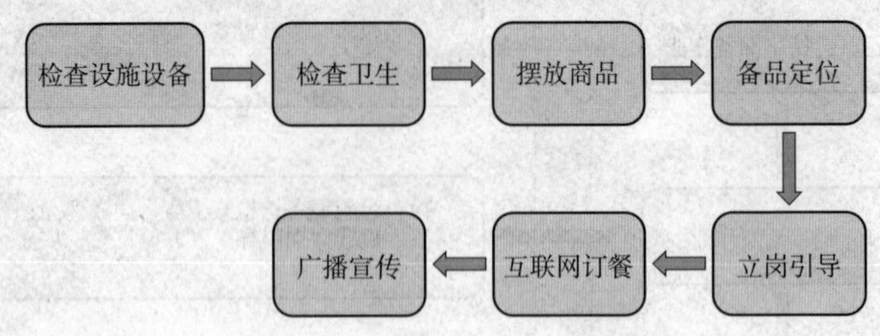

图 2-2-38 餐服人员始发作业内容

1. 检查设施设备

餐服员登车后,首先要检查餐车消防器材及电器设备,检查小推车制动装置性能是否良好。

2. 检查卫生

在始发作业阶段,餐服员要检查出库责任区域的卫生情况,发现问题时,要及时补强。

3. 摆放商品

餐服员要按照服务质量规范,将冷链餐、啤酒、饮料、矿泉水、小食品整齐美观地定位摆放在冰箱、吧台和小推车上。

4. 备品定位

根据服务质量规范的要求,餐服员要将餐饮服务许可证及价目表、餐牌等备品定位摆放,并准备好发票。

5. 立岗引导

动车组列车餐服员在始发作业阶段定位立岗:餐服长在吧台内立岗,餐服员在指定的车厢,其立岗位置根据车型的不同会稍有不同,例如,CRH2A 型餐服员在 6 号车厢(重联时为6 号和 14 号车厢)一位端车门处,背靠反面车门立岗做好引导,发现紧急情况立即报告列车长。

6. 互联网订餐

始发作业阶段,列车始发前 20 min,餐服长通过 APP 查询互联网订餐数量,餐服员准备好食品集装保温袋(接餐数量较多的须备小推车),提前到交接地点指定车门处(车门具体位置根据车型不同而有所不同,例如,CRH2A 型动车组餐服员在 5 号车一位端车门处立岗,重联时大号车厢在 13 号车厢一位端车门处立岗;CRH380A 型动车组餐服员在 4 号车厢二位端车门处立岗,重联时大号车厢在 12 号车厢二位端车门处立岗)做好接餐准备。餐服员应及时与站配送人员在站台安全白线以内靠近站台中部的位置办理交接,不影响旅客乘降。

餐食交接作业完毕后,餐服员需与列车长进行作业联控,具体联控如下:

餐服员:××次(前组/后组)列车长,××站餐食交接完毕。

列车长:××次列车长明白。

7. 广播宣传

始发站动车组列车关门发车前,餐服人员按规定使用餐吧控制放大器播放关门提示。

(三)途中作业内容和标准

动车组列车餐服人员途中作业阶段的作业内容如图 2-2-39 所示。

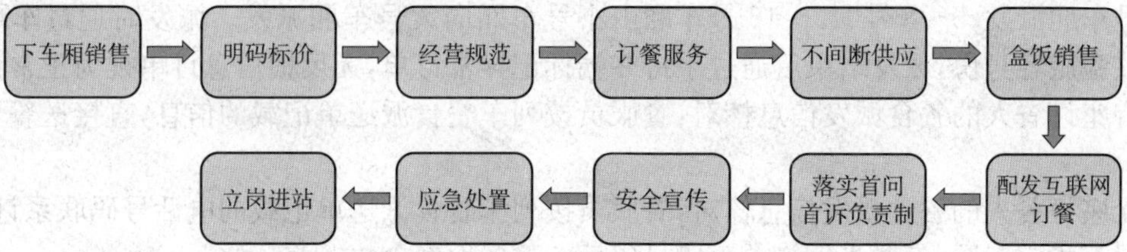

下车厢销售 → 明码标价 → 经营规范 → 订餐服务 → 不间断供应 → 盒饭销售 → 配发互联网订餐 → 落实首问首诉负责制 → 安全宣传 → 应急处置 → 立岗进站

图 2-2-39　餐服人员途中作业内容

1. 下车厢销售

在动车组列车始发 5 min 后，餐服人员方可进车厢销售食品，不得大声叫卖干扰旅客，行进中与旅客正向相遇时，应主动避让旅客。

2. 明码标价

餐车销售的冷、热链快餐盒饭、食品做到标识齐全，明码标价，一货一签，并印有 CRH 动车图形标志。

3. 经营规范

餐服人员下车厢销售小食品时，必须携带发票，推车上放置一壶热水，销售过程中遇旅客需要热水及时予以提供。销售服务动作规范，遇旅客询问或购买食品时，售货推车平移靠近旅客，踩牢刹车，双手为旅客递送食品，平稳到位，钱款收付做到唱收唱付；为旅客送热饮品、热食品时，做到稳、慢，饮料倒杯七成。注意周围是否有旅客经过，送到旅客身边时，提醒旅客注意端拿，避免烫伤。经营行为规范，提供发票，文明售货，不大声叫卖、不兜售，不搭售食品。

4. 订餐服务

动车组列车上为旅客提供订餐、送餐服务，提供冷热食品、饮料服务。开餐时间应满足旅客的需求。

5. 不间断供应

动车组列车的餐车不间断营业，餐服员均要落实无干扰服务。餐车加热、供应餐食时，餐服员戴口罩、手套，女性餐服人员应穿围裙。

6. 盒饭销售

动车组列车销售的盒饭实行统一规范管理。餐车的快餐盒饭供餐前经充分加热，加热后食品中心温度不低于 70 ℃。冷藏快餐盒饭，冷藏温度 0～8 ℃，保存时间不超过 24 h，使用食品中心温度计抽检盒饭温度，确保中心温度不高于 8 ℃。冷链盒饭加热后如实填写“动车盒饭销售情况登记本”。热藏快餐盒饭，热藏温度持续不低于 60 ℃，2 h 内中心温度应持续不低于 60 ℃，保存时间不超过 4 h，无温控存放条件的，存放时间不超过 2 h。加热后未售出的食品严格实行定时报废制度，报废的食品未处理前应醒目标明“报废”字样存放。餐食在保温柜分区码放（按照左上、左中、左下、右上、右中、右下的顺序），确保码放留出空隙，并遵循“先加热、先出售”的原则，保证先进先出。加热冷链餐食应严格执行少量多次、即时供应的原则，盒饭加热不得超过 1 次，不得超批量加热、防止囤积时间长而过期。

7. 配发互联网订餐

动车组列车上，应优先分送互联网订餐食品，并在接到餐食食品后 30 min 内完成分送派发工作。餐服人员负责派发途中各站的互联网订餐餐食。派送订餐时按规定的派送顺序，依据列车餐食派送单分车厢即时派发餐食。具体派送顺序为：1～4 号、9～12 号车厢由大号车厢向小号车厢派发;5～8 号、13～16 号车厢由小号车厢向大号车厢派发。派发时通过车票或手机号核验旅客身份,派发结束后通过手持终端标记异常订单,无反馈信息订单视为正常订单。

有座订餐人的餐食派发信息核对:餐服员按列车餐食派送单记载的信息,直接送餐至旅客座席。

无座订餐人的餐食派发信息核对:餐服员按列车餐食派送单记载的电话号码联系订餐人,并送餐至指定车厢,订餐人凭订单手机号码后 5 位领取餐食。

8. 落实首问首诉负责制

动车组列车餐服人员要落实首问首诉负责制,依据规章耐心解答旅客问询、投诉,能解决的立即解决,不能解决的询问列车长后给予旅客答复。

9. 安全宣传

途中作业阶段,餐服人员要加强安全宣传。提醒旅客盖好杯盖、打开水时不要装得太满;带小孩的旅客照顾好小朋友,不要让小朋友在车厢内随意跑动;取放行李物品时拿稳、放好;中途转换运行方向转动座椅时,提醒旅客注意安全;防止烫伤、砸伤、摔伤等危险。

10. 应急处置

遇异常情况,及时报告列车长,启动应急预案。

11. 立岗进站

餐服员在列车进站前,提前到岗到位,餐服长在吧台立岗,做好引导及销售服务,餐服员在 6 号车厢(重联为 6 号、14 号)一位端背靠反面车门,同时面向站台方向立岗进站。

(四)途中停站作业内容和标准

餐服人员途中停站作业内容如图 2-2-40 所示。

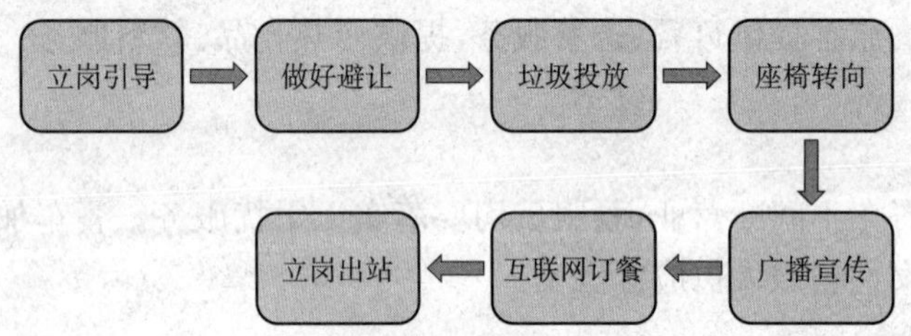

图 2-2-40　餐服人员途中停站作业内容

1. 立岗引导

餐服长在吧台立岗,做好引导及销售服务。餐服员在 6 号车厢(重联为 6 号、14 号)一位端车门处,背靠反面车门立岗引导,脚跟与反面内侧门框平齐后,前移约 30 cm(约一脚距离)。中途迎客时统一使用规范用语:“您好! 欢迎乘车。”途中停站、终到送客时统一使用规范用语:“请慢走,注意脚下安全,欢迎下次乘车。”接到列车长指令,进行边门瞭望,确认旅客乘降完毕后,在靠近站台一侧面向站台立岗,脚尖与靠近站台内侧门框平齐,直至列车驶出站台,发现情况立即报告列车长。

2. 做好避让

动车组列车在本次列车的中途各站停车时,餐服人员如在车厢销售,要做好避让旅客工作,做到不堵塞通道,不影响旅客乘降。

3. 垃圾投放

在本次列车的中途垃圾投放站,餐服人员要把餐吧垃圾投放至站台指定位置的垃圾投放站。

4. 座椅转向

遇动车组列车需转向运行时，餐服人员按照分工进入车厢向旅客进行安全宣传，并迅速将全列座椅调转方向。

5. 广播宣传

待中途停车站的列车开车铃响后，餐服长手动播放关门提示广播。

6. 互联网订餐

在可以进行互联网订餐的停车站，餐服人员要负责停车站的接餐工作：餐服长通过APP查询订餐数量，餐服员准备好食品集装保温袋（接餐数量较多的须备小推车），提前到交接地点指定车门处接餐，餐食交接作业完毕，餐服员立即联控列车长。

7. 立岗出站

餐服人员接到列车长瞭望指令时，确认旅客乘降完毕后，在边门进行瞭望，遇紧急情况及时报告列车长并采取有效措施。关门后，在靠近站台一侧面向站台立岗，脚尖与靠近站台内侧门框平齐，直至列车驶出站台。

（五）折返站作业内容和标准

1. 折返站立即折返作业内容和标准

动车组列车餐服人员折返站立即折返作业阶段的作业内容如图2-2-41所示。

图2-2-41　餐服人员折返站立即折返作业内容

动车组列车采用折返站立即折返时，折返站作业内容比照到站作业标准。移动售货在列车终到前10 min停止销售。餐服长及时提报食品补充计划。旅客下车完毕后，餐服长、餐服员负责整理餐吧卫生，及时更换餐车的垃圾袋。同时，所有餐服人员做好折返站始发作业准备工作，折返始发比照始发作业标准执行。

2. 折返站终到作业内容和标准

动车组列车餐服人员折返站终到作业阶段的作业内容如图2-2-42所示。

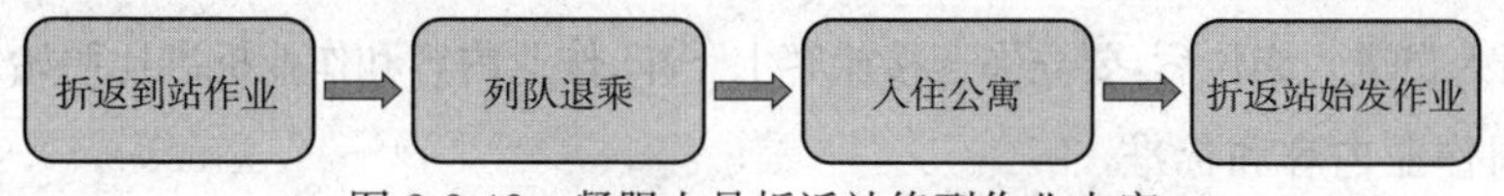

图2-2-42　餐服人员折返站终到作业内容

(1)折返到站作业

餐车的移动售货在列车终到前10 min停止销售。餐服长及时提报食品补充计划。旅客下车完毕后，餐服长、餐服员负责将剩余商品入箱封存；及时清理吧台内地面、餐柜、微波炉、冷藏箱、保温箱、销售车、展示柜、工作台面卫生，及时更换垃圾袋。

(2)列队退乘

作业完毕后，餐服长、餐服员统一将所有乘务包拿下车，定位在6号车厢站台停车位安全线内依次排好，车门关闭后（或接列车长对讲机通知后），在6号车厢站台停车位集中，按列车员、餐服长、专职商务座服务员、兼职商务座服务员、餐服员、随车保洁员、安全员的顺序列队出站退乘；重联时，待两个班组统一在6号车厢站台停车位集中后，按列车员、餐服长、专职商务座服务员、兼职商务座服务员、餐服员、随车保洁员、安全员的顺序列队出站退乘。

(3)入住公寓

餐服人员在退乘后根据列车长安排入住公寓并遵守公共秩序,注意队伍整体形象,不得大声喧哗或说笑嬉戏,影响其他人员休息。起床后抓紧时间进行梳洗,整理着装仪容,检查随身备品,做好出乘前的各项准备工作。

(4)折返站始发作业

餐服人员按照规定时间在公寓门口集中点名,按照指定路线列队进站,集体登车,做好始发准备;折返始发比照始发作业标准执行。

(六)中途交接班作业内容和标准

动车组列车采取单班作业形式。根据乘务交路的安排,在动车组列车运行过程中遇需要在中途站进行交接班作业时,接班乘务组的动车组餐服人员在途中交接班作业阶段的作业内容概括起来如图 2-2-43 所示。

图 2-2-43　餐服员途中交接班作业内容

1. 听取指示

动车组列车餐服人员跟随所属的接班乘务组按规定时间到车队听取指示,按始发标准出乘点名。

2. 站台候车

接班乘务组在动车组列车到达前,提前列队上站台,在动车组列车停靠站台停车位的 6 号车厢一位端列队等候。

3. 立岗接车

动车进站前,接班乘务组餐服人员提前到岗位门相应停车位置立岗接车。

4. 对岗交接

接班餐服人员与当班餐服人员进行对岗交接,重点交接餐车的餐料情况。

5. 进入岗位

接班餐服人员进入岗位后,要立岗迎接旅客上下车,作业内容和作业标准比照始发作业执行。

(七)终到作业内容和标准

动车组列车餐服人员终到作业阶段的作业内容如图 2-2-44 所示。

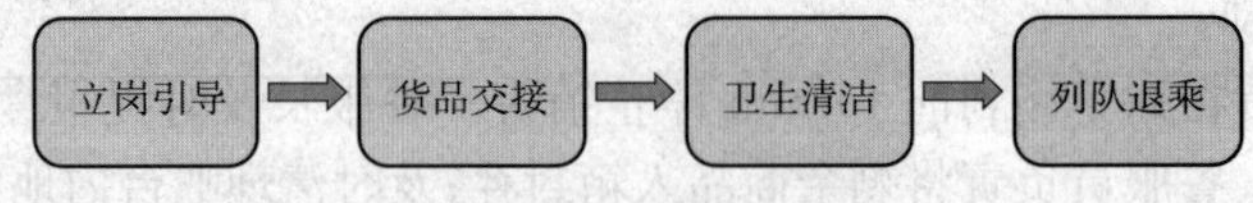

图 2-2-44　餐服人员终到作业内容

1. 立岗引导

动车组列车终到后,餐服人员要引导旅客有序下车,并提醒旅客注意脚下安全。

2. 货品交接

旅客下车完毕后,餐服长、餐服员结账,清点剩余货品,将剩余货品入箱封存,与地面保管人员交接。

3. 卫生清洁

餐服人员及时清理吧台内地面、餐柜、微波炉、冷藏箱、保温箱、销售车、展示柜、工作台面卫生，及时更换垃圾袋。

4. 列队退乘

作业完毕后，餐服长、餐服员统一将所有乘务包拿下车，定位在6号车厢站台停车位安全线内依次排好，车门关闭（或接列车长对讲机通知后）后，在6号车厢站台停车位集中，按列车员、餐服人员、随车保洁员、安全员的顺序列队出站退乘；重联时，待两个班组统一在6号车厢站台停车位集中后，按列车员、餐服人员、随车保洁员、安全员的顺序列队出站退乘。

七、动车组列车保洁工作作业内容和作业标准

动车组列车的保洁工作由三部分组成：一是动车组车体的外皮清洗、吸污作业和转向架及设备仓保洁工作，由车辆部门负责；二是动车组列车的客运整备和内部的保洁工作，由客运段负责；三是司机室内部的保洁工作，由机务段负责。另外，动车组列车在库内进行客运整备时的保洁工作，由与铁路局集团公司签订了协议的专业保洁公司担当。

动车组列车保洁作业包括库内保洁、折返保洁和随车保洁三大环节。车内进行保洁时主要分四大区域开展：一是吧台区域，二是卫生间及洗面间，三是车内（包括车厢内、乘务间、连接处及通过台）区域，四是其他区域。不同的保洁区域在不同的保洁环节具有不同的作业内容和标准，具体的作业内容和标准如下。

（一）吧台区域的保洁作业内容与标准（见表2-2-1）

表2-2-1　吧台区域保洁作业内容与标准

环节 项目	库内作业环节	折返保洁环节	随车保洁环节
作业内容	1. 清洁厨房空调口、天花板 2. 清洁微波炉、烤箱、服务台、吧台 3. 清洁垃圾桶 4. 清洁车内门缝 5. 备份箱格、装饰板 6. 清洁餐台、餐桌、座椅 7. 清洁厨房地板 8. 整理座椅套	清洁垃圾桶、处理垃圾	无
作业标准	1. 厨房的空调口和天花板表面无污迹，无灰尘 2. 微波炉内无碎渣，无食物，无油迹；服务台、吧台台面干净整洁 3. 垃圾桶内装袋，无垃圾，桶内无异味 4. 车门缝干净无污迹 5. 备份箱格、装饰板表面无污迹，无灰尘，化妆镜干净明亮 6. 餐台、餐桌、座椅、凳摆放整齐，桌（椅）缝无杂物、无碎渣。桌（椅）缝无杂物 7. 地面清洁干净，无污物、见本色，无卫生死角 8. 座椅套干净、整洁	垃圾桶内装袋，无垃圾，桶内无异味	无

(二)卫生间及洗面间的保洁作业内容与标准(见表 2-2-2)

表 2-2-2　卫生间及洗面间的保洁作业内容及标准

项目＼环节	库内作业环节	折返保洁环节	随车保洁环节
作业内容	1. 清洁卫生间门、外壁板 2. 清洁厕所内壁板、天花板及厕所镜子 3. 清洁厕所垃圾桶、厕所纸架、厕所用品用具存入格、地板 4. 清洁洗手池、便器 5. 清洁不锈钢部件 6. 清洁垃圾箱、垃圾投掷门和垃圾箱门 7. 地板 8. 配备备品 9. 清洁车内地毯	1. 收集处理厕所垃圾,补充设施备品 2. 清洁洗手池、便池、厕所壁棚 3. 清洁厕所镜子、台面、洗手液瓶及出水口 4. 清洁厕所垃圾桶、厕所纸架、厕所地板 5. 对厕所进行消毒、喷洒空气清新剂	1. 收集处理厕所垃圾,清洁空气,补充设施备品 2. 清洁洗手池、便池 3. 清洁卫生间镜子、台面、洗手液瓶 4. 清洁厕所垃圾桶、厕所纸架、厕所地板
作业标准	1. 卫生间门及厕外壁板干净、无污痕 2. 厕所内壁板、天花板干净,无污迹。厕所镜表面干净、明亮,无污迹 3. 四壁无尘、无积垢、手摸无黑灰;化妆台无杂物、无积垢 4. 厕所垃圾桶内垃圾装袋封口,垃圾清空,无异味,桶壁擦抹干净;纸架、用品存放格表面无积尘、内无杂物;地面干净、无积水 5. 保持不锈钢部件亮洁、无水迹 6. 洗手池(盆)内外洁净无积垢、无杂物、无积水、排水通畅 7. 便器洁白无尿垢、无堵塞、内无污物和积水,无异味,内外擦抹干净,脚踏干净不藏杂物 8. 垃圾箱、垃圾投掷门和垃圾箱门干净无污物,擦抹干净,无异味,桶壁内外擦抹干净 9. 地板洗刷干净见原色,无污迹,无杂物,无积水 10. 洗手液、芳香球(香芯)、卫生卷纸、面巾纸(盒装)、靠头巾(套)、一次性垫圈(或卫生间消毒巾)等各类旅客使用的备品配放齐全。换上的卷纸、盒纸首张叠成对称三角形,方便抽取使用 11. 一等车地毯干净、无污渍	1. 厕所废物箱内的垃圾装袋收集;厕内空气清新无异味,卫生间内按规定配齐用品 2. 洗手池、便池通畅,无明显污垢、无污水。厕内四壁、顶棚无明显污迹 3. 镜子、台面及地板、洗手液瓶擦拭干净;废物箱、出水口清除干净 4. 换上的卷纸、盒纸叠成对称三角形 5. 对厕所进行消毒、喷洒空气清新剂	1. 随时进行卫生间清理 2. 及时清理厕所废物箱内的垃圾,收集装袋;厕内空气清新无异味,卫生间内按规定配齐用品 3. 洗手池、便池通畅,无明显污垢、无污水 4. 镜子、台面及地板、洗手液瓶擦拭干净;废物箱清除干净 5. 换上的卷纸、盒纸叠成对称三角形

(三)车内(包括车厢内、乘务间、连接处及通过台)区域的保洁作业内容与标准(见表 2-2-3)

表 2-2-3　车内区域保洁作业内容及标准

项目＼环节	库内作业环节	折返保洁环节	随车保洁环节
作业内容	1. 清洁车内壁板、天花板、空调口,擦遮阳板、玻璃镜、连接处踏板 2. 擦窗台、小桌板、行李架、座椅扶手 3. 座位靠背袋清理 4. 更换脏的座椅靠背头巾和椅套、门帘 5. 地面卫生 6. 清洁烟灰缸 7. 座位方向调整,窗帘拉放 8. 清理污脏的座椅 9. 清洁空调通风口 10. 清理垃圾箱 11. 备品整备	1. 清理座椅后口袋垃圾,补插清洁袋 2. 清扫地板 3. 清理垃圾箱 4. 清理污脏的座椅 5. 清理桌面、台面 6. 整理车容	1. 清扫地板 2. 倒垃圾 3. 洗脸间台面及地面 4. 清理连接处卫生 5. 清理污脏的座椅

续上表

项目＼环节	库内作业环节	折返保洁环节	随车保洁环节
作业标准	1. 天花板、壁板、空调口、遮阳板、踏板、窗户玻璃外表无积尘、无污迹;玻璃镜干净、明亮 2. 窗台、小桌板、行李架、大件行李存放格里外擦抹干净、无污迹和杂物。座椅扶手清洁无积尘污垢 3. 靠背袋内清洁无垃圾和杂物;清理座位靠背袋中使用过的清洁袋,补放新袋。补充卷角、撕坏或被旅客带走的报纸、杂志和服务手册 4. 更换和收集使用过的座椅靠背头巾;按使用周期及时更换椅套、门帘 5. 地板干净,无积尘、无污物 6. 吸烟车厢座位扶手及连接处烟灰缸内清洁无烟垢、无杂物 7. 有转向功能的座椅全部转为面向列车前进方向。窗帘拉放位置统一 8. 座椅如有呕吐物及明显污迹,需及时干洗处理 9. 空调通风口无灰尘、无污渍 10. 垃圾箱清空,无污物,箱盖擦抹干净 11. 靠头巾(套)、清洁袋、垃圾袋、桶装饮用水、旅客须知、服务手册、报纸杂志等各类旅客使用的备品按型号配放齐全	1. 座椅后面的报纸、糖纸、用过的清洁袋等杂物清理干净 2. 清扫地板,做到表面无垃圾、纸屑、碎杂等杂物 3. 把清扫垃圾装袋封口定点投放;不需要更换垃圾袋的,清空内物即可 4. 座椅如有呕吐物及明显污迹,需及时清理 5. 小桌板、窗台上干净,无水渍污物 6. 座椅靠背头巾干净,无缺少;座椅上无杂物、碎渣;座椅扶手、桌板无污迹、水渍、无粘胶;座椅后兜内杂志、清洁袋、安全须知、服务手册按顺序整齐摆放;每个座位配备一个干净清洁袋;车内座位椅套整洁,窗帘拉放位置统一	1. 地面卫生做到随脏随扫,表面无垃圾、纸屑、碎杂等杂物 2. 清扫垃圾,装袋封口,避免垃圾袋漏出液体,在指定垃圾投放车站定点投放;不需要更换垃圾袋的,清空内物即可 3. 洗脸间台面无积水,洗脸池下水道畅通,地面无垃圾、污物及积水 4. 吸烟车厢连接处烟灰缸清理,缸内不超过3个烟头,地面无烟头、烟灰 5. 座椅如有呕吐物及明显污迹,需及时清理

(四)其他区域的保洁作业内容与标准(见表2-2-4)

表2-2-4　其他区域保洁作业内容及标准

项目＼环节	库内作业环节	折返保洁环节	随车保洁环节
作业内容	1. 车门门框、窗框 2. 清洁车外皮及车梯 3. 清洁工具备品定位摆放 4. 保洁时间控制 5. 垃圾、污水排放	1. 清洁车窗上沿以下的车外皮、车梯 2. 清洁工具备品定位摆放 3. 保洁时间控制	无
作业标准	1. 车门门框、窗框清洁,无污渍 2. 车外皮、车梯间清洁,无污物、无灰尘、无水渍 3. 清洁工具及备品定位摆放在规定位置 4. 保洁员在规定时间内完成库内保洁任务,不影响列车正常秩序 5. 垃圾装袋,在站台存放在规定位置,保洁产生的污水不得倒入集便器及车门口,应提至车外指定位置处理	1. 车外皮、车梯间达到清洁、无污物、无灰尘、无水渍 2. 清洁工具及备品定位摆放在规定位置 3. 保洁员在旅客下车完毕后5 min内完成保洁任务,不影响列车正常秩序	无

动车组列车的保洁工作能够为旅客提供更加舒适的旅行环境,是动车组列车服务质量的有力保障,但是动车组列车在进行保洁作业时,要注意以下问题:

1. 动车组列车的保洁工作不能损坏车辆板壁及外观。

2. 清洁信息显示和触摸屏时,不能使用坚硬的物品擦抹,也不能使用湿布擦洗。

3. 车上的垃圾和污水不能在车上排放，必须集中收集到指定的位置，防止脏水脏污堵塞边门、电茶炉和饮水机托盘、厕所、洗脸池等装置各排水孔及管路。

4. 保洁人员必须对使用的保洁设备进行检查，确认设备状态良好后方准在车上使用。

5. 动车组在库内停留时，车内窗帘和自动门设备必须处于常开位置，作业人员不能随意操作窗帘、自动门、边门、电器设备以及控制柜柜门设备。

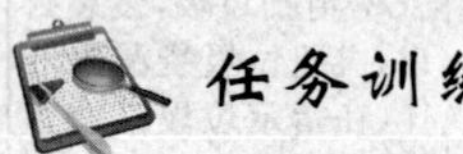

任务训练

一、场景设计

(一)实训目的和要求

1. 实训目的

通过本任务的训练，使学生在理论教学的基础上，能够综合运用高速铁路客运乘务专业理论知识，熟悉高速铁路客运乘务的作业流程，具备高速铁路客运乘务岗位的标准作业能力，提高服务技能水平和解决实际问题的能力，以便更好地适应高速铁路客运乘务岗位的需要。

2. 实训要求

(1)实训分小组进行，每小组 4～5 人。

(2)统一着装：专业实训服(如条件不允许，可着正装)。

(二)实训内容

高速铁路客运乘务工作标准作业演练。

二、实训步骤

(一)实训前准备

1. 设备准备：动车组列车模拟车厢。

2. 知识准备：高速铁路动车设施设备设置和使用方法、动车组列车乘务各岗位作业内容和作业标准。

3. 人员准备：每小组做好人员分工，分饰列车长、列车员、安全员、餐服员等角色。

(二)实　　训

本实训根据乘务工作中的接车准备作业、始发作业、途中作业、途中停站作业、折返站作业、中途交接班作业及终到作业等各个阶段不同的作业内容和作业标准，采取抽题方式开展乘务标准化演练。

各小组在实训前先进行实训具体环节抽签，根据抽到的作业环节及准备阶段的人员分工，进入模拟车厢进行作业标准演练，并上传小组演练视频。

效果评价

高速铁路客运乘务标准化作业训练评分表

姓名		地点		时间	
实训项目	实训考查要点	分值	小组评分	教师评分	最终得分
乘务工作演练	精神面貌	10			
	作业内容完整性	20			
	作业内容规范性	20			
	设备操作流畅性	20			
	作业用语规范性	20			
	成员协作程度	10			
合　计		100			

复习思考题

1. 简要介绍高速铁路动车组列车乘务人员的人身作业安全的规范要求。

2. 高速铁路动车组列车乘务人员的用电安全规范要求是什么？

3. 高速铁路动车组列车车门安全的规范要求有哪些？

4. 为保证列车运行安全和旅客的生命安全，高速铁路动车组列车在携带品方面有哪些规范要求？

5. 高速铁路动车组列车的车容标准中的整体要求是什么？

6. 高速铁路动车组列车软卧车厢配备有哪些服务备品？

7. 高速铁路动车组列车的广播和视频内容有哪些规定？

8. 高速铁路动车组列车员的岗位职责是什么？

9. 高速铁路动车组列车乘务工作一般可以分为几个环节？具体是什么？

10. 高速铁路动车组列车长在始发作业阶段，需要完成哪些作业内容？

11. 高速铁路动车组列车员在途中作业阶段，需要完成哪些作业内容？

12. 高速铁路动车组列车安全员在途中作业阶段，需要完成哪些作业内容？

项目三　高速铁路动车组列车票务处理

学习目标

1. 知识目标
- 了解与动车组列车乘务相关的运输收入管理知识
- 理解列车上补票类型
- 掌握移动补票机补票的操作方法和流程

2. 能力目标
- 能够运用已有的客运业务知识解决乘务实际问题中的补票问题
- 具备熟练使用移动补票机办理补票业务的能力
- 能够运用收入管理的知识解决乘务工作中遇到的问题

3. 素质目标
- 培养学习遵章守纪、廉洁自律的职业意识
- 培养学生敢为人先、勇于奉献的职业担当
- 培养学生“人民铁路为人民”的职业精神

典型工作任务一　移动补票机的操作与管理

任务引入

铁路旅客运输本着“人民铁路为人民”的服务宗旨，从旅客进入铁路运输系统开始旅行起，为旅客提供方便、快捷、优质的旅行服务及安全、舒适的旅行环境。旅客乘车后，列车上可以为旅客办理补票、越站、变更等级等各种不同的客运业务。

请思考：

1. 动车组列车上的补票类型有哪些？
2. 使用移动补票机如何进行补票操作？

知识准备

一、移动补票机的概述

在移动补票机问世前，列车上的旅客办理补票均需要手工操作，乘车旅客需要穿越数节车

厢来到列车长办公席排队补票，不仅补票效率低，而且人为地造成列车的拥挤和不安全，同时，也加大列车工作人员的工作量。

由中国铁道科学研究院集团有限公司电子所研制开发，具有可以按沿途旅客到站自动显示、计价和打印等近似车站计算机售票一样快捷、准确的多种功能的列车移动补票机，因其重量较轻，列车工作人员可手持补票机来到各个车厢，乘客在自己的座位上便可很快补好票或办好旅行变更等。移动补票机投入使用后，深受旅客好评，铁路旅客列车也就此告别了穿车厢、排长队的手工补票时代。现对列车移动补票机的使用操作分述如下：

二、移动补票机的操作

（一）准备工作

移动补票机的准备工作由专人进行操作，在各车次请领移动补票机之前，由专人进行准备工作，主要包括车次下载、发上岗卡、电池充电、装好纸卷、插入备份卡等。

（二）按键简介和系统登录

1. 移动补票机的按键介绍（见表 3-1-1）

表 3-1-1　移动补票机按键介绍

按键名称	按键类型	按键操作	按键功能
确认键		长按 2 s	开机或确认键
确认键		短按	向前翻一页
返回键		短按	向后翻一页
返回键		短按	清除输入的错误信息
返回键		先按该键后放开，再按一下数字“2”键	数字通信
退纸键	0-SP	短按	退纸
进纸键	#	短按	进纸
取消键		短按	取消

2. 系统登录

长按确认键 2 s 以上开机，出现如图 3-1-1 所示界面，在此界面下将 IC 卡含芯片面朝上插入到上岗卡卡槽，等待 1 s 以上进入输入出发日期界面。

出发日期的年份是四位数字，月份是两位数字，不足两位的前面补 0，天为两位数字，不足两位的前面补 0，如图 3-1-2 所示的“20190320”。

图 3-1-1　开机界面

输入出发日期

日期格式：YYYYMMDD

20190320

图 3-1-2　日期输入界面

登录时输入的出发日期与始发车次从始发站开出的日期相一致，例如表 3-1-2 中，始发车次 D1001 于 2019 年 1 月 1 日从 A 站始发开往 D 站，只要 D1001 车次没有到达终点站 D 站，不管中途的站车次以及运行天数如何变化，出发日期始终保持不变；而当 D1001 次到达终点站 D 站之后，换了始发车次 D1003 次由 D 站开往 A 站时，出发日期才发生变化（见表 3-1-3）。当运行天数超过一天时，出发日期保持不变，但是补票机里的系统时间已经发生了变化，此时输入出发日期 20190101 时，系统时间为 20190102，屏幕就会有“与系统时间不符是否继续?”的提示（如图 3-1-3 所示），此时按确认键跳过即可。输完出发日期确认之后，就进入了选择车次的界面（如图 3-1-4 所示），该界面一屏显示三个始发车次及各自的发到站，如果一个班组担当的车次多于三个车次，可通过按返回键或确认键来向后或向前翻页。通过输入每个车次前面对应的数字来选择车次，如输入数字 1，选择了 D3568 次，也就进入了图 3-1-5 所示的主功能界面，完成系统登录。

表 3-1-2　往程 D1001 次列车经停信息

出发日期	发车日期	始发车次	站车次	停靠站	运行天数
20190101	20190101	D1001	D1002	A	0
20190101	20190101	D1001	D1002	B	0
20190101	20190102	D1001	D1002	C	1
20190101	20190102	D1001	D1002	D	1

表 3-1-3　往程 D1003 次列车经停信息

出发日期	发车日期	始发车次	站车次	停靠站	运行天数
20190102	20190102	D1003	D1003	D	0
20190102	20190102	D1003	D1004	C	0
20190102	20190103	D1003	D1004	B	1
20190102	20190103	D1003	D1004	A	1

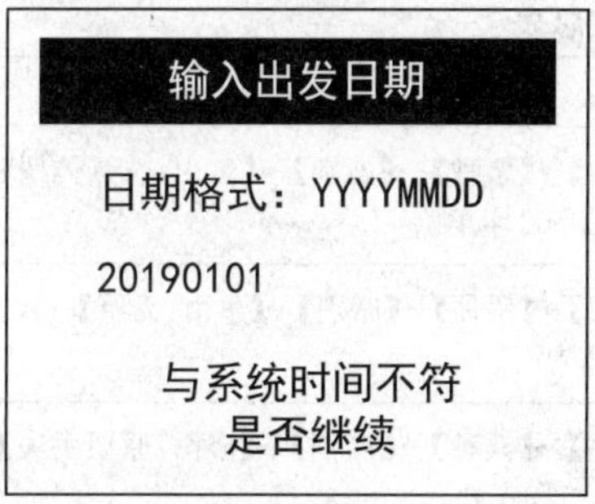

输入出发日期
日期格式：YYYYMMDD
20190101
与系统时间不符
是否继续

图 3-1-3　日期输入界面

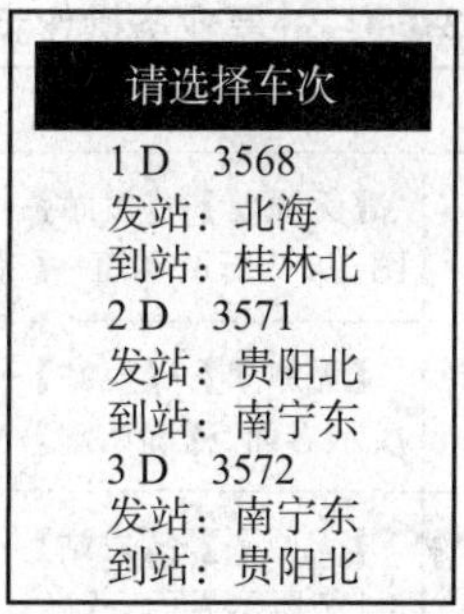

请选择车次
1 D　3568
发站：北海
到站：桂林北
2 D　3571
发站：贵阳北
到站：南宁东
3 D　3572
发站：南宁东
到站：贵阳北

图 3-1-4　车次选择界面

当前车次D 3568
补票作业
数据通信
票号调整
废票处理
结账统计
功能设置

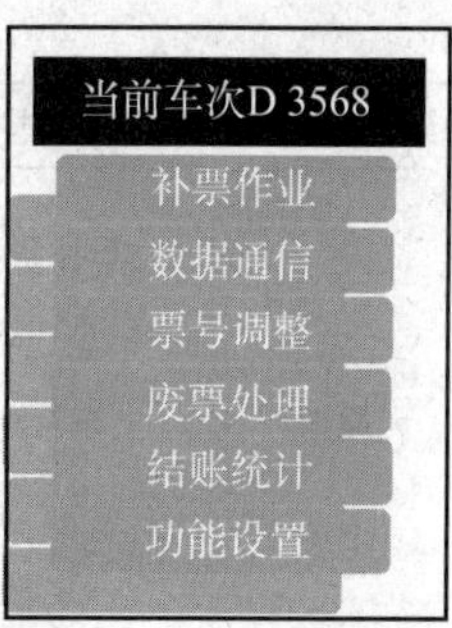

图 3-1-5　主功能界面

(三)补票作业

1. 补票类型

动车组列车上的补票情况分为无原票、本列票、公免签证、非本列票四种类型，另外还可以查询未完成的交易情况，如图 3-1-6 所示。因为动车组列车的车票不能发售通票，故本书对硬座通票的补票操作不作介绍。

(1)无原票

无原票补票包括旅客无票乘车上车补票不需要加收票款、旅客无票乘车上车补票需要加收票款和原票丢失三种情况。

(2)本列票

持有本列车车票的旅客，可以进行变更座席、越站、越站变席、减价不符等操作。具体如下：

①变更座席：常用补票事由有补卧、变座、变卧、变铺、变座变卧、变座补卧等。

②越站：旅客原票到站前延长旅途所办理的车票。

③越站变席：补票事由有越站补卧、越站变座变卧。

④减价不符：包括儿童超高、学生票减价不符、伤残军警减价票减价不符等类型，进行补票操作时，可选择的补票事由有超高、减价不符、补差。

(3)公免签证

持乘车证的旅客未办理签证乘车，列车上需要办理补签证手续，核收签证费。

(4)非本列票

旅客所持车票不能完全顶替所乘列车的车票时，需要进行补收差价手续。

注：对于有原票的，根据国铁集团的规定，并考虑到财务的安全性，不收原票，随原票同时使用。

2. 移动补票机的补票操作流程

移动补票机能够办理的补票业务界面及票例如图 3-1-6～图 3-1-17 所示，各种类型补票操作流程见表 3-1 4。以下就常见的无原票、变更座席、越站、越站变席、减价不符及非本列票等常见补票业务进行操作说明。

表 3-1-4　补票业务操作步骤汇总表

序号	补票作业类型	具体类型	操作步骤
1	无原票	上车补票(不加收)	【无原票】→【发站】→【到站】→【票种】→【席别】→【事由:选具体票种】→图 3-1-7 所示界面→【确认键】→打印车票
2		上车补票(加收)	【无原票】→【发站】→【到站】→【票种】→【席别】→【事由:无票】→图 3-1-7 所示界面→【确认键】→打印车票
3		原票丢失	【无原票】→【发站】→【到站】→【票种】→【席别】→【事由:原票丢失】→图 3-1-7 所示界面→【确认键】→打印车票
4	本列票	补卧	【本列票】→【原票席别】→【发站】→【到站】→【票种】→【席别】→【铺别】→【事由:补卧】→图 3-1-8 所示界面→【票张数】→图 3-1-7 所示界面→【确认键】→【车厢号】→【座位号】→【确认键】→打印车票
5		变座补卧	【本列票】→【原票席别】→【发站】→【到站】→【票种】→【席别】→【铺别】→【事由:变座补卧】→图 3-1-9 所示界面→【票张数】→图 3-1-7 所示界面→【确认键】→【车厢号】→【座位号】→【确认键】→打印车票
6		变座变卧	【本列票】→【原票席别】→【原票铺别】→【发站】→【到站】→【票种】→【席别】→【铺别】→【事由:变座变卧】→图 3-1-10 所示界面→【票张数】→图 3-1-7 所示界面→【确认键】→【车厢号】→【座位号】→【确认键】→打印车票
7		变铺	【本列票】→【原票席别】→【原票铺别】→【发站】→【到站】→【票种】→【席别】→【铺别】→【事由:变铺】→图 3-1-11 所示界面→【票张数 1】→图 3-1-7 所示界面→【确认键】→【车厢号】→【座位号】→【确认键】→打印车票
8		儿童超高	【本列票】→【原票席别】→【发站】→【到站】→【票种】→【席别】→【事由:超高】→图 3-1-12 所示界面→【票张数 1】→图 3-1-7 所示界面→【确认键】→打印车票
9		减价不符	【本列票】→【原票席别】→【发站】→【到站】→【票种】→【席别】→【事由:减价不符】→图 3-1-13 所示界面→【票张数 1】→图 3-1-7 所示界面→【确认键】→打印车票
10		越站	【本列票】→【原票席别】→【发站】→【到站】→【票种】→【席别】→【事由:越站】→【原到站】→图 3-1-14 所示界面→【票张数 1】→图 3-1-7 所示界面→【确认键】→打印车票
11		越站补卧	【本列票】→【原票席别】→【发站】→【到站】→【票种】→【席别】→【事由:越站补卧】→【原到站】→图 3-1-15 所示界面→【票张数 1】→图 3-1-7 所示界面→【确认键】→【车厢号】→【座位号】→【确认键】→打印车票
12	公免签证	乘车证签证	【公免探亲】→【原票】→【发站】→【到站】→【票种】→【席别】→图 3-1-16 所示界面→【票张数 1】→图 3-1-7 所示界面→【确认键】→打印车票
13		探亲票补卧	【公免探亲】→【原票】→【发站】→【到站】→【票种】→【席别】→【铺别】→图 3-1-17 所示界面→【票张数 1】→图 3-1-7 所示界面→【确认键】→【车厢号】→【座位号】→【确认键】→打印车票
14	非本列票	非本列车票进行补差	【非本列票】→【发站】→【到站】→【票种】→【席别】→【输入原票价】→【加收】(可不选)→【票张数 1】→【车厢号】→【座位号】→【确认键】→打印车票

注:【】内的内容为需要输入或选择的内容。

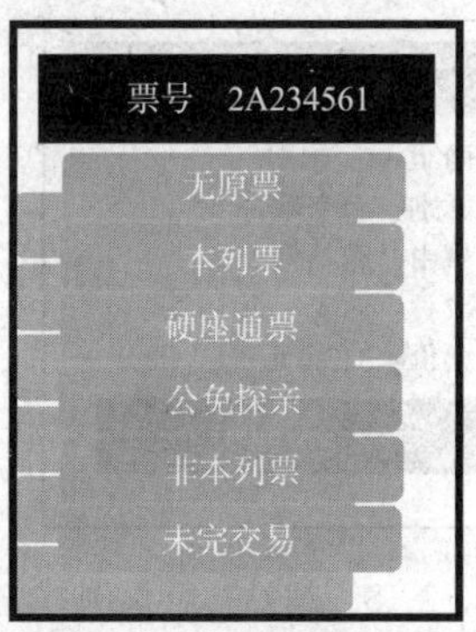

票号　2A234561
无原票
本列票
硬座通票
公免探亲
非本列票
未完交易

图 3-1-6　补票业务界面

已打印0/1张
汉口->麻城北
席别:新空一等
事由:动车组
票种:全
总价:22.20元
无座
票号: 1A346011
Y-确认键　N-退出键
[#]键进纸 [0]键退纸

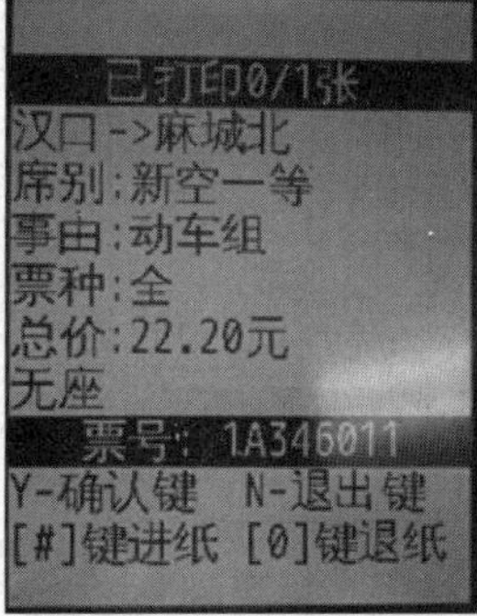

图 3-1-7　补票票例

请输入打印张数
北京西-->深圳北
席别：新空软卧上
事由：补卧
票种：全
票价：111.0元
票号：0A000010

图 3-1-8　补卧票例

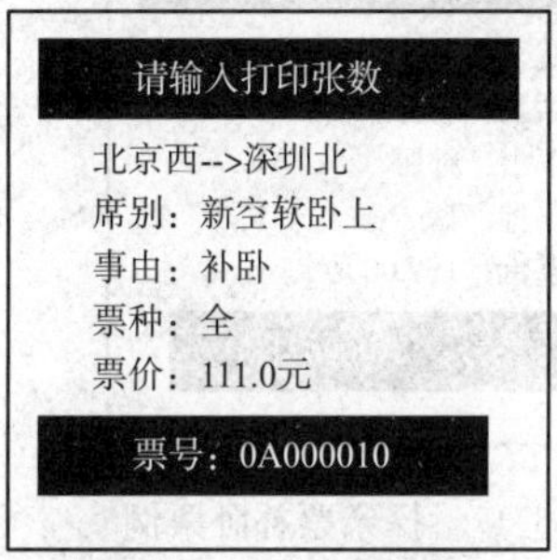

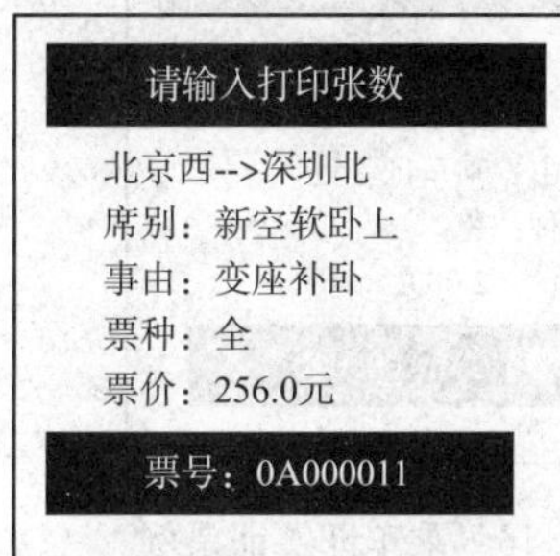

请输入打印张数
北京西-->深圳北
席别：新空软卧上
事由：变座补卧
票种：全
票价：256.0元
票号：0A000011

图 3-1-9　变座补卧票例

请输入打印张数
北京西-->深圳北
席别：新空软卧上
事由：变座变卧
票种：全
票价：146.0元
票号：0A000012

图 3-1-10　变座变卧票例

请输入打印张数
北京西-->深圳北
席别：新空软卧下
事由：变铺
票种：全
票价：19.0元
票号：0A000013

图 3-1-11　变铺票例

请输入打印张数
石家庄-->北京西
席别：新空二等
事由：超高
票种：孩
票价：104.0元
票号：0A000014

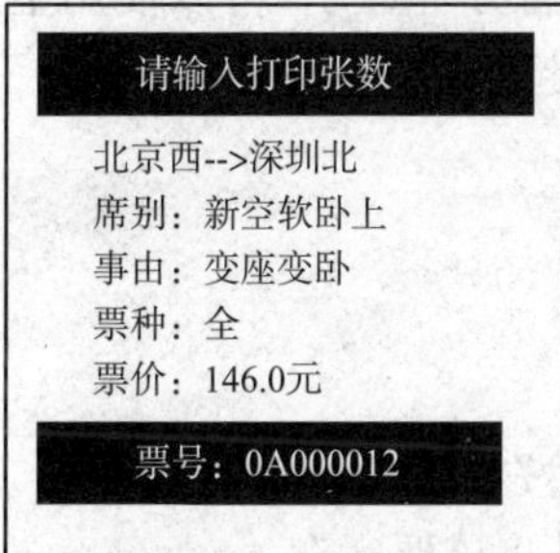

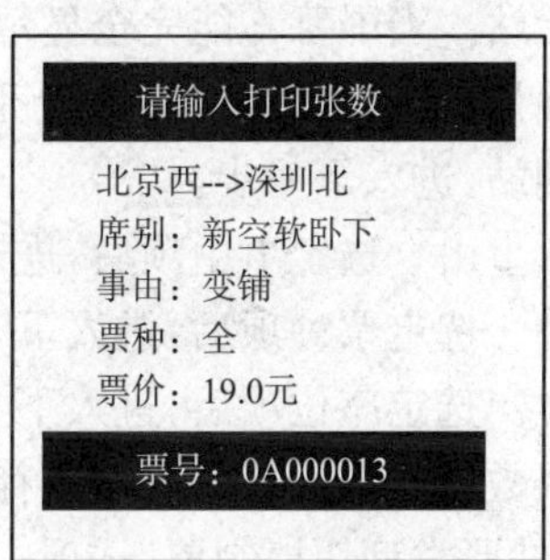

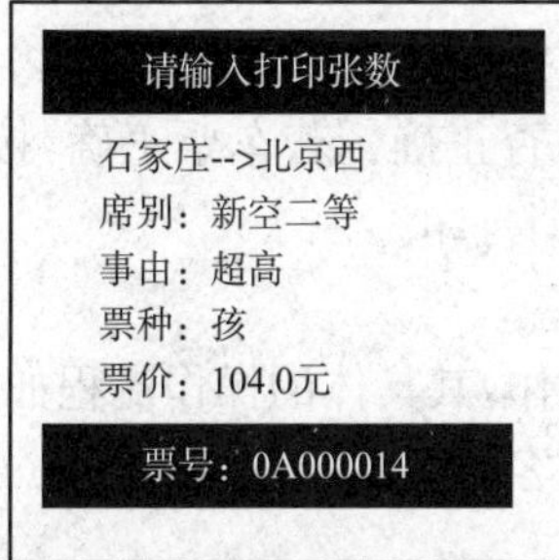

图 3-1-12　儿童超高票例

请输入打印张数
石家庄-->北京西
席别：新空二等
事由：减价不符
票种：学
票价：156.0元
票号：0A000015

图 3-1-13　减价不符票例

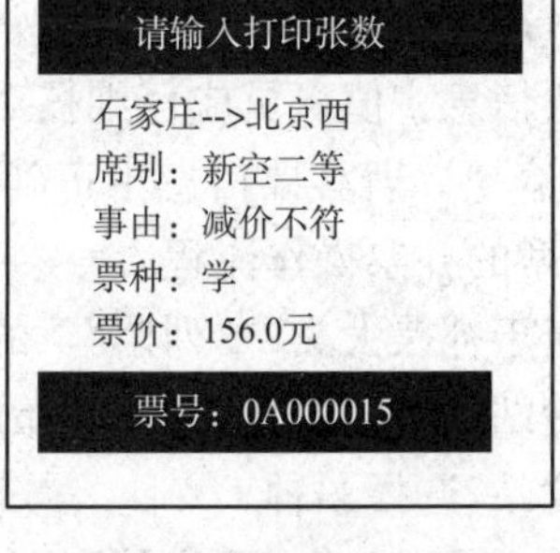

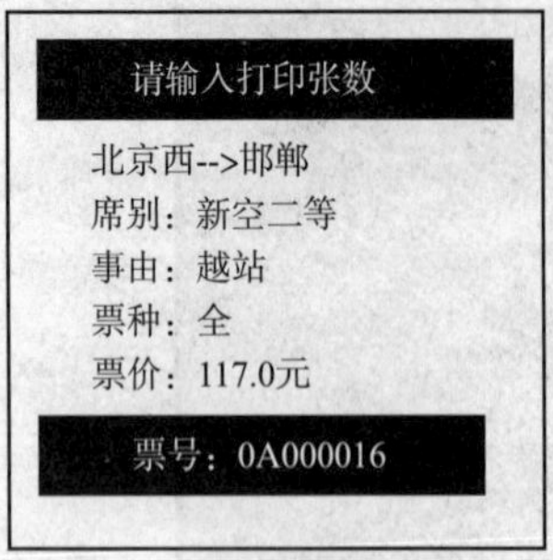

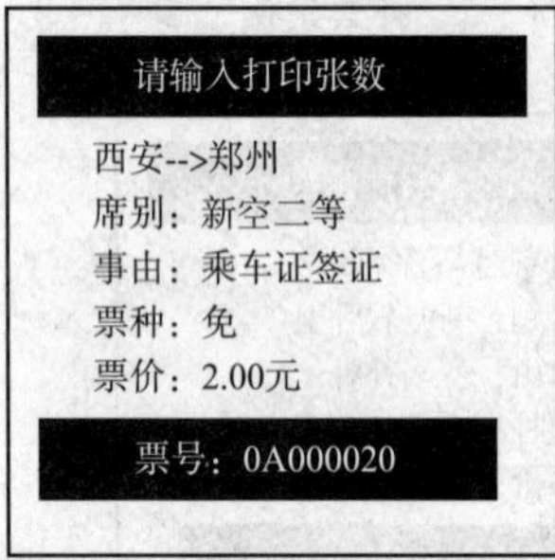

请输入打印张数
北京西-->邯郸
席别：新空二等
事由：越站
票种：全
票价：117.0元
票号：0A000016

图 3-1-14　越站票例

请输入打印张数
南宁-->广州南
席别：新空软卧下
事由：越站补卧
票种：西安　全
票价：313.0元
票号：0A000017

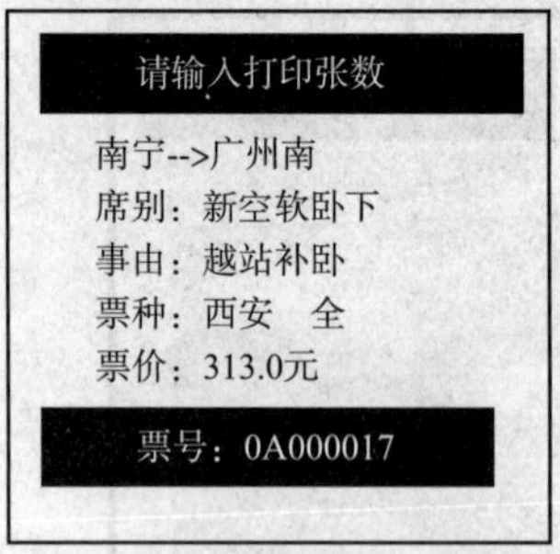

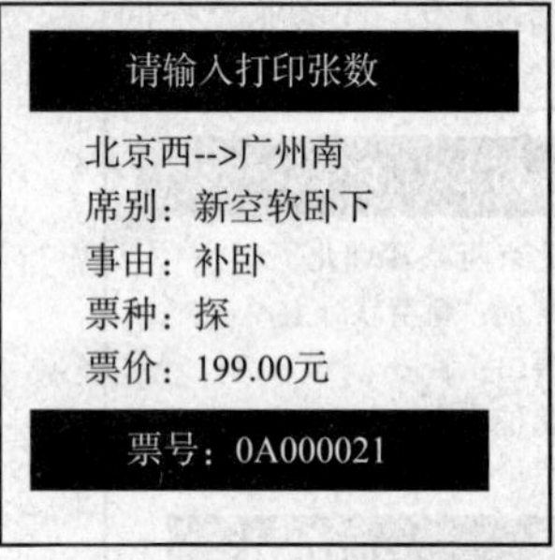

图 3-1-15　越站补卧票例

请输入打印张数
西安-->郑州
席别：新空二等
事由：乘车证签证
票种：免
票价：2.00元
票号：0A000020

图 3-1-16　乘车证签证票例

请输入打印张数
北京西-->广州南
席别：新空软卧下
事由：补卧
票种：探
票价：199.00元
票号：0A000021

图 3-1-17　探亲票补卧票例

(1)无原票的补票操作流程

①选择起始站。当屏幕不能完全显示所有站名时，站名分屏显示，可以使用上、下列功能键帮助选择，【确认】键向上翻页，【返回】键向下翻页，选择起始站，进入下一步。

②选择终到站，进入下一步。

③选择补票事由。选定事由项后，进入下一步。

④选择票种。选定票种项后，进入下一步。

⑤选择座位。选定座位项后，进入下一步。

⑥输入车票数目。如果想将本车票存为快捷车票，可按左下角的键将其保存。此车票信息即可显示在“补票类型快捷制票”选项中。按【确认】键可将该票暂存。

⑦输入车厢号和席位号。跟随光标输入具体的车厢号跟座位号，如果是无座票，直接按【确认】键。如果是加车，输入“j＋车厢号”(输入的方法是按 5 再按 *)；如果是宿营车，输入 00，其他情况下，请输入正常的数字。

⑧显示车票信息。值班员应仔细核对屏幕显示信息是否正确。若车票正确，按【确认】键或“F2”键，打印客票。若客票信息不正确，按【取消】键，取消打印。

(2)变更座席的补票操作流程

变更座席属于补票大类“本列票”下的一种旅行变更操作，其具体的操作流程如下：

①选择起始站(旅客变更席别的起始站，而不一定是旅客原票的始发站)。

②选择终到站，选择票种。

③选择原座席，选择欲变更为的席别(必须比原座席高等级)。

④输入车票数目，输入车厢号、座席号以及原票号。

⑤打印车票。

⑥输入实收款。

提示：在系统中，考虑到对车票信息的不同需求，在某些输入过程，用户可以根据实际情况来选择是否输入。例如，在上述变更座席的步骤中，用户可以选择是否输入车厢号、席位号以及原票号。如果不需要输入，直接按确认键忽略跳过即可。其他补票类型亦相同。原票号的输入方法请参阅票号的修改方法。

(3)越站的补票操作流程

保持原票席别不变(原来二等座现在仍为二等座，原来一等座现在仍为一等座)越站时，现起始站为原票终到站，现终到站为旅客现终到站。

办理越站补票的具体操作步骤如下：

①选择原票起始站。

②选择现起始站。

③选择最终到站，选择票种(全价、残、学、孩)。

④选择座别(硬座、软座、硬卧、软卧)。

⑤输入车票数目。

⑥输入车厢号和席位号。

⑦打印车票。

⑧输入实收款。

最后屏幕显示车票的详细信息，售票员应核对显示信息是否正确。若车票正确，按【确认】键打印车票。否则按【取消】键取消打印。

(4)越站变席的补票操作流程

越站变席操作步骤如下：

①选择原票发站。

②选择原票终到站。

③选择现起始站。

④选择现终到站。

⑤选择票种(全价、残、学、孩)。

⑥选择原票座别(硬座、软座、硬卧、软卧)。

⑦选择欲变更为的席别。

⑧输入车票数目。

⑨输入车厢号和席位号。

⑩打印车票。

(5)减价不符的补票操作流程

减价不符进行补票业务时，具体的补票操作步骤如下：

①选择起始站。

②选择终到站

③选择原票种。

④选择座席类别。

⑤输入车票数目。

⑥输入车厢号和席位号。

⑦打印车票。

(6)非本列票补票

当旅客持其他列车的车票上车，需要补收差价时，进行补票业务时，具体的操作步骤如下：

①选择发站。

②选择到站。

③选择票种(全价、残、学、孩)。

④选择现座类别。

⑤输入原票价。

⑥选择是否加罚。

⑦输入车票数目。

⑧输入车厢号和席位号。

⑨打印车票。

三、注意事项

1. 票卷的更换

一卷票卷一般是 100 张，在打完第 100 张票时，系统会有"票卷已用完，请更换票卷"的提示(图 3-1-18)，此时，补票员应该将这卷票卷的后引票收回并马上更换票卷并检查票号，千万不能把后引票当作正式票纸打印出来。

图 3-1-18　更换票卷提示

2. 电池的使用

第一次使用补票机时，电池必须充满电。电池初次充电时，请将电池在补票机上连续充电 12 h 以上。平常电池请最少充电 3 h 以上。使用电池时请尽量遵照"用光—充满"原则，以避免电量显示不准的现象。电池不正确使用或长期闲置不使用时，补票机可能出现显示电量与实际电量不符的现象，此时可通过一到三次"用光—充满"操作来恢复正确的电量显示。充电期间，AC 充电器上的 LED 指示器将发红光，当充电到电池容量的 80%时，LED 将发绿光，当电池充满或断开充电器连接时，LED 将熄灭。

任务训练

一、场景设计

(一)实训目的和要求

1. 实训目的

通过本项目的训练，使学生学习客运业务和乘务作业标准等理论教学的基础上，综合运用高速铁路客运乘务业务的理论知识，解决乘务工作中的补票业务问题，熟悉高速铁路动车组列车移动补票机的补票功能及操作方法，具备高速铁路客运乘务岗位基本设备操作能力，提高服务技能水平和服务意识，以便更好地适应高速铁路客运乘务岗位的需要。

2. 实训要求

(1)实训分小组进行,每小组3～4人。

(2)统一着装:专业实训服(如条件不允许,可着正装)。

(二)实训内容

移动补票机的补票业务实训:每位同学使用模拟移动补票机,模拟办理列车上的补票业务,每位同学至少完成三个类型的补票操作。

二、实训步骤

(一)实训前准备

1. 知识准备:在实训前应具备旅客客运业务的专业知识,同时熟悉移动补票机的功能、补票的类型和使用方法。

2. 设备准备:模拟移动补票机(模拟售票系统或测试版本)。

3. 人员准备:每小组做好人员分工(分设列车乘务工作人员、旅客角色,另有一人负责拍摄视频)。

(二)实　　训

本实训使用模拟移动补票机,模拟办理高速铁路动车组列车上客运补票业务。

各小组在实训前应具备客运业务的专业知识,同时熟悉移动补票机的功能、补票的类型和使用方法。实训开始后,先进行补票内容的抽签,以个人为单位抽签,各小组根据抽到的补票内容,按照操作流程进行模拟补票业务情景实训,将车票贴在实训报告上,对应的实训报告位置应写出涉及的客运业务知识,车票上写上姓名,并上传操作视频作为实训成果。

效果评价

移动补票机的补票训练评分表

姓名		地点		时间	
实训项目	实训考查要点	分值	小组评分	教师评分	最终得分
移动补票机的补票	设备熟悉度	20			
	业务知识	20			
	操作流畅	30			
	用语规范	20			
	视频质量	10			
合　计		100			

典型工作任务二　铁路运输收入管理

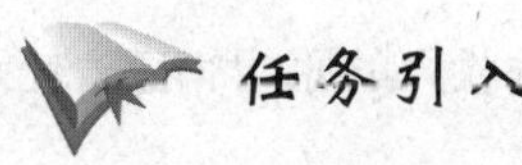

任务引入

铁路运输收入,是指铁路运输企业在办理客货运输业务和辅助作业中,向旅客、托运人、收货人核收的运输全称票款、运费和杂费等运输费用的总称。《中国铁路运输收入管理规定》是客运部门的重要规章。因此，要做好铁路客运乘务工作，就必须掌握铁路运输收入管理的相关知识。

请思考：

1. 铁路运输收入实行电子支付后是如何管理的？
2. 铁路运输收入后的费用是如何核收与结算的？
3. 发生铁路运输收入事故时如何处理？
4. 运输收入稽查的主要工作有哪些？

知识准备

本任务主要介绍与高速铁路客运乘务工作相关的铁路运输收入管理问题。

一、铁路运输收入管理的任务与分类

(一)铁路运输收入管理的基本任务

铁路运输收入管理的基本任务是：运输企业收入管理部门和工作人员，通过系统、规范和专业的方法对铁路客货运输票据(以下简称客货票据)、运输收入进款资金运动和运输收入实现的全过程进行监督、核算与管理。保证运输收入的正确、及时、完整和安全，维护各运输企业的经济利益和铁路运输合同各方当事人的合法权益。

(二)铁路运输收入的分类

铁路运输收入分为客运收入、货运收入、铁路建设基金、代收款。

1. 客运收入是指铁路运输企业在办理旅客运输业务和辅助作业中，使用铁路运输票据，按规定向旅客、托运人、收货人核收的票款、运费、杂费。

2. 货运收入是指运输企业在办理货物运输业务和辅助作业中使用铁路客货运输票据按规定向托运人、收货人核收的运费、杂费。

3. 铁路建设基金是指铁路运输企业在办理货物运输业务过程中，使用铁路运输票据，按规定向托运人、收货人核收的经国家批准征收的铁路建设基金。

4. 代收款是指客货营业单位核收铁路运输费用时，按规定一并核收其他费用或使用其他企业专用票据为其代收的款项等。

二、铁路客货票据的管理

(一)铁路客货票据的范围和性质

铁路办理客货运输使用的各种车票、行李票、包裹运单、货物运单、客运杂费收据和定额收据以及电子票据等统称为铁路客货票据。

客货票据是铁路收取客货运输费用的结算单据和运输企业核算运输收入的原始凭证。任何单位或个人不得篡改铁路电子票据数据信息。

(二)铁路客货票据的印制与请领

纸质客货票据的格式、底纹、规格、墨色、用纸等标准由国铁集团规定(国际联运票据的样式、规格按国际铁路合作组织规章规定)。印票底纹版由国铁集团监制。

纸质客货票据应在铁路印刷企业印制。铁路印刷企业应严格遵守保密和安全制度,按季将票据印制情况报国铁集团业务主管部门备案。

(三)铁路客货票据的订印

运输企业收入管理部门负责统一向印刷企业订印。其他任何企业、单位和部门,一律不准印刷、使用与客货票据相同样式的收款票据。

(四)铁路客货票据的保管和使用

运输企业及客货营业单位应当设置票据库保管纸质票据。票据库必须配备安全设施,并实施票账分管制度、票据出入库和交接制度,定期清查。纸质票据未经收入管理部门批准,不准相互调拨和借用。

中铁银通卡实体卡片(包括铁路 e 卡通等)相关票据,执行客货票据管理的相关规定。

三、电子支付管理

铁路电子支付是指铁路客户直接或授权他人通过电子终端发出支付指令,实现铁路客户接受铁路运输服务向铁路运输企业进行货币支付的行为。铁路电子支付包括站点 POS 终端(以下简称 POS 机)支付、自动售票机(以下简称 TVM)支付、电话支付、移动支付、互联网支付和其他电子支付。铁路电子支付方式作为运输进款非现金结算方式的一部分,其管理应符合铁路运输收入管理的有关规定。

(一)电子支付业务管理

铁路电子支付业务必须制定明确的业务规则,符合各银行卡组织的业务规范。铁路运输企业应当按照银行卡受理操作程序进行规范操作,妥善保管电子支付终端设备和电子支付业务信息,并在电子支付交易过程中为客户提供必要的交易凭条,铁路运输企业保留客户签字的交易凭条时间为 1 年。铁路客户的电子支付业务退款时,只能通过原收单机构办理,不能跨机构办理。退款经审核后在银行规定日期内退还原银行卡。

(二)电子支付信息处理过程

铁路客运业务系统发起电子支付指令,经客户通过电子支付接入终端确认后,发送给电子支付平台。电子支付平台实时接收、传递铁路客运业务系统发出的电子支付指令至合作银行,电子支付合作银行按照电子支付合作协议,执行电子支付指令并返回执行结果,经电子支付平台提交铁路客运业务系统。铁路客运业务系统按照接收到的电子支付指令执行结果进行相应业务处理。

铁路客运业务系统次日将结账后电子支付信息按规定的接口格式提交至电子支付平台。电子支付合作银行按照约定的接口格式,每天向电子支付平台提交前一天(以银行系统结账时间为准)的电子支付银行交易明细。电子支付平台保存铁路客运业务系统提交的电子支付信息和银行系统提交的电子支付银行交易明细至交易后 5 年。电子支付平台按规定的信息接口格式,向铁路运输企业收入管理部门提报前一天电子支付平台记录的电子支付交易信息。

（三）电子支付资金管理

铁路运输企业办理客运电子支付业务时，其电子支付款项由国铁集团集中结算。铁路电子支付的资金实行专户管理，电子支付专户在铁道资金结算中心开设，专门用于电子支付资金集中结算，包括接收合作银行划拨的电子支付款项、办理铁路卡的资金结算、电子支付资金汇缴、支付手续费、利息收支等业务。

铁路电子支付业务管理部门按铁路客运业务系统提交的电子支付汇总的结账款额，先按规定时间的电子支付款项汇缴至国铁集团运输收入专户，经确认后月末进行调整。各非国铁运输企业的电子支付运输进款，由财务司按月拨付资金中心作为清算资金轧差结算。铁路电子支付资金按照收付业务按日核算、往来账项按月核对的原则进行会计核算。

（四）铁路电子支付应急处置

为保证铁路电子支付安全平稳运行，各运行维护单位和部门要建立健全日常维护和监控制度，及时发现并处理存在的故障和安全隐患；强化维护单位和部门间的沟通、协调机制，提高故障排查和处理效率；严格执行突发性事件报告制度，确保相关信息准确、及时、畅通；加强与服务提供商的沟通，确保技术支持服务的及时到位、备件充足；保证系统备用、应急等设备正常可用。

铁路局集团公司负责指导车站做好电子支付故障应急响应及应急恢复工作。负责做好当地银行的协调，确保 POS 机、TVM 银行卡读卡模块等设备的技术支持服务及时到位。车站按国铁集团、铁路局集团公司有关应急处置要求，细化电子支付应急处置流程，做好本站 POS 机/TVM 银行卡读卡模块的日常维护，并按照铁路局集团公司的统一部署做好应急响应及应急恢复工作。

1. POS 机/TVM 支付业务的应急处置

(1)应急启动：车站发现窗口多台 POS 机或 TVM 进行刷卡购票时出现故障，无法完成购、退票电子支付业务且不能解决时，应立即向铁路局集团公司客运部门和收入部门报告，铁路局集团公司客运部门通知客票总体组，组织客票维护部门进行故障排查；收入部门通知当地银行进行故障排查。铁路局集团公司确定故障无法立即解决，需要启动电子支付应急时，应立即通知车站启动电子支付应急模式，同时由铁路局集团公司客运部门报国铁集团客运部、收入部门报国铁集团资金清算中心，国铁集团资金清算中心通报财务部、宣传部等相关部门。车站接到铁路局集团公司通知进入电子支付应急模式。

(2)购票付款处置：车站在电子支付应急模式下不办理银行卡购票业务，在 POS 机窗口和带有银行卡读卡模块的 TVM 机上公告旅客："本窗口/自动售票机暂不受理银行卡购票，请使用现金购买车票。"故障处置完成后，铁路局集团公司通知车站终止应急状态，车站取消公告。

(3)退票退款处置：车站在电子支付应急模式下办理已使用银行卡购买的车票和电子客票的退改签票的退款业务，执行关于 POS 机故障处理规定：车站可进行不刷卡退票。售票员收回原票，给旅客开具"车票收回凭证"一式两联，第一联旅客签字后随原票收回车站留存，第二联交旅客。车站将收回车票扫描，与"车票收回凭证"核对无误，按《铁路旅客运输规程》规定退票，退款信息由客票系统自动上传支付平台，"车票收回凭证"随原票上缴收入部门，且在当日结账前办理。故障处置完成后，铁路局集团公司通知车站终止应急状态。

2. 互联网售票网上支付业务的应急处置

应急启动车站、铁路客服中心、客票系统、电子支付平台、银行等部门监测发现网上支付故障,应立即通知国铁集团资金清算中心和运输统筹监督局。国铁集团资金清算中心协调国铁集团科技和信息化部、银行等相关部门进行故障排查并通报国铁集团科技和信息化部,国铁集团运输统筹监督局组织客票总体组进行故障排查。确定故障无法立即解决时,启动互联网售票网上支付应急模式。

(1)所有接入银行均无法完成互联网售票网上支付业务,即铁路客服中心网站无法打开选择银行页面时,由国铁集团资金清算中心提出,商运输统筹监督局后暂停互联网售票网上支付业务;当旅客点击客运服务栏目下车票预订链接时,跳转至公告页面,提示有关信息内容。国铁集团资金清算中心、运输统筹监督局协调国铁集团科技和信息化部、客票总体组、银行等相关部门进行故障排查。

(2)某一银行无法完成互联网售票网上支付,即铁路客服中心网站通过电子支付平台选择银行后,无法跳转到指定的网银页面或跳转到网银页面无法进行正常交易时,由国铁集团资金清算中心提出,商运输统筹监督局后暂停互联网售票业务中该银行的网上支付业务;电子支付平台将选择银行页面中该银行的链接按钮置为失效,并在旅客点击该按钮时提示"该银行系统维护,暂停服务"。

(3)电子支付平台及边界安全的应急处置,电子支付平台边界安全防护体系受到攻击时,在国铁集团公安局确定攻击来源后,由国铁集团科技和信息化部立即针对攻击源配置阻断策略;遇有大规模、不可抵御的网络攻击等行为时,立即快速隔断互联网与电子支付平台的网络连接,确保电子支付平台安全。当电子支付平台以及边界安全设备发生故障且不能及时修复时,国铁集团科技和信息化部应立即通知国铁集团资金清算中心、运输统筹监督局,国铁集团资金清算中心将相关情况报告国铁集团领导,并通报国铁集团公安局、宣传部、科技和信息化部等相关部门,国铁集团资金清算中心、运输统筹监督局处置后续工作。互联网售票的电子支付页面应急作为12306网站门户应急的一部分,处置措施按铁路互联网售票应急处置办法有关规定办理。

(五)铁路旅客列车扫码支付运输收入管理办法

旅客列车扫码支付是指旅客使用手机上的扫码工具,扫描旅客列车提供的二维码(即客运段扫码支付管理系统生成的支付二维码)来完成支付所补办车票票款的方式。与铁路合作支付公司扫码支付列车补票款的结算手续费费率执行国铁集团规定的费率。列车长可根据实际情况来判定是否采用扫码方式。

1. 客运段通过互联网环境的PC机安装使用扫码支付管理系统,以企业商户账户及各补票机的唯一序列号生成该补票机向旅客收款的"收款二维码",同时将该二维码拷贝至补票机指定目录。

2. 客运段运输收入管理人员根据列车长出乘领取的补票机,通过扫码支付管理系统选择相应的补票机生成"列车长授权二维码",列车长使用手机上已安装的合作企业扫码支付应用扫描"列车长授权二维码",获得接收该补票机对应的"收款二维码"收款消息通知和办理退还款差的权限。"列车长授权二维码"只能授予一个用户,更换用户需取消授权后再办理新用户的授权,一个用户可获得多个"收款二维码"的授权。

3. 扫码支付管理系统生成的二维码标识,包括客运段名称、企业商户账户、列车车队、列车班组、补票机 ID 等相关信息。客运段按照扫码支付管理系统提供的功能，办理各列车班组扫码支付交易信息的实时明细查询、汇总查询和对账凭证打印，以及交易信息数据文件的下载等工作。扫码支付管理系统不得向列车班组提供交易信息的各种查询等功能。

4. 列车办理补票时，根据旅客选择的现金、扫码支付方式，在移动补票机上选择相应支付方式选项（例如，1 现金、2 微信、3 支付宝等）。列车补票系统按不同的支付方式进行结账。

5. 旅客选择与铁路合作支付公司扫码支付方式后，列车补票人员在补票机上选择并显示相应支付方式的“收款二维码”。旅客使用其付款手机上已安装相应方式的扫码支付应用来自主扫描“收款二维码”后，并输入应支付的车票款金额，支付成功后获取补办的车票。

6. 列车遇旅客扫码输入金额与列车补票款出现不一致时，应及时处理。如发生少支付列车补票款时，需要旅客按原支付方式继续支付差额；如发生多支付列车补票款时，由列车长按照旅客原支付方式系统提供的功能，直接办理退还差额；如在旅客下车前仍没有收到退还差额信息时，列车长开具客运记录交旅客作为退还款差的凭据，经客运段核实后通过原扫码方式办理退款。

7. 旅客使用扫码支付列车补票款后，因发生线路中断、空调故障、旅客因病中途下车及列车挂失补等需办理退款时，按现行规定由列车长开具客运记录，交旅客到站办理。到站通过原扫码方式办理退票、退款手续。列车乘务工作终了，应按照不同的支付方式进行交接。

8. 列车扫码支付管理系统按照各列车班组乘务期间，车补扫码支付交易信息进行结账和打印“结账凭证”的交易金额，应与列车移动补票系统结账打印的“车内补票移交报告”所列示的相应扫码支付车补票款相一致。出现不符时，及时查明原因，按有关规定处理。现行列车补票现金交接及管理方式与电子支付实施前的管理办法相同。列车长办理交接手续完毕后，客运段运输收入管理人员通过扫码支付管理系统同步取消该补票机“收款二维码”和“列车长授权二维码”相关业务的授权。

9. 客运段办理交接完毕后，应及时通过扫码支付管理系统将商务账户中该列车班组扫码支付交易的结账金额，全部结转到客运段运输收入专户，并打印结转凭证列车扫码结算车补进款结账交接单（见表 3-2-1）。出现不符时，及时查明原因，按有关规定处理。

表 3-2-1　列车扫码结算车补进款结账交接单

中国国家铁路集团有限公司　　　　财收—22—3

______运输企业

______客运段

年　月　日　　　　编号：

项　目	内　容	项　目	内　容	项　目	内　容
结账交接地点		车队名称		出乘时间	（　年　月　日　时　分）
企业商户简称		出乘车次		退乘结账时间	（　年　月　日　时　分）
企业商户账号		班组名称		结算金额合计	（两位小数）
				大写金额	
结账人（签章）：		列车长（签章）：		交接时间：　年　月　日	

10. 列车班组使用移动补票机按照各种支付方式办理的列车补票款，应与列车班组实际核收的现金和相应的扫码支付交易金额相一致。如出现不符时，应查明原因，按规定处理。

11. 客运段逐日根据表 3-2-2“车内补票移交报告”汇总编制“运输进款收支报告”，其中扫码支付金额分别按合作企业列报相应科目。

表 3-2-2　车内补票移交报告

中国国家铁路集团有限公司　　　　　　　　　　　　　　　　　　　　　　财收—17

________运输企业

________客运段　　　　第______次列车第______组　　　　　　______年____月____日

票据种别	符号	起号	止号	张数	其中作废	金额	进款项目		金额
							1	补收票价	
							2	补收卧铺票价	
							3	卧铺订票费	
							4	补票手续费	
							5	补超重运费	
							6	溢收款	
							7	少缴款	
							8		
							9		
							10		
							11	合　计	
							12	其中：现金	
							13	支付宝	
							14	微信	
合计							15		

收回原票张数	缴款收据编号	补无票人数	补卧铺人数	补超重公斤数	补超重批数	备注

始发车次	始发站	终到站	硬座定员	软座定员		硬卧定员			软卧定员		高包定员	
			含二等	含一等	特等	上	中	下	上	下	上	下

列车长________　　　　　　　　　签收人　　　　　　　　　　　　　　月　日　收

客运段按规定登记“运输进款银行日记账”。打印的扫码支付结账凭证及明细表、结转凭证及明细表，按列车班组、逐月装订成册保管。

旅客列车、客运段和铁路局集团公司运输收入报表增加扫码支付业务的相关内容。任何单位和个人均不得篡改与扫码支付有关的原始电子信息。客运段要建立健全内部控制制度，实施扫码支付管理系统分级授权管理，防范进款管理风险。列车补票系统和运输收入管理信息系统做好适应扫码支付业务需要的系统升级工作。

四、运输费用的核收与结算

客货营业单位是运输费用核收的单位。在办理客货运输业务时，应当使用规定的客货票据和统一的客货运输业务信息系统计算核收运输费用。办理客货直通运输时，应当使用国铁集团规定的客货票据和统一研发和运用的客货业务信息系统计算核收运输费用。非客货营业单位不得核收铁路运输费用。

(一)运输费用的核收方式

铁路运输费用具体核收方式分为现付、到付、后付、预付四种。

现付：旅客票价、行李、货物运费以及发站发生的杂费(或发站计算核收到站杂费)实行发送核算，由发站负责计费收款，发送运输企业审核列账。由客运售票、货运制票单位或站点负责计费收款，收款运输企业审核列账。12306网站售票、95306网站制票，通过客货运输业务信息系统和铁路电子支付计费和结算运输费用，由票面发站的运输企业审核列账。

到付：批准按到付办理的客运杂费、中途站和到站发生的杂费，由到站负责计费收款，到达运输企业审核列账。

后付：符合后付范围的军事运输发生的票款、运费、押运人乘车费，由发站负责制票，发送运输企业集中审核、列账，并按国铁集团制定的结算办法向指定单位进行结算。

预付：铁路运输费用在付款人和收款人双方自愿的原则下可签订协议按预付办理。

(二)运输费用的结算方式

铁路运输费用结算方式分为现金结算和非现金结算两种。非现金结算包括支票、电子支付等。

1. 铁路电子支付方式结算款，通过铁路电子支付平台专户集中汇缴至国铁集团运输收入专户。结算单位列报已缴款。铁路旅客列车扫码支付方式结算款，通过企业商户账户结转到结算单位运输收入专户。结算单位列报应缴款。

2. 军事运输费用的结算。

按现付办理的军事运输，其运输费用结算方式，按现付的有关规定办理。按后付办理的军事运输，票款、运费和押运人乘车费、集装箱使用费按后付办理，其他杂费一律按现付办理。按军事运输后付办理的客货运输，应当使用专用代票和“军运后付货票”。

3. 预付款的管理。

旅客、托运人或收货人交纳预付款时，受理单位应当填开“预付款存入凭证”作为收款依据。已交纳预付款的旅客、托运人或收货人发生购票、货物运输等费用，或者要求退还预付款时，受理单位根据应收费用或应退预付款金额，填开“预付款抵用凭证”，或者“预付款退款凭证”，作为已缴运输收入或退还预付款的依据。

4. 运输设备占用与使用费核收。

运输企业应当建立“路产占用、使用账簿”。与占用、使用铁路运输设备方签订合同，按约定时间及标准核收费用，所签订的合同内容应包括缴款日期和发生迟交时核收迟交金等条文，合同副本抄送本企业收入管理部门。

5. 多、少缴款的处理。

收入管理部门审核客货票据查出多、少收款时，应当填发“票价订正通知书”“补款通知书”“退款通知书”，通知原收款客货营业单位办理退补。因特殊情况原收款客货营业单位办理补退款有困难时，可委托有关客货营业单位办理，凭有关函电证明报收入管理部门销账。发、到站补退的铁路建设基金列原科目。多、少收款超过 180 天无法处理时，少收款由责任者归还；责任者无力归还或少收款属单位责任的，由单位负责归还，在责任单位营业外支出科目列支。多收款转运营财务部门列营业外收入。

五、运输收入事故分类及处理

(一)运输收入事故的种类分为现金事故、票据事故和坏账损失。

1. 现金事故：现金丢失、被盗、被抢劫。

2. 票据事故：纸质铁路客货票据在印制、保管、发放、寄送、运输和使用过程中所发生的(含使用过的发送、到达客货票据和印刷过程中的半成品)丢失、灭失、被盗、短少，以及未连续使用或缺失客货电子票据号码，篡改、丢失铁路电子票据数据信息。

3. 坏账损失：因失职造成的无法收回的运输收入进款。

(二)运输收入事故的等级分为一般事故、大事故和重大事故。

1. 一般事故：损失金额不足 100 万元。

2. 大事故：损失金额 100 万元及其以上，不足 1000 万元。

3. 重大事故：损失金额 1000 万元及其以上。

(三)事故金额的计算

1. 现金、银行票据和坏账损失按实际损失计算。

2. 区段票每张按剪断线最高额计算。

3. 印有固定金额的纸质票据，按票面金额计算。

4. 未印金额的纸质票据，按每组(张)1000 元计算。

5. 使用过的客货票据和到达票据的事故金额按实际损失计算，不能确定的按上述相应票据计算。

6. 上述以电子数据信息形式体现的铁路电子票据事故的金额按上述相应票据计算。

(四)事故的处理

发生运输收入事故时，应保护好现场并立即报告运输企业收入管理部门和公安部门，及时组织破案。事故发生后，应于 5 个自然日内向本企业收入管理部门提出“运输收入事故报告表”并附责任人书面材料。重大、大事故应及时书面报告国铁集团。发生运输收入事故除按事故金额追款外，可视情节轻重对责任者给予企业纪律规定处理，情节严重的应追究主管领导的企业纪律责任。一般事故由营业单位处理，并报本企业收入管理部门备案。重大、大事故由铁路运输企业处理，并报国铁集团收入管理部门备案。

(五)事故的经济承担

发生运输收入事故造成的经济损失须由责任者和责任单位承担,责任者无力承担的部分由事故发生单位负责承担,收回的事故追款交同级财务部门。

六、运输收入稽查

收入稽查工作是运输收入监督检查重要组成部分。在实施稽查工作中,有需要到辖区外涉及本辖区运输收入的问题进行调查时,应经其共同的上级主管部门批准后实施。上级部门对辖区内的监督检查,可以组织下一级运输收入管理部门进行检查;对违反运输收入纪律问题,可以直接进行检查。

铁路运输收入稽查工作的基本任务是:依据国铁集团有关规章、规定和运输企业制定的补充规定,对管辖区域内从事铁路客货运输单位及相关单位的运输收入工作,进行监督检查;对客货运输业务信息系统以及铁路电子支付结算系统中涉及运输收入管理的部分的合规性、原始数据信息和信息网络传输的安全性进行监督检查;查处各种违反铁路运输收入纪律的行为,保证铁路运输收入的正确、及时、完整和安全,维护各运输企业的经济利益和铁路运输合同各方当事人的合法权益。

(一)稽查人员设置

为保证稽查工作有效开展,各铁路运输企业必须在收入管理部门中设置专职稽查人员。

(二)稽查人员的职权

稽查人员凭稽查证,在执行稽查任务时,行使以下职权:

1. 有权要求被检查单位介绍情况并接受检查,有权调阅与运输收入工作有关的各种账表、凭证、文件、资料。对于能够证明违纪事实的资料有权暂予封存和扣留,并出具查扣证明(以稽查工作记录代替)。

2. 对稽查工作中发现的违章违纪行为,在稽查现场有权予以制止;对查出的问题编制稽查工作记录,责成被查单位限期处理,必要时可拍发铁路电报向上级机关报告。

3. 按照《铁路旅客运输规程》的规定,凭稽查证件、稽查臂章查验旅客(含铁路职工)各种乘车凭证。

4. 有权参加责任单位对收入违纪问题的分析处理会议;对构成收入违纪行为的单位和个人,有权提出经济处罚和行政处分的建议(另有特别规定的除外);责任单位如无特别理由须按稽查人员提出的建议限期作出相应的处理,并将处理结果和整改措施报上级收入管理部门和稽查人员的派出单位。

5. 稽查人员在执行任务乘车时,免于签证,不受车种、席别的限制。出入车站有关处所、使用铁路电话、拍发铁路电报均不受限制。

6. 为保证稽查工作的正常进行,稽查人员的主管部门应为稽查人员配备必要的工作备品和通信工具。

(三)稽查证和稽查臂章

铁路运输收入稽查证和稽查臂章是运输收入稽查人员执行任务的凭证和标志。在执行稽查任务时,应当向被查单位的有关人员出示稽查证,查验旅客乘车凭证时应按规定着装,佩戴稽查臂章。

(四)稽查人员的纪律

稽查人员在执行任务时,要认真执行国家的财经政策和铁路规章制度,处理问题必须坚持原则、实事求是、廉洁奉公。

(五)回　　避

在稽查工作实施前或进行中,稽查人员与已经初步判明有严重收入违纪行为或有举报的稽查对象有下列关系的,稽查的派出单位应要求其回避:

1. 有近亲属关系的。

2. 有直接利害关系的。

3. 有其他可能影响公正查处关系的。

(六)稽查工作的计划和组织

铁路运输企业的收入管理部门,根据国铁集团提出的年度稽查工作重点,结合本企业的实际情况,制定年度稽查工作总体规划。年末编制下年度的稽查工作计划,季末根据年度计划编制下季度稽查工作计划,月末根据季度工作计划编制下月份稽查工作计划,确定稽查对象、稽查方式、稽查内容及要求。

1. 稽查方式

稽查方式可分为全部稽查、部分稽查、专题稽查。全部稽查是指对被查单位的运输收入工作进行全面稽查。部分稽查是指对被查单位的运输收入工作的某个部分进行稽查。专题稽查是指针对运输收入工作存在的某种问题进行的专门稽查。

2. 稽查次数要求

对每个列车班组每年至少进行两次稽查。稽查人员每月执行稽查任务的时间应不少于工作日的三分之二。稽查人员在执行任务时原则上不得少于2人。

各级收入管理部门应有计划、有重点地经常深入基层单位进行检查指导。对重点单位、关键部位和业务量较大或经常发生问题的单位,要加强稽查工作的组织,实施重点稽查。必要时可会同有关部门共同进行。

(七)稽查列车工作的实施

稽查列车时,通过查验旅客车票、携带品以及对列车各部位的实地检查,以确定被查列车乘务班组在运输收入工作中是否按规定要求作业,有无未按规定查验旅客车票、携带品而造成运输收入漏、少收的问题,是否存在违反运输收入纪律的违纪行为。

稽查列车的范围,包括机车和列车编组中的所有车辆。稽查列车时查出的问题,涉及补收费用时,应责成列车长按有关规定处理。在车站稽查列车时,应在车站检票前到达。查看车站检票进站秩序、列车乘务员车门验票等情况,发现未经检票或无票进站上车时,应通知车站或列车长按章处理。

1. 在列车上执行稽查任务时,应注意以下事项:

(1)在执行稽查列车任务时,应事先与列车长取得联系,必要时也可先执行任务后通知。

(2)查验旅客车票时,一般情况下应当会同列车长、乘警共同进行,必要时也可单独进行。不论采取何种方式,均应要求列车乘务人员做好安全措施,维护好车内秩序。根据列车运行区间的长短和车内人数、秩序等情况,决定采取全列车稽查或部分车厢稽查的形式。

(3)直接面对旅客查验车票、询问情况时,必须按规定着装,佩戴稽查臂章,并注意态度和蔼、礼貌用语。

(4)稽查列车应在尽量减少干扰旅客休息的原则下进行。夜间检查卧铺车时,不得开启车厢大灯、不得用手电光照射旅客面部。

2. 查验车票时,应注意以下问题:

(1)检查旅客是否持有有效车票,有无伪造、变造、过期、越站、误乘、重复使用、未剪口、未签证和经由不符等情况;代用票所填写的项目是否正确,合计票价是否与剪断线相符;各种区段票填写是否正确;减价票是否符合条件或持有相应的证件,有无越席乘车或无票人员。

(2)检查旅客随身携带品中的超重、超大物品是否补收费用。

(3)检查各种铁路乘车证的填发、使用是否符合规定,相应的证件是否齐全,有无转借、涂改等情况。

(4)检查卧铺车时,应核对票夹内的车票、铁路职工乘车证、特种乘车证是否相符和有效,票夹内有无夹带现金。

(5)检查空余铺位是否及时发售,有无因未及时发售而造成虚糜的情况。

(6)检查列车班组是否按规定区段、时间查验过车票,对上述(1)~(5)项发生的问题是否发现和得到相应的处理。

3. 稽查餐车时,应特别注意有无无票人员及物品。

4. 对列车长办公席的稽查应注意以下问题:

(1)对现金进行封款结账,核对票、账、款是否相符。

(2)检查所备用的各种票据是否齐全;现金、票据的保管是否安全,交接有无制度;交款是否及时,有无积压、挪用等违反收入纪律的情况。

(3)检查各种票据是否按规定填写、使用;核收的各种费用是否正确;应收回的票据是否齐全;是否执行票据复检制度;是否正确填写"车内补票移交报告"。

(4)检查运输收入任务的完成情况和堵漏保收措施的落实情况。

5. 伪造、变造车票的处理:

对持用伪造、变造车票(含其他乘车凭证)的人员,除按无票处理外,应移交公安部门处理,重大案件要及时向上级主管领导汇报,建议采取有效措施进行查堵防范。

6. 铁路违章乘车证的处理:

检查发现路内人员违章填发、使用铁路乘车证的均按无票处理,并查扣其违章乘车证(必要时可同时查扣相应的证件),通知其所在单位处理。对拒绝补票的,应编制稽查工作记录(或责成列车长编制客运记录),填发"违章乘车处理通知函",连同查扣的乘车证和证件寄责任者所在单位追补票款和罚款。责任单位如在 30 d 内未将应补款和处理结果报送发函单位的,应报告上级机关督促责任单位处理。

(八)客运票据的稽查

1. 检查客运票据账是否及时登销,领收、使用、结存是否正确,客运票据账的票据"结存数量"与库存(包括已出库未使用的)票据的实际数量是否相符,发现不符时,应查明原因并编制稽查工作记录。

2. 检查收到的客运票据是否及时清点入库,"卡片式车票请领单(财收—3)"及"册页式票据请领单(财收—12)”的丙联是否按规定时间签回票据库，库存票据量是否符合规定，卡片式车票的管理是否达到了“五统一”[即售出卡片式车票记录表、售出卡片式车票报告(年度表)、售票箱、储票柜、票据账]的要求。

3. 检查票据库的管理是否达到规定的标准，客运票据出库、使用时的交接制度是否完善，交接手续是否齐全，保管是否安全。

4. 检查有价表格的管理，是否正确填记“售出有价表格记录簿(财收—15—3)”，售出款是否按规定及时上缴。

5. 检查客运营业窗口的票据时，应在不影响正常营业的情况下进行。检查符号是否相符、票号是否衔接，必要时对部分票据进行逐张连号检查。对窗口售票箱内以及已出库未入售票箱的卡片式车票进行全部或部分清点。

6. 检查使用过的运输票据(包括报表)是否完整装订成册和按年、月顺序存放，保管是否安全，对保管期满的是否已按规定报批销毁。

(九)客货票据印制的稽查

检查承印铁路客货票据的印刷厂是否有严格的保密安全制度、所印制的票据是否符合国铁集团规定的技术标准，有无违反国铁集团批准印制的票种、式样、供应范围印制票据的行为。

(十)票据账实不符的处理

发现库存客运票据与票据账不符时(如系登账错误，应帮助纠正)，应查明原因，编制稽查工作记录。多出时补登入账，短少时按票据事故处理，确因印刷错误的，报主管部门处理。

任务训练

一、场景设计

(一)实训目的和要求

1. 实训目的

通过本任务训练，使学生在理论教学的基础上，会综合运用铁路运输收入的相关规章，掌握电子支付和扫码支付出现特殊情况的应急处理，了解运输费用的核收与结算，并能够对铁路运输收入事故进行分类及处理，同时对铁路运输收入稽查工作有一定的了解。通过训练，不断提高服务技能水平和解决实际问题的能力，以便更好地适应高速铁路动车乘务岗位的需要。

2. 实训要求

(1)实训分小组进行，每小组 4～5 人。

(2)统一着装：专业实训服(如条件不允许，可着正装)。

(二)实训内容

1. 根据铁路运输收入规章，在规定的时间完成铁路运输收入、铁路客运票据管理、运输费用的核收与结算、运输收入事故等基本概念的理解及运用。

2. 根据电子支付管理的要求，结合乘务工作实际，选取某个具体情境进行模拟，进行互联网售票网上支付业务的应急处置训练。

3. 根据运输收入稽查的要求，结合乘务工作实际，选取某个具体情境进行模拟，进行运输收入稽查工作训练。

二、实训步骤

(一)实训前准备

1. 物品准备：准备纸张等相关用具。

2. 知识准备：铁路运输收入规章、电子支付管理、运输收入稽查。

3. 情境准备：实训前各小组查阅、收集资料，选择动车组列车乘务工作的某个情境，并细化情境内容。

4. 人员准备：每小组做好人员分工。

(二)实　训

1. 电子支付实训

(1)正常情况下电子支付的流程实训操作

先演示电子支付的流程，再以个人为单位进行电子支付的实训操作。

(2)非正常情况下电子支付的应急实训操作

以小组为单位，分组针对以下情况进行处理，抽签考评：

①刷卡购票时出现故障。

②无法完成购、退票电子支付业务。

③发现网上支付故障。

④所有接入银行均无法完成互联网售票网上支付业务。

⑤某一银行无法完成互联网售票网上支付。

⑥电子支付平台边界安全防护体系受到攻击。

2. 铁路运输收入规章运用实训

各小组在掌握铁路运输收入的概念及分类、铁路客运票据的管理、运输费用的核收与结算、运输收入事故分类及处理等相关知识的基础上，对发生运输收入事故和费用核算情况进行操作处理。实训开始后，先进行具体环节抽签，人员分工，完成任务的演练操作实训。

3. 铁路运输收入稽查实训

各小组在明确铁路运输收入稽查工作的基本任务、稽查人员应具备的基本条件、能够行使哪些职权、哪些关系的应要求其回避的基础上，分组完成以下稽查工作：

①在列车上执行稽查任务。

②查验车票稽查任务。

③对列车长办公席的稽查任务。

效果评价

铁路运输收入管理训练评分表

姓名		地点		时间	
实训项目	实训考查要点	分值	小组评分	教师评分	最终得分
铁路运输收入管理训练	小组准备情况	10			
	铁路运输收入的概念及分类	10			
	铁路客运票据的管理	10			
	电子支付管理	10			
	运输费用的核收与结算	10			
	运输收入事故分类及处理	10			
	运输收入稽查	10			
	过程评价项	20			
	合作完成评价项	10			
合　计		100			

复习思考题

1. 移动补票机能够实现哪些补票业务类型？
2. 在进行无原票补票操作时，有哪几类事由可以选择？
3. 如何使用移动补票机办理越站变等级？
4. 铁路运输收入分为哪几类？
5. 运输费用的核收方式有哪些？
6. 运输费用的结算方式有哪些？
7. 铁路运输收入管理的任务是什么？
8. 运输收入事故可以分几大类？
9. 发生收入事故应该如何处理？
10. 稽查人员有哪些职权？
11. 铁路旅客运输票据的范围有哪些？

项目四　高速铁路动车组列车信息传递

学习目标

1. 知识目标

● 了解站车交互系统和客管系统的组成

● 理解 GSM-R 手持终端的操作规定

●掌握站车交互系统和客管系统列车手持终端的操作方法

2. 能力目标

●具备熟练使用站车交互系统进行业务查询和业务操作的能力

●具备运用客管系统进行各项业务操作和信息查询的能力

●能够使用 GSM-R 手持终端进行通信联系

3. 素质目标

●培养学生积极上进、勤学好问、精益求精的工匠精神

●培养学习与时俱进的、积极进取的学习态度

●培养学生爱岗敬业、无私奉献的职业精神

典型工作任务一　站车无线交互系统的应用

任务引入

信息技术的飞速发展，对经济社会的发展产生了深远的影响，铁路旅客运输在信息技术上紧跟信息技术发展步伐，采用新进的信息化手段开展旅客运输服务工作，在提高业务办理效率的同时，也大幅度提升了服务质量。

请思考：

信息化影响下，动车组列车上可以通过什么手段和方式实现信息化管理？

知识准备

一、站车交互系统的概述

站车交互系统由列车便携式移动终端和地面设备组成。列车便携式移动终端配备双模无线通信手持终端，可以在 GSM 及 GSM-R 网络间切换；地面设备由在国铁集团和铁科院集团

有限公司设置的客票信息发布服务器、与GSM和GSM-R网络互联的信息交互平台GPRS接口服务器、路由器及防火墙等设备组成，客票信息发布服务器与既有客票信息系统互联。站车交互系统结构如图4-1-1所示。

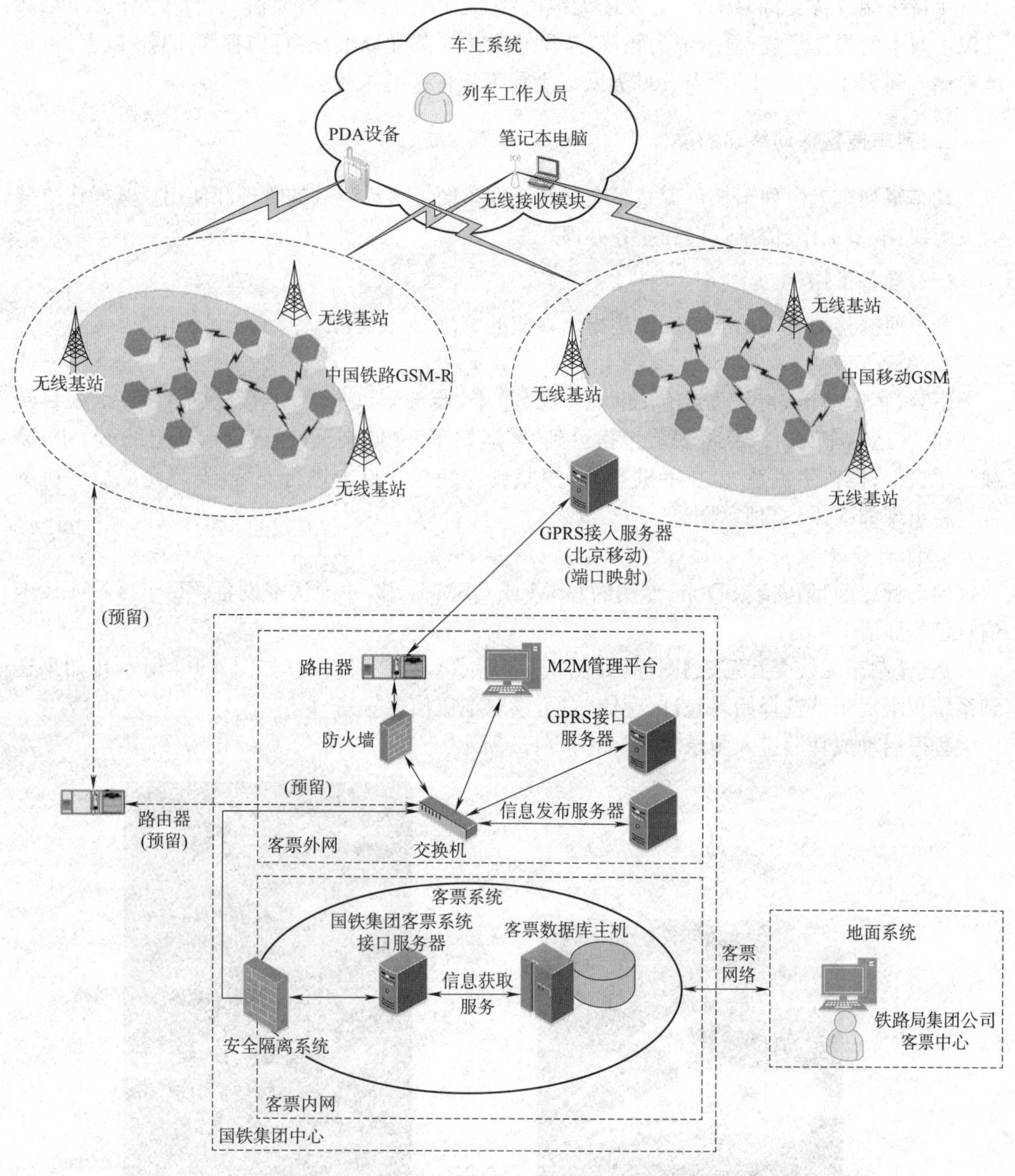

图4-1-1　站车交互系统结构图

为确保客票等信息系统的安全，GPRS接口服务器通过路由器，采用专线方式与中国移动的GPRS连接，与GSM-R的GPRS连接；GPRS接口服务器通过客票安全系统及防火墙与信息发布服务器连接；信息发布服务器连接国铁集团客票中心数据库。

列车便携式移动终端通过公用无线网(非公众网)经由信息交互平台,向客票信息发布服务器发送查询请求信息,客票信息发布服务器收到查询请求信息后,从客票系统获取该次列车席位等相关信息并反馈到列车便携式移动终端。

手持终端设备支持 GSM/GSM-R 无线网络,支持 GPRS 数据通信;运行于 Android 4.0 及以上版本的操作系统,显示屏为触摸屏,尺寸为 4.3 英寸以上;运行内存为 1 GB 以上;可扩展存储空间为 4 GB 以上;配备 500 万及以上像素摄像头等组件。

二、列车便携移动终端的操作

动车组列车上由列车长负责站车交互系统列车便携移动终端的管理和使用。其操作可分为三大块:准备工作、信息查询和业务办理。

(一)准备工作

列车便携移动终端的准备工作是指出乘前的 App 安装、注册、系统设置工作。

1. App 安装

下载"客运站车.apk"安装包;卸载手机 SD 卡,装载到读卡器,连接电脑在 SD 卡根目录下新建"客运站车"文件夹,将安装包拷贝到"客运站车"文件夹下;卸载读卡器上的 SD 卡,装载到手机上;操作手机系统,在手机 SD 卡里找到安装包并点击进行安装,安装完成后手机屏幕上将出现如图 4-1-2 所示图标。

2. 注册登录

启动程序前,请安装 SD 卡、专用的 GSM 或 GSM-R 卡,并确认本设备、SD 卡、GSM-R 卡信息已经注册。

点击【站车无线交互系统】图标(如图 4-1-3 所示),程序将启动(如图 4-1-4 所示),如果遇到系统权限提示请选择始终允许(存储数据,读取本机信息等)。

程序启动成功后进入登录界面,如图 4-1-5 所示。

图 4-1-2　站车交互系统 App 图标

图 4-1-3　终端界面

图 4-1-4 程序启动界面

图 4-1-5 登录界面

3. 系统设置

首次进入 App，可先点击系统设置，查看手机信息，根据本机信息进行注册，设置 APN、服务器地址等。

(1)APN 设置

在登录界面上点击【系统设置】，进入我的界面，点击【APN 设置】，设置 APN，如图 4-1-6 所示。

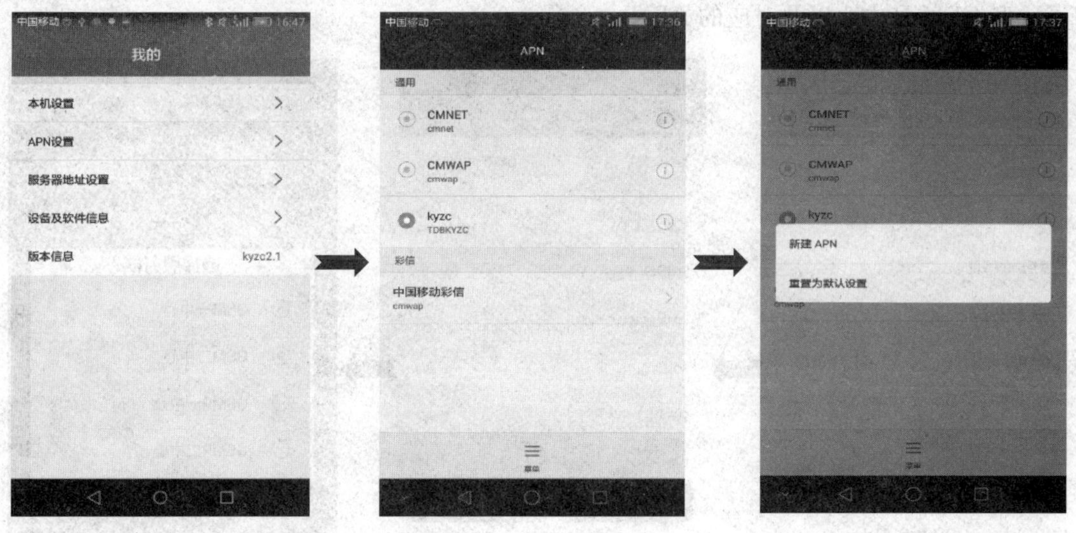

图 4-1-6 APN 设置步骤图

采用中国移动网络时：2G 卡【名称】设为方便识别的，例如"kyzc"，【APN】设为"TDBKYZC"；4G 卡【名称】设为方便识别的，例如"kyzc4g"，【APN】设为"CMIOTTDBKYZC"。采用 GSM-R 网络时：【名称】设为方便识别的，例如"gsmr"，【APN】、【用户名】和【密码】分别设为铁路局集团公司 GSM-R 发卡部门分配的接入点名称、PDP 用户名和密码(注意区分字母大小写、中英文标点)，具体如图 4-1-7 所示。设置完毕后，即可返回 App 使用。

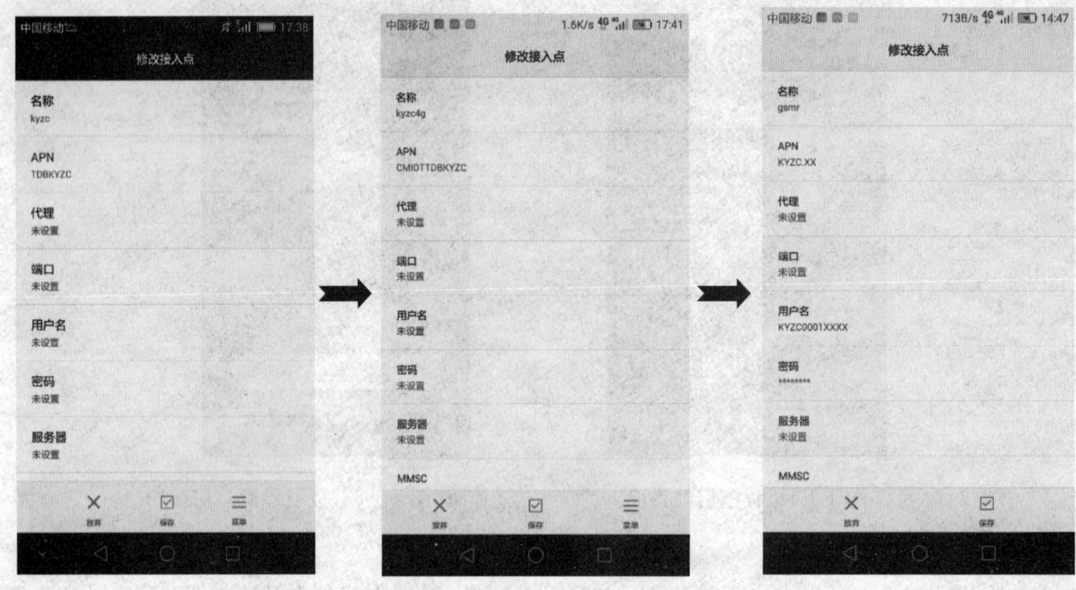

图 4-1-7　APN 接入网点设置步骤图

(2)服务器地址设置

服务器地址设置具体操作如图 4-1-8 所示，点击【服务器地址设置】，设置服务器地址，选择【当前设置】的中心服务器，选择相应的中心，点击确认即立刻保存并重启服务(注意区分 GSM 和 GSM-R 中心以及对应的 APN)。

图　4-1-8

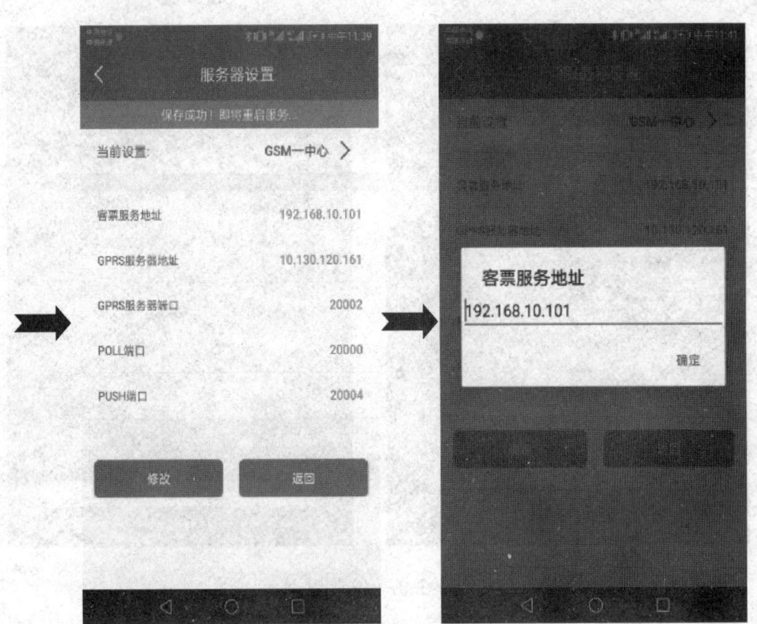

图 4-1-8　服务器地址设置步骤图

点击【修改】按钮，输入密码，验证成功后可点击各个参数分别修改，然后点击【保存】即立刻保存并重启服务。

申请注册时请注意查看【设备及软件信息】页信息，GSM-R 网络注意检查 IP 地址，如未显示 IP 地址，请检查 APN 设置及网络连接状况，IP 地址在 APN 正确设置且数据连接正常后才分配。

(二)App 的使用操作

站车交互系统 App 的具体使用操作流程包括：

1. 登乘

(1)点击选择登乘日期，输入车次，选择路局，然后选择所属客运段，人员信息处输入姓名和电话号码，点击【登录】按钮即可进行登乘。非首次登录可点击车次右侧按钮，选择历史登录车次；点击人员信息右侧按钮，选择历史人员信息。选择下方车长，可填充历史登录车长信息，如图 4-1-9 所示。

(2)登录职位选择，职位选择为列车长，可输入用户 ID 及密码登录客管系统；职位选择为列车员，无客管功能。

(3)登录成功后，系统将自动通过无线网络 APN 数据连接通道连接到服务器，进行设备验证、GSM-R 卡信息验证等安全操作后自动登录至站车系统后台服务，自动开始数据下载。

(4)如果本机时间与系统服务器时间差异过大，登录将不会成功，提示您修改本机时间之后再重新登录(注：修改本机时间需到手机系统应用【设置】中操作)。

2. 数据下载

(1)登录成功后，将自动开始下载基础数据及当前时间内的业务数据。

(2)您可以通过点击标题栏中【基础数据】【业务数据】按钮查看下载状况，或者直接划动页面切换查看，如 4-1-10 图所示。

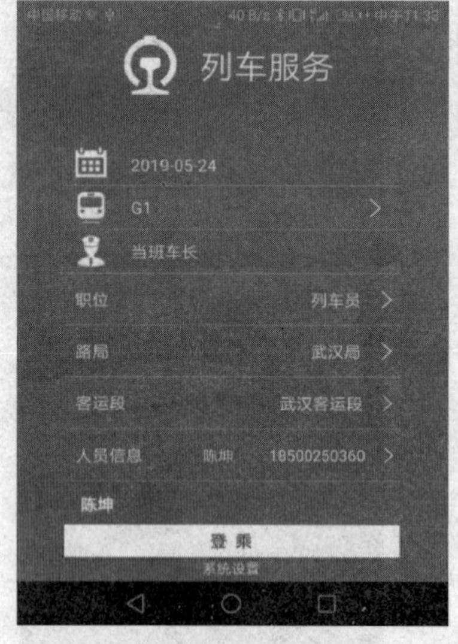

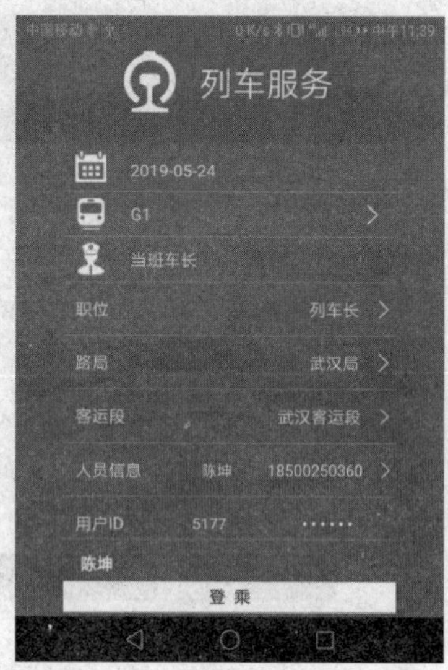

图 4-1-9　登乘界面

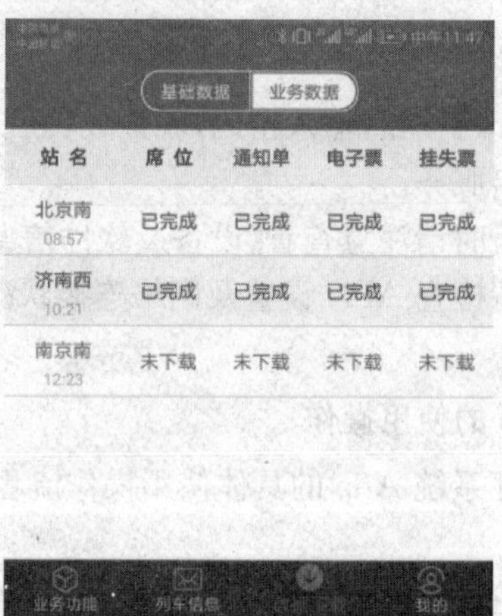

图 4-1-10　数据下载界面

3. 业务功能

点击底部【业务功能】按钮，显示业务功能，业务功能下有二维码扫描功能、席位统计、席位管理和信息查询五大功能。

(1)业务功能一：扫码、搜索、蓝牙(如图 4-1-11 所示)

图 4-1-11　二维码扫描功能界面

业务功能的顶部是二维码扫描功能区，可以实现以下功能：扫码、搜索、蓝牙。

①扫码功能操作

a. 扫描车票二维码，识别车票信息，进行业务操作；扫描证件，查询车票信息。

b. 扫描蓝牙证件识别器二维码，连接该蓝牙证件识别器，进行证件识读操作。

②搜索功能操作

a. 点击搜索，进入搜索界面，未输入内容时，显示功能建议，用户可点击功能建议下方具体功能按钮，进行相关操作。

b. 输入功能名称，拼音及拼音缩写、乘车人姓名、身份证号（可输入完整身份证号或身份证后数 4 位以上进行查询）、手机号等关键词进行查询，将会查出对应结果，点击查询结果将会跳转相应功能，如图 4-1-12 所示。

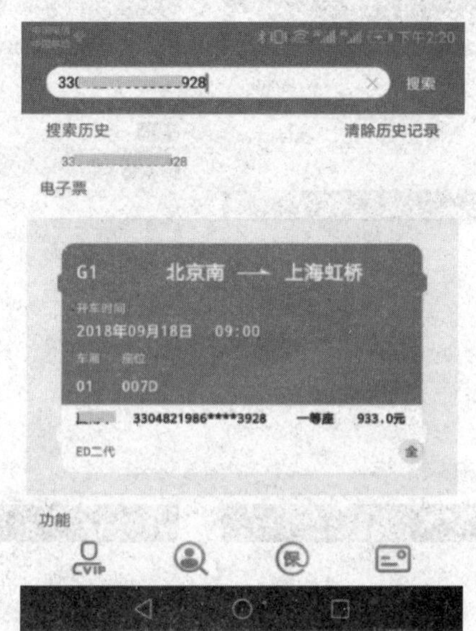

图 4-1-12 搜索功能区界面操作图

c. 搜索功能将会保留搜索历史，点击搜索历史可快速重新搜索，点击【清除历史记录】按钮，将会清除历史搜索记录。

③蓝牙识别功能

弹出一个小的功能列表，目前包含蓝牙证件识别器、蓝牙补票机，选择后连接相应设备，进行业务操作，连接蓝牙设备后，图标下方显示已连接设备类型（补票机或证件识别），如图 4-1-13 所示。

图 4-1-13 蓝牙识别功能界面

在【扫描二维码】功能区下方，为主业务功能区，包括席位统计、席位管理和信息查询和业务操作功能模块，如图 4-1-14 所示。

(2)业务功能二：席位统计

席位统计界面可以查看【通知单】【车内人数】【密度表】的信息，如图 4-1-15 所示。点击右上角快捷，可以跳转【席位管理】功能。点击保存按钮，可将席位统计数据存到本地（本地路径/sdcard/zcdata）。

(3)业务功能三：席位管理

图 4-1-14　主业务功能区

席位管理功能区可以实现对车厢席位的登记、查看操作，如图 4-1-16 所示。

①查看信息操作

点击【车厢定员】信息，点击数据行跳转对应车厢信息，在查看状态下，点击查看具体席位对应的车票信息（注：空闲席位不能登记，可切换到查看状态查看席位分段使用情况），具体操作流程如图 4-1-17 所示。

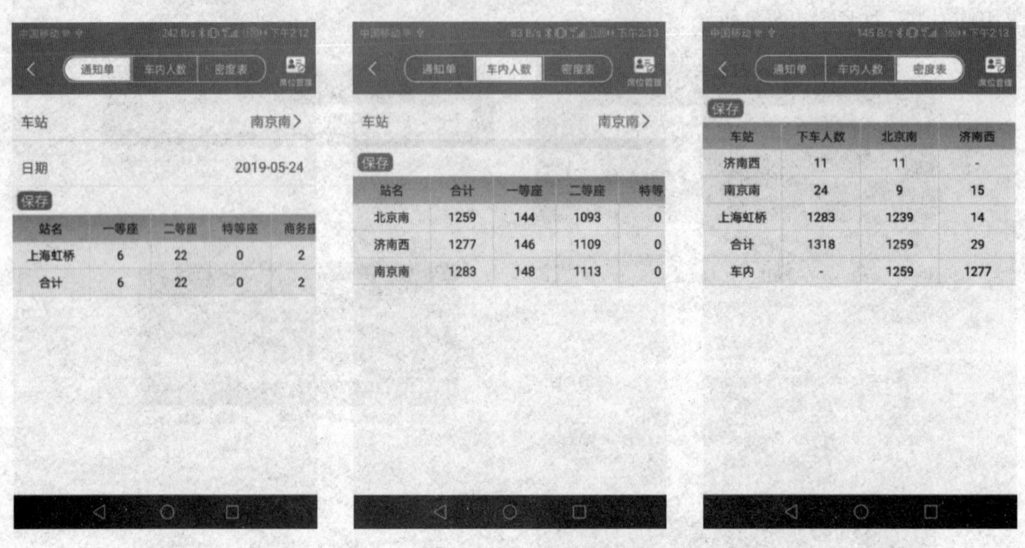

图 4-1-15　席位统计界面

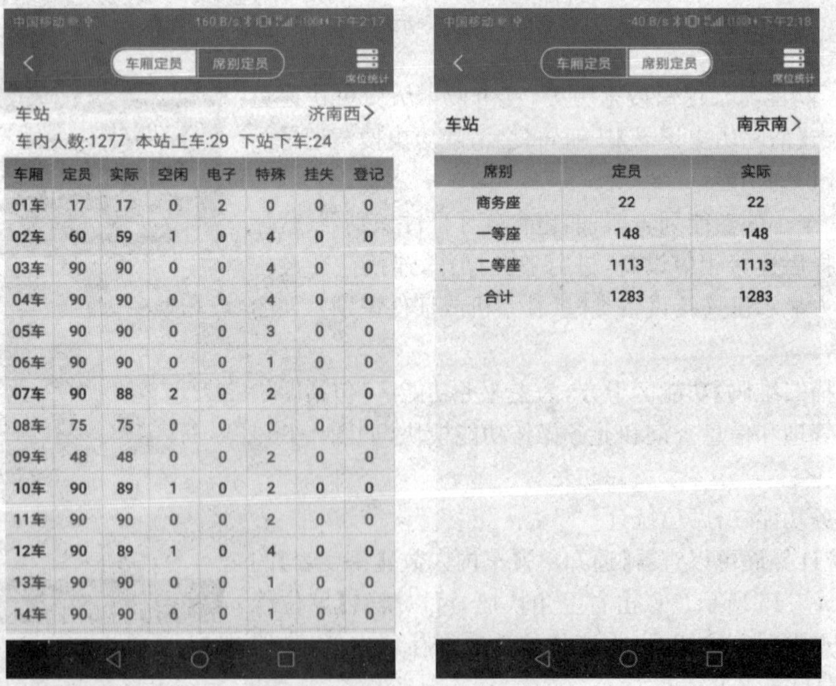

图 4-1-16　席位管理第一层界面

车厢定员　席别定员

车站　济南西

车内人数:1277　本站上车:29　下站下车:24

车厢	定员	实际	空闲	电子	特殊	挂失	登记
01车	17	17	0	2	0	0	0
02车	60	59	1	0	4	0	0
03车	90	90	0	0	4	0	0
04车	90	90	0	0	4	0	0
05车	90	90	0	0	3	0	0
06车	90	90	0	0	1	0	0
07车	90	88	2	0	2	0	0
08车	75	75	0	0	0	0	0
09车	48	48	0	0	2	0	0
10车	90	89	1	0	2	0	0
11车	90	90	0	0	2	0	0
12车	90	89	1	0	4	0	0
13车	90	90	0	0	1	0	0
14车	90	90	0	0	1	0	0

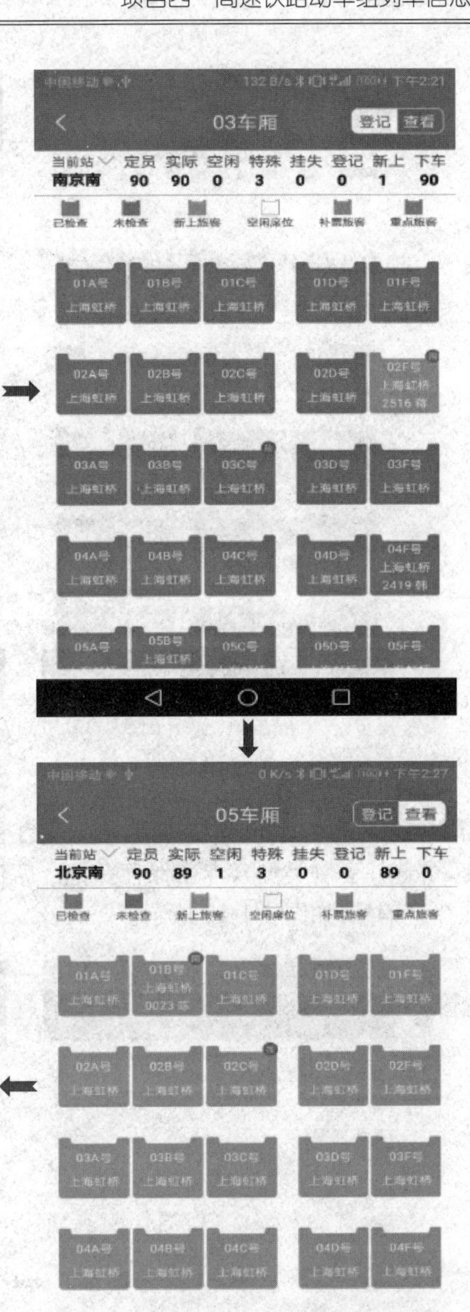

席位信息

发站	北京南	到站	上海虹桥
限售站	上海虹桥	车厢	03
席位	02B号	席别	二等座
票种	全	姓名	

席位号	发站名	到站名	限售站
002B	北京南	上海虹桥	上海虹桥

图 4-1-17　席位查看操作图

②登记席位操作

席位可视化界面，登录状态下，点击具体席位信息，弹出席位复用框，显示席位发站、到站、会员等级等信息。点击席位复用框下方登录按钮（已验旅客、重点旅客等）进行登记，登记成功后席位背景色显示为对应登记类型颜色，如图 4-1-18 所示。

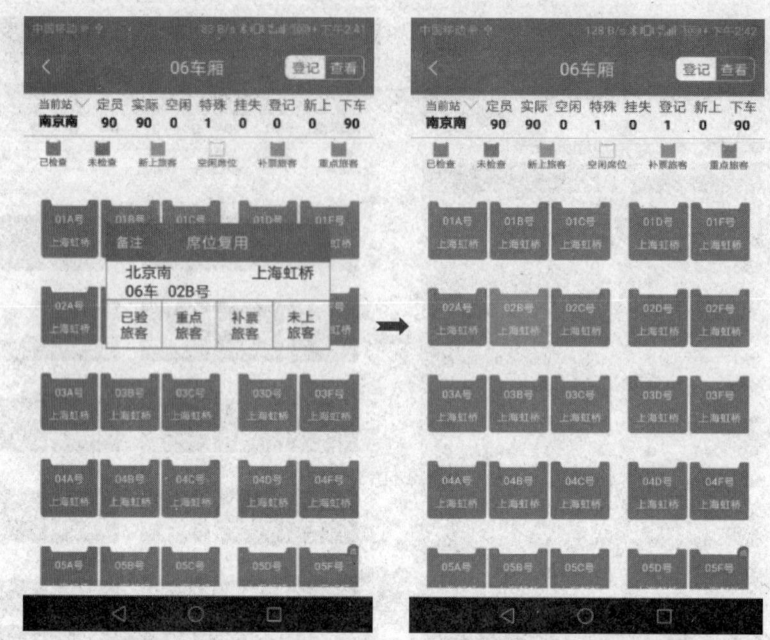

图 4-1-18　席位登记操作图

③席位备注登记操作

点击席位复用框左上角备注按钮，进入备注登记界面。可输入公免号、其他信息（若席别为商务座，可选择套餐类型），点击保存登记。席位上方显示“注”标签，再次点击该席位，可查看到备注登记信息，如图 4-1-19 所示。

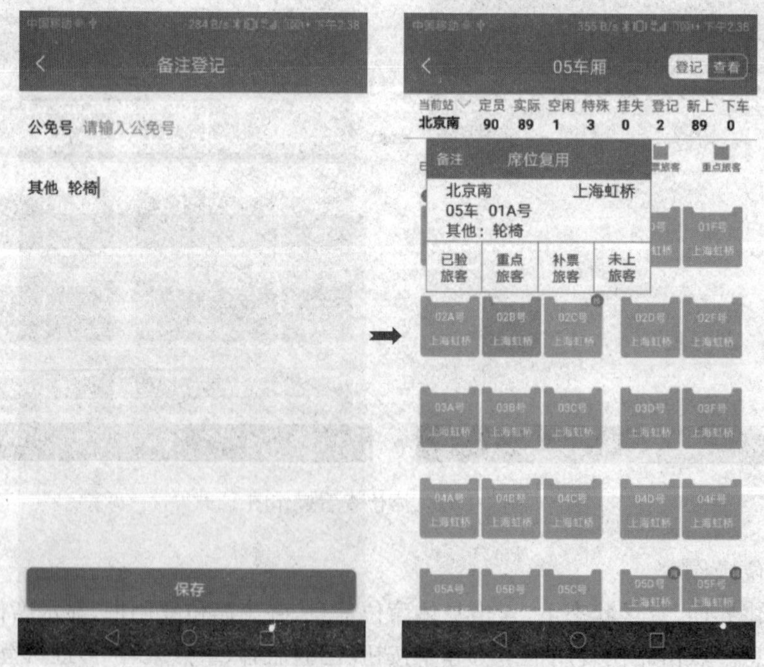

图 4-1-19　席位备注操作图

④分段情况查看操作

点击"席位复用"可以查看该席位分段使用情况，如图 4-1-20 所示。

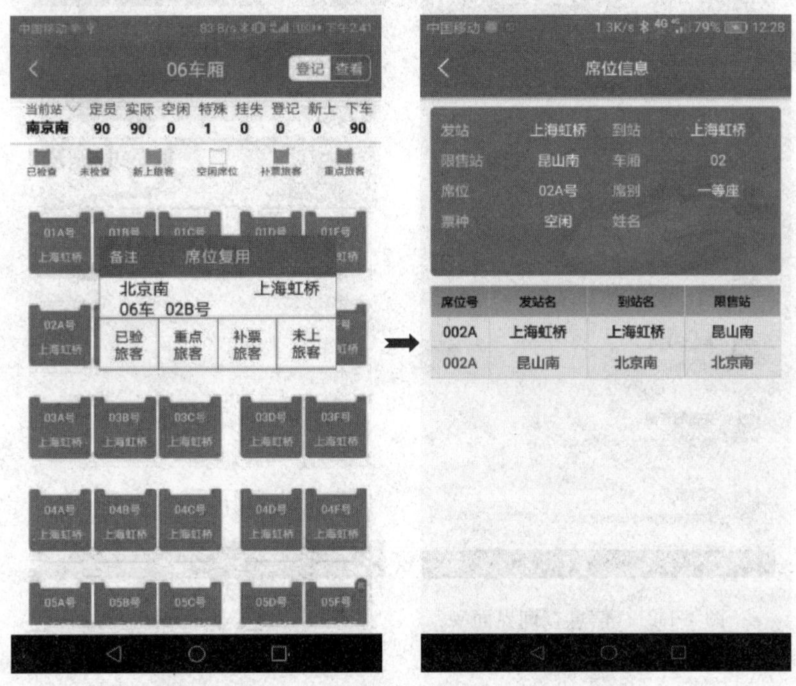

图 4-1-20　席位分段查看操作图

(4)业务功能四：信息查询

信息查询主入口，点击将看到信息查询的具体条目：包含客运信息查询和客管信息查询。客运信息查询包括【余票查询】【中铁银通卡查询】【席位置换查询】【联网电子票查询】【乘车证查询】【实名制查询】【保险查询】【中转查询】【会员信息查询】【重点人员查询】【失信人员】，如图 4-1-21 所示。客管信息查询相关知识详见本任务"三、客管系统的操作"。

4. 业务操作

业务操作主入口，点击将看到业务操作的具体条目：包含客运业务操作和客管业务操作。客运业务操作包括【车票补签】【客运记录—挂失票】【客运记录—席位调整】【客运记录—空调故障】，如图 4-1-22 所示。客管业务操作相关知识详见本任务"三、客管系统的操作"。

(1)车票补签

①查询本车次乘客信息，若能查出乘客信息，可点击结果进行补签操作。

②选择【证件类型】【乘车日期】，输入证件号码，点击【查询】按钮进行查询，如图 4-1-23 所示。如果能够查询出乘客信息，可在确认乘客信息后点击乘客信息进行补签操作，点击【确认补签】按钮进行补签，如图 4-1-23 所示。

图 4-1-21　信息查询界面

图 4-1-22　业务操作主界面

图 4-1-23　车票补签操作

(2)客运记录

①挂失票

根据当前下载的挂失票数据显示内容。如果本车次有挂失票,将显示挂失票列表,点击挂失票进行登记，也可根据挂失记录进行登记取消的操作。

选择【挂失补类型】，点击需要挂失的车票进行【挂失票登记】。可选择车厢号快速搜索车票。点击右上角按钮，查看【挂失票记录】已登记的内容，左滑记录将显示【取消登记】按钮，点击即可进行记录取消，具体如图 4-1-24 所示。

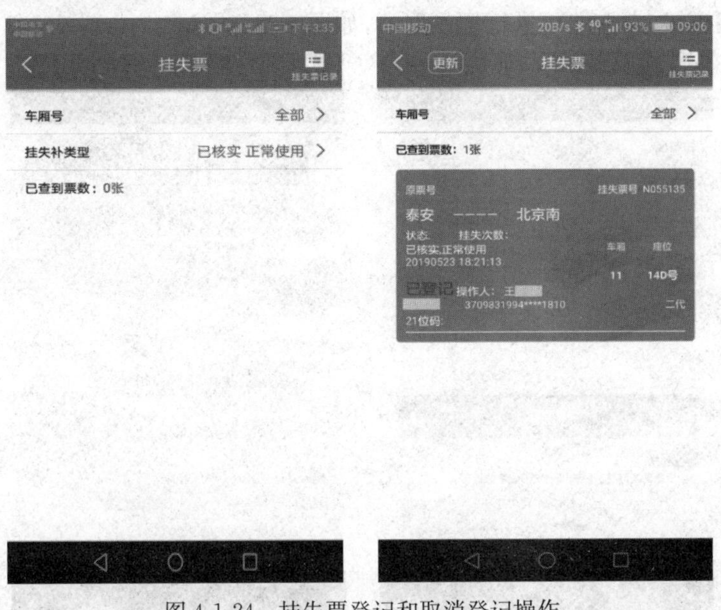

图 4-1-24　挂失票登记和取消登记操作

②席位调整

对本车次的席别调整进行上报登记，也可根据席位调整登记记录进行登记取消的操作。选择【车厢号】、【故障区间】（起始站、到达站）、【席别】（原席别、调整席别）、【席位】，选择填写备注信息，点击【上报】按钮进行席位调整登记。点击右上角按钮【席位调整记录】，查看已登记的内容，左滑记录将显示【取消登记】按钮，点击即可进行记录取消，如图 4-1-25 所示。

图 4-1-25　席位调整操作

③空调故障

对本车次的空调故障进行上报登记,也可根据空调故障登记记录进行登记取消的操作。

首先选择【车厢号】、【故障区间】(起始站、到达站)、【席位】,选择填写备注信息,点击【上报】按钮进行空调故障登记。点击右上角【空调故障记录】按钮查看已登记的内容,左滑记录将显示【取消登记】按钮,点击即可进行记录取消,如图 4-1-26 所示。

图 4-1-26　空调故障登记(取消登记)操作

5. 全面电子票

列车全面电子票定时更新下载,在业务数据页面每站新增 PSR(移动补票机和站车交互系统一体机的登录系统)数据下载项,开车前 3 min 下载。下载数据为该站上车的旅客 PSR 数据,如图 4-1-27 所示。

图 4-1-27　电子票下载

①电子票可视化

在席位管理界面点击车厢视图，会将列车席位以可视化的方式展示出来，同时将旅客的证件号后四位和旅客姓名第一位显示在列车席位视图的下方，方便工作人员快速核验。如果该旅客 PSR 数据进站检票标记为未检，会在席位上方打上未进检标记，需重点关注。

②电子票核验

在席位管理的车厢视图界面下，选择“登记”，点击对应的席位弹出登记菜单，会在登记的同时将核验数据发送到后台 PSR 数据库，对应的电子票会打上“车上已验”标记。

③电子票查询

搜索框：在主页面搜索框数据旅客证件号后四位，会查询出对应的电子票信息。

蓝牙证件扫描：连接蓝牙证件识读器，扫描二代证或其他可识读证件，根据证件类型和证件号码查询电子票票库并显示电子票信息，如图 4-1-28 所示。

④更新

新增 PSR 信息更新按钮，点击刷新视图，如图 4-1-29 所示。

图 4-1-28　电子票查询

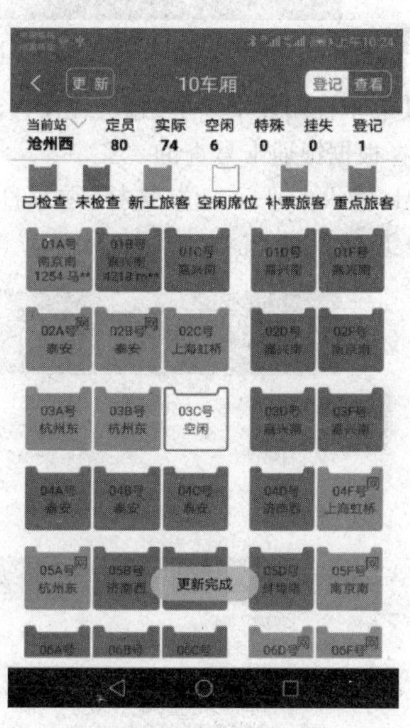

图 4-1-29　电子票更新

6. 信息查询

(1)余票查询

查询本车次所选乘车日期、所选出发站、到达站内的余票信息。选择【乘车日期】【出发车站】【到达车站】，点击【查询】按钮即会实时查询余票信息，具体如图 4-1-30 所示。未查询出结果或查询出错将会显示提示信息。

(2)中铁银通卡信息

查询本车次的中铁银通卡用户信息。

①选择根据登乘车次查询

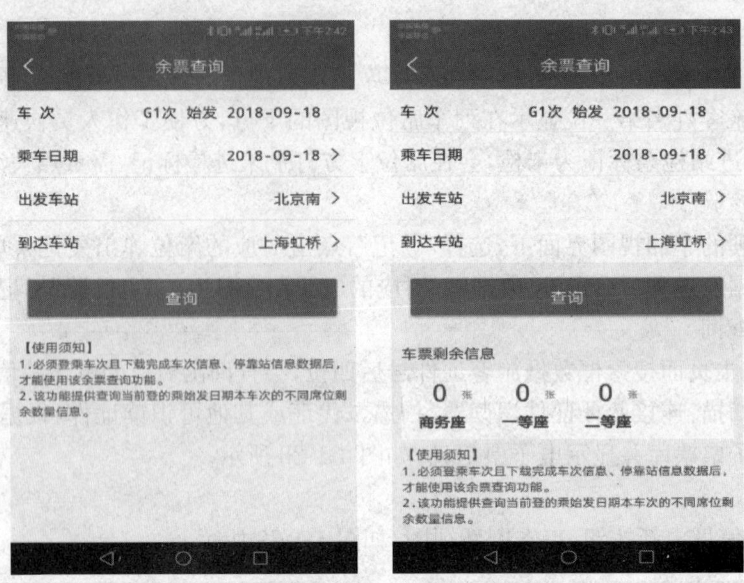

图 4-1-30　余票查询

选择【乘车日期】【乘车车站】，点击【查询】按钮即可实时查询，如图 4-1-31 所示。

②选择根据银通卡号查询

步骤 1：输入卡号后 4 位，选择【乘车日期】【乘车车站】，点击【查询】按钮即可进行实时查询，如图 4-1-32 所示。

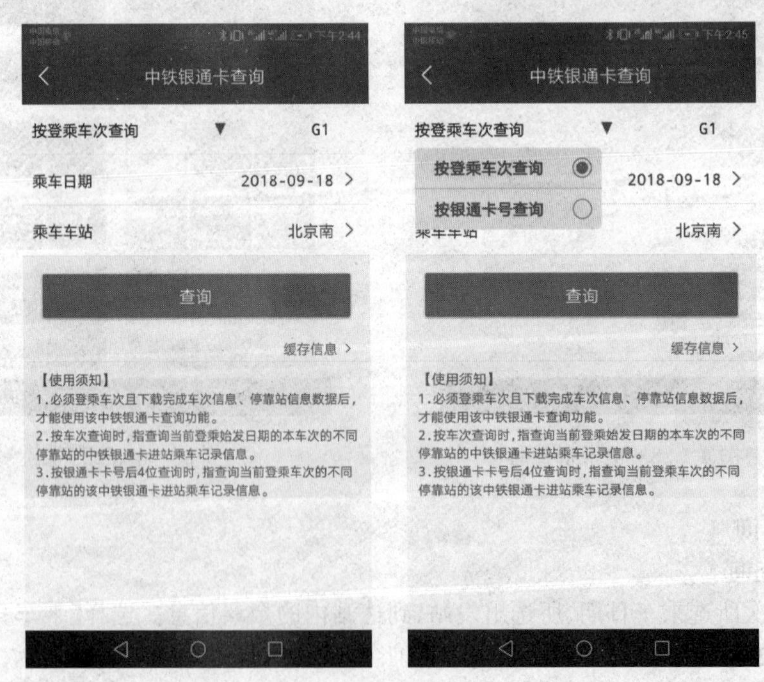

图 4-1-31　根据登乘车次查询界面　　图 4-1-32　根据银通卡号查询界面

步骤 2：查询结果如图 4-1-33 所示，列表显示中铁银通卡信息。也可点击【金卡】或【银卡】选卡项，显示视图信息如图 4-1-34 所示。未查询出结果或查询出错将会显示提示信息。

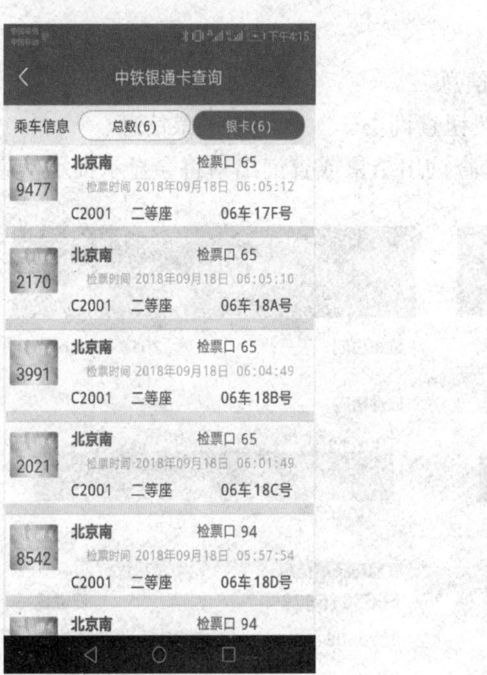

4-1-33　中铁银通卡查询结果

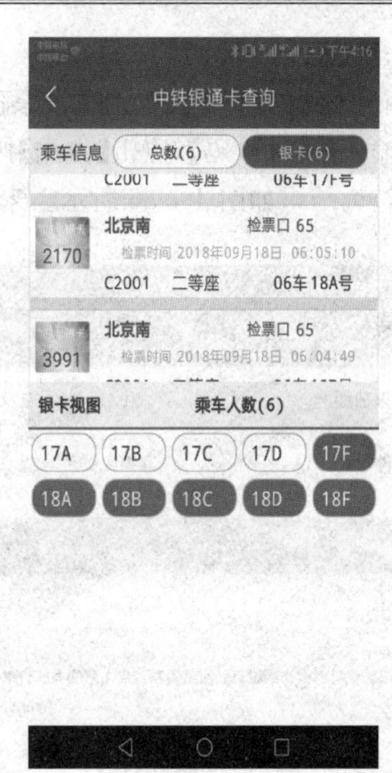

图 4-1-34　中铁银通卡(银卡)查询视图

(3)席位置换

根据乘车车站查询本车次的席位置换信息。

步骤 1:选择【乘车车站】,点击【查询】按钮查询本车次的席位置换信息。

步骤 2:查询结果如图 4-1-35 所示,显示席位置换总数;根据原车厢、置换车厢分项显示置换席位信息。未查询出结果或查询出错将会显示提示信息。

图 4-1-35　席位置换信息查询

(4)联网电子票

根据证件号码查询本车次联网电子票信息。

步骤1:输入【证件号码】,点击【查询】按钮查询本车次联网电子票信息。

步骤2:查询结果如图4-1-36所示。未查询出结果或查询出错将会显示提示信息。

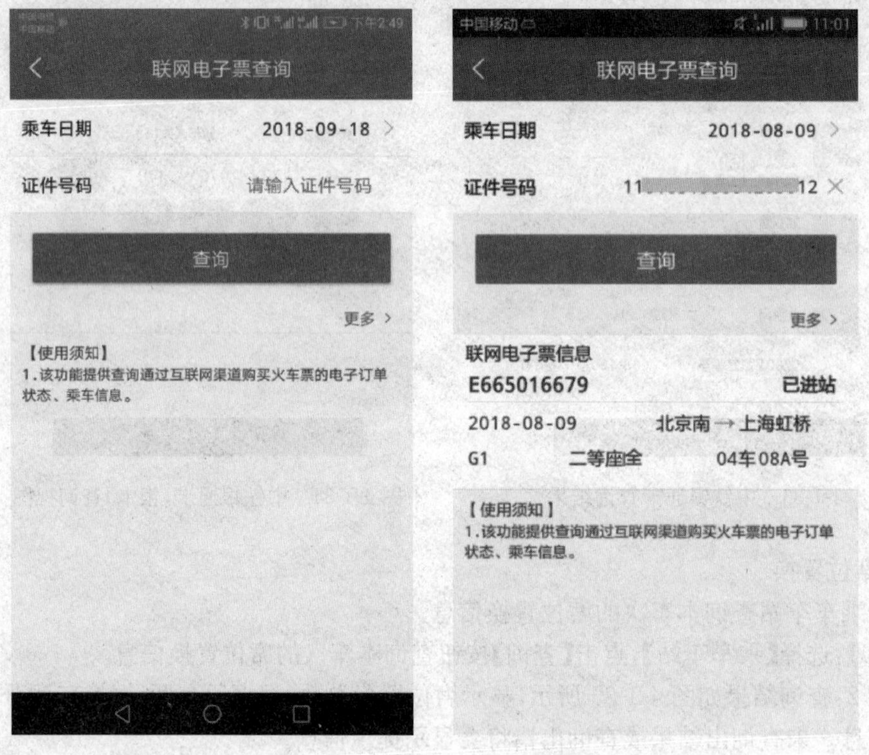

图4-1-36 联网电子票查询

(5)乘车证查询

根据证件类型及证件号码查询乘车证信息。

步骤1:选择【证件类型】,输入【证件号码】,点击【查询】按钮查询用户乘车证信息。点击【X】按钮可直接清空证件号码。

步骤2:查询结果如图4-1-37所示,上滑可显示全部查询结果。未查询出结果或查询出错将会显示提示信息。

(6)实名制查询

根据乘车日期、证件号码、始发车次查询实名制信息。

步骤1:选择【乘车日期】,输入【证件号码】,点击【查询】按钮查询本车次的实名制信息。点击【X】按钮可直接清空证件号码。

步骤2:查询结果如图4-1-38所示。未查询出结果或查询出错将会显示提示信息。

乘车证查询

证件类型　二代居民身份证

证件号码　请输入证件号码

查询

更多 >

【使用须知】

1.必须车长登乘车次后，才能使用该乘车证查询功能。

2.该功能提供按证件号码查询乘车证的基本信息、有效期和乘车区间信息。

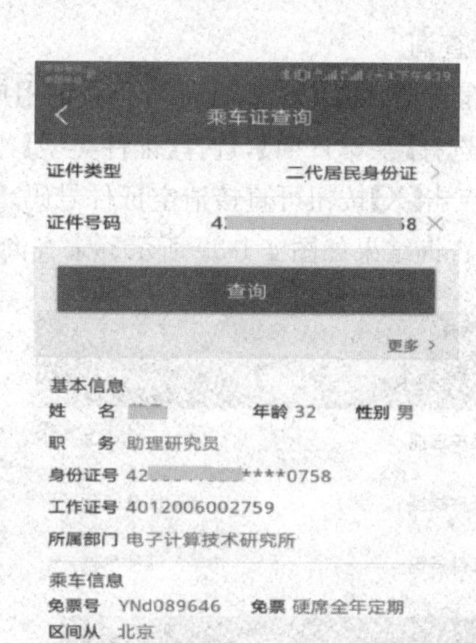

图 4-1-37　乘车证查询

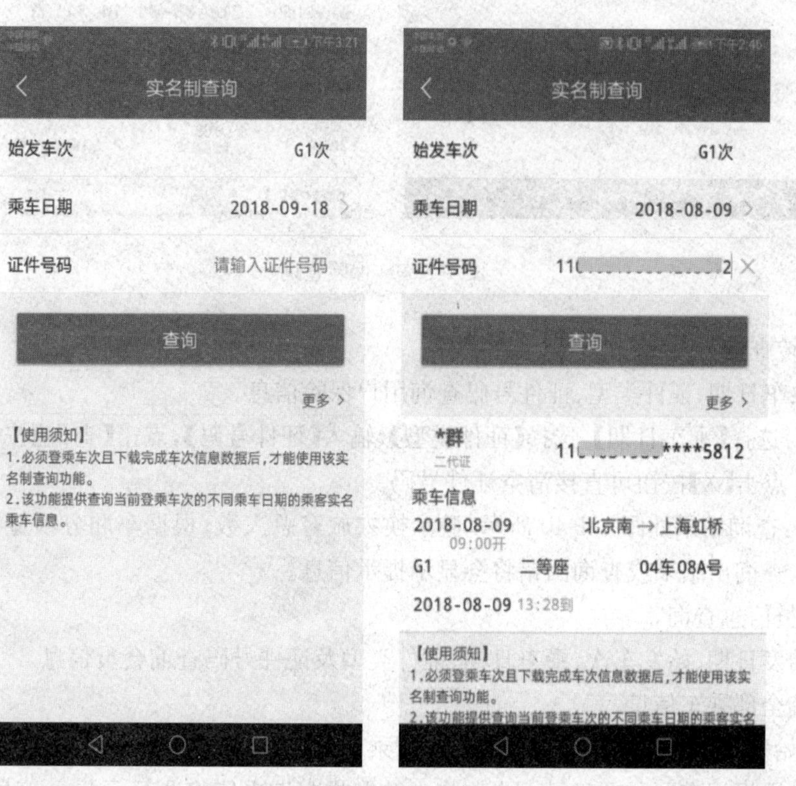

图 4-1-38　实名制查询

(7)保险查询

根据乘车日期、证件类型、证件号码查询用户保险信息。

步骤1:选择【乘车日期】,选择【证件类型】,输入【证件号码】,点击【查询】按钮查询该用户保险信息。点击【X】按钮可直接清空证件号码。

步骤2:查询结果如图4-1-39所示。未查询出结果或查询出错将会显示提示信息。

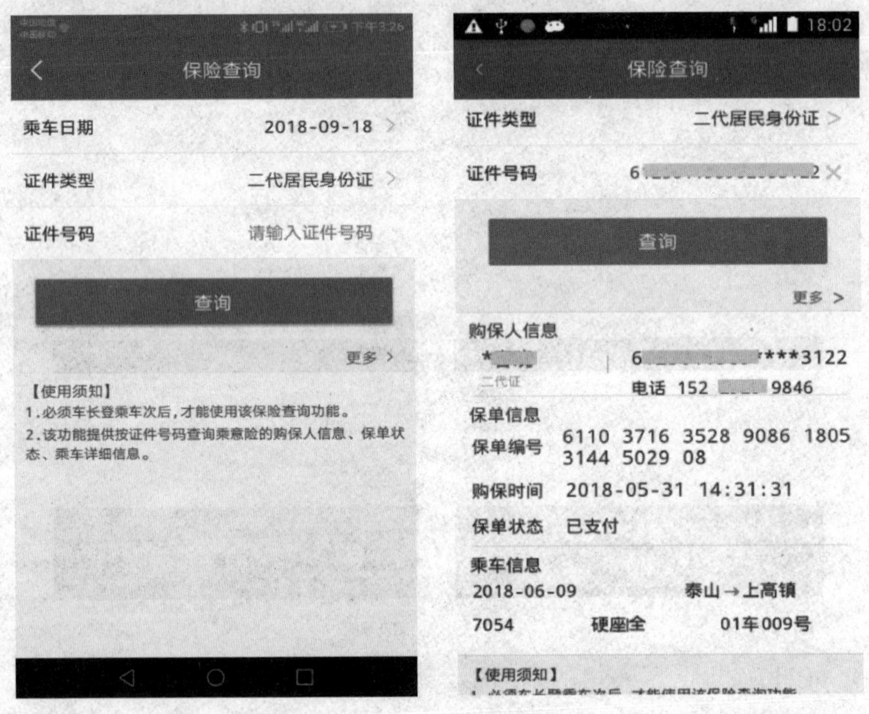

图4-1-39 保险查询

(8)中转查询

根据乘车日期、证件类型、证件号码查询用户保险信息。

步骤1:选择【乘车日期】,选择【证件类型】,输入【证件号码】,点击【查询】按钮查询该用户中转信息。点击【X】按钮可直接清空证件号码。

步骤2:查询结果如图4-1-40所示,显示换乘旅客总人数;根据车厢分项显示具体人员换乘信息。未查询出结果或查询出错将会显示提示信息。

(9)会员信息查询

根据始发日期、始发车次、乘车日期、证件类型及证件号码查询会员信息。

①查询全部乘车信息

选择【始发日期】,选择【乘车日期】,点击【乘车信息】按钮查询全部该车次的全部乘车人信息。查询结果根据车厢分项显示。未查询出结果或查询出错将会显示提示信息,结果显示具体如图4-1-41所示。

图 4-1-40 中转查询

图 4-1-41 车次全部会员信息查询

②查询指定乘车人信息

选择【始发日期】,选择【乘车日期】,选择【证件类型】,输入【证件号码】,点击【乘车信息】按钮查询该车次的该指定乘车人的乘车信息,结果显示如图 4-1-42 所示。未查询出结果或查询出错将会显示提示信息。

③查询会员信息

选择【始发日期】,选择【乘车日期】,选择【证件类型】,输入【证件号码】,点击【会员信息】按钮查询该车次的该指定乘车人的会员信息,结果显示如图 4-1-43 所示。未查询出结果或查询出错将会显示提示信息。

图 4-1-42　查询指定人员乘车信息

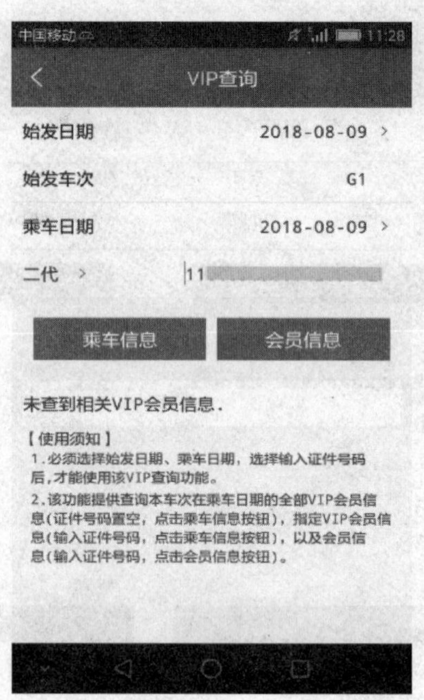

图 4-1-43　查询会员信息

(10)重点人员查询

根据始发日期、始发车次、人员类型查询重点人员信息。未查询出结果或查询出错将会显示提示信息，如图 4-1-44 所示。

图 4-1-44　重点人员查询结果

(11)失信人员查询

输入证件号后六位，点击查询按钮可查询本车次的失信人员信息，如图 4-1-45 所示。在席位可视化界面，将会有“失”字标签显示。

(12)遗失物品查询(非通用功能)

查询乘客的遗失物品信息。具体查询界面如图 4-1-46 所示。

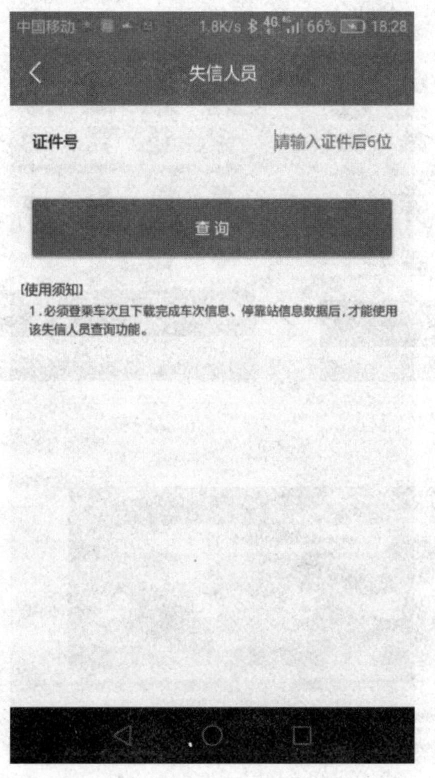

图 4-1-45　失信人员查询

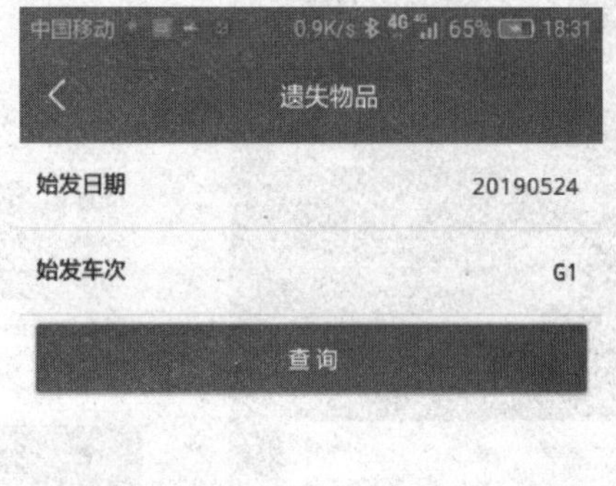

图 4-1-46　遗失物品查询

三、客管系统的操作

(一)登　乘

列车上仅有列车长具有登录客管系统的权限。登录客管系统有两种方式：合并登录和独立登录。

合并登录是在登录站车交互系统时一同登录客管系统，输入用户 ID 和密码即可，需要注意的是，登录的车次需要在该登录用户的乘务计划内，否则客管相关功能无法使用。从站车交互系统通过左滑，可以进入客管总菜单页面，具体操作流程界面如图 4-1-47 所示。

独立登录是先登录站车交互系统，等需要用客管系统功能时，才会要求登录，登录方法如图 4-1-48 所示。

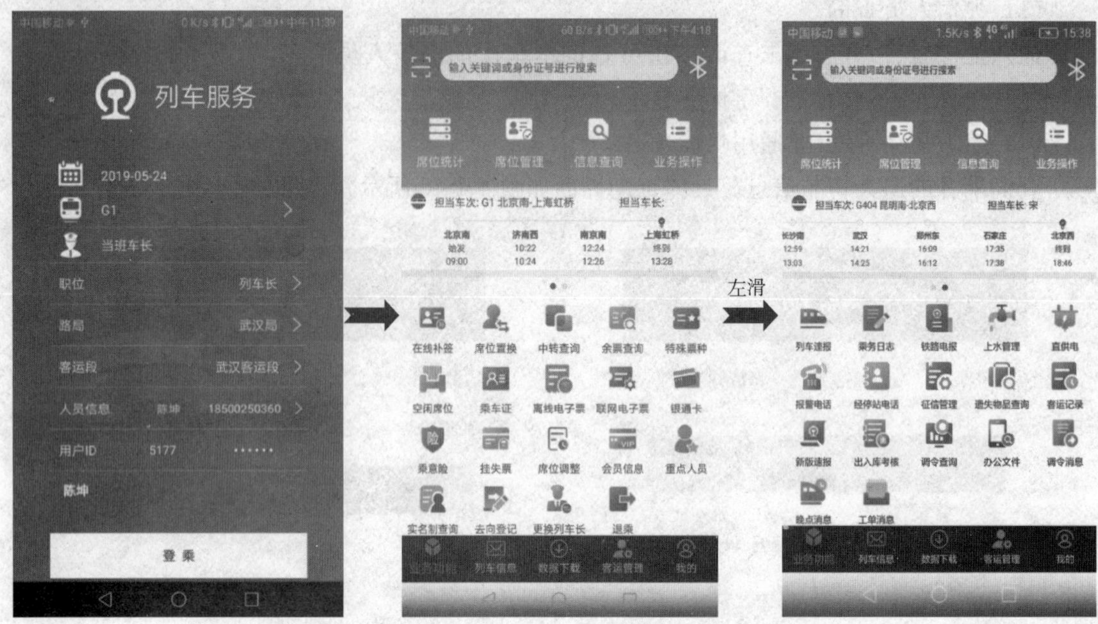

图 4-1-47　合并登录流程

图 4-1-48　独立登录流程

进入客管系统界面后,可以进行信息查询和业务操作。

(二)信息查询

点击首页的【信息查询】按钮,进入页面以后点击【客管信息查询】或者滑动页面按钮即可切换到客管信息查询页面,具体操作如图 4-1-49 所示。

图 4-1-49　信息查询流程

客管系统查询信息项目见表 4-1-1。

表 4-1-1　客管系统查询信息项目列表

序　号	信 息 项	序　号	信 息 项
1	报警电话	5	调令查询
2	经停站电话	6	晚点信息
3	遗失品查询	7	工单信息
4	办公文件		

1. 报警电话查询

客管系统的信息查询功能可以查询各铁路局集团公司、处的相关公安报警电话。

步骤 1:进入铁路公安报警电话查询功能,直接加载全路局的公安报警电话。

步骤 2:选择【所属路局】,点击【查询】按钮即会实时查询对应铁路局集团公司报警电话信息,结果如图 4-1-50 所示。未查询出结果或查询出错将会显示提示信息。

步骤 3:点击相应电话可以直接向该电话号码打电话。

具体操作流程如图 4-1-50 所示。

2. 经停站电话查询

客管系统中可以查询当前登乘车次经停站的值班电话,具体操作如图 4-1-51 所示。

进入界面获取本地数据(本地无数据则从网络获取),点击【更新】按钮,通过网络进行数据更新,点击车站名字可以切换车站。

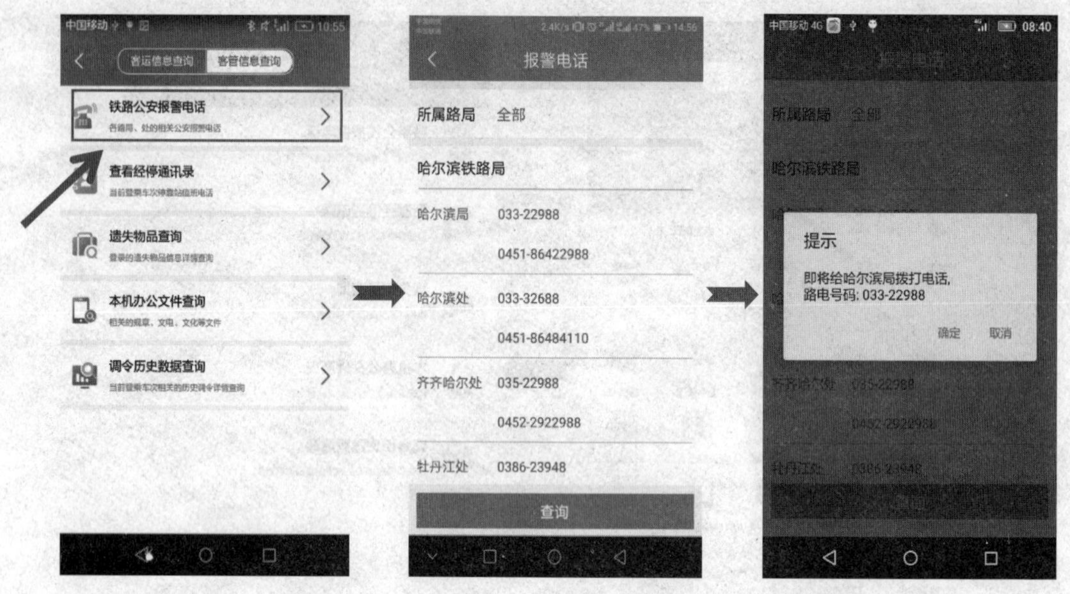

图 4-1-50　报警电话查询流程

可以通过右上角菜单按钮进入信息检举界面检举不准确的电话号码信息，如图 4-1-51 所示，填选界面对应信息，提交。

图 4-1-51　经停站电话查询流程

3. 遗失品查询

列车长可以通过客管系统进行遗失物品信息详情查询。

步骤 1：填写遗失物品明细，包括【遗失地点】【物品名称】，选择【捡拾日期】，选择【领取状态】（以上四项可以选填，但尽量填得精准一些），点击【查询】按钮查询遗失物品。

步骤 2：查询遗失物品详情界面下，点击【详细信息】按钮查看详情。具体操作如图 4-1-52 所示。

4. 办公文件查询

客管系统中可以查询到本机相关的规章、文电、文化等文件信息，点击对应模块查看对应文件信息，具体操作如图 4-1-53 所示。

图 4-1-52　遗失物品查询流程

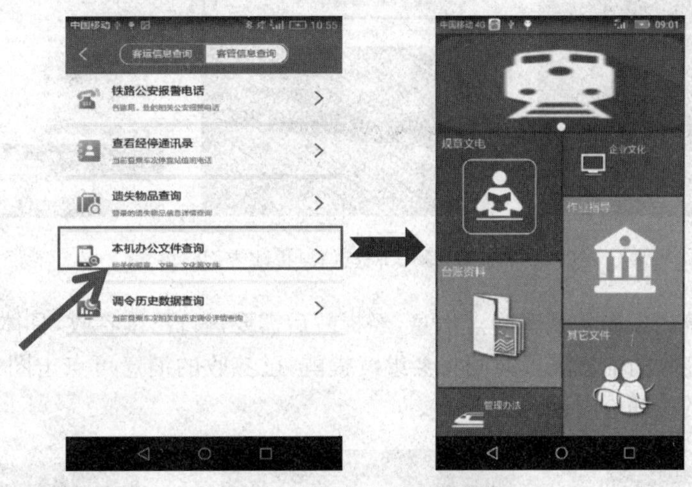
图 4-1-53　办公文件查询流程

5. 调令查询

客管系统中可以查询当前登乘车次相关的历史调令详情及签收情况，具体操作如下：点击【调令历史数据查询】，选择【接收期间】，选择【调令状态】，点击【查询】按钮查询相关调令信息，点击单条调令状态，即可查看调令详情（包含签收功能），具体操作如图 4-1-54 所示。

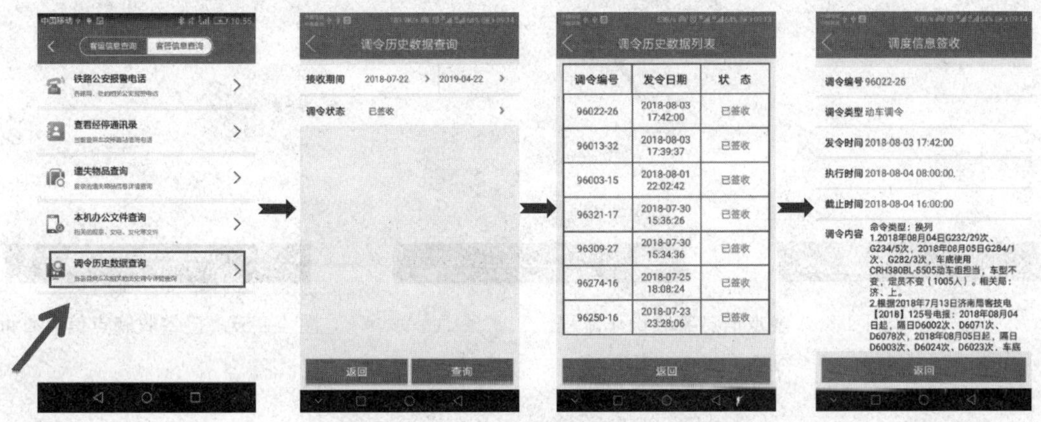
图 4-1-54　调令历史数据查询流程

6. 晚点信息查询

客管系统可以查询当前登乘车次相关的历史晚点信息详情及签收情况。

操作员将收到语音及消息提醒，提示晚点消息，图 4-1-55 为三种不同类型的界面下晚点信息的提醒图。

图 4-1-55　晚点信息提醒界面

对于客管系统内发布的列车晚点信息，经提醒后需要进行已读签收，具体的签收流程如图 4-1-56 所示。未签收的消息隔段时间将会继续提醒；已签收的消息可点击图 4-1-57 中所示的界面中箭头指示的按钮查看消息记录。

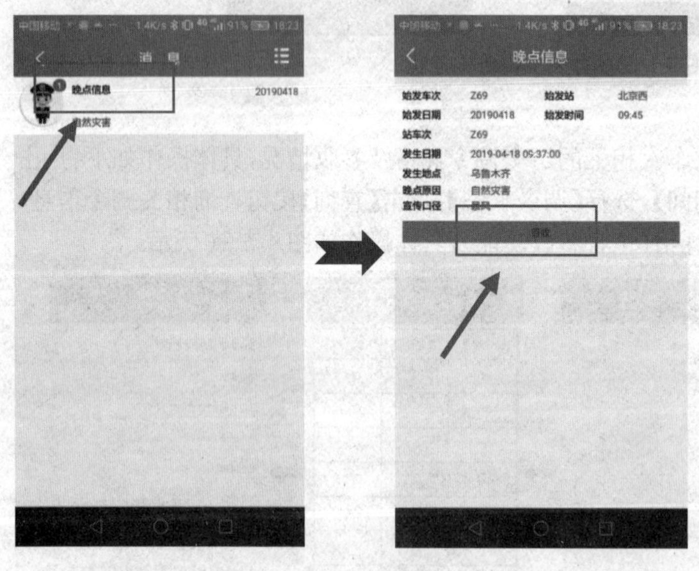

图 4-1-56　晚点信息签收操作流程

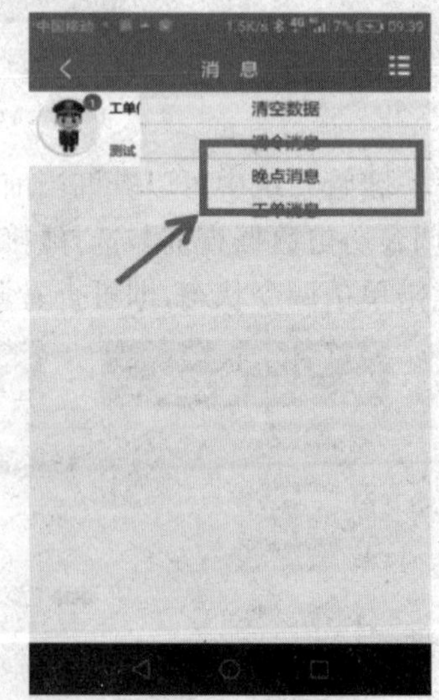

图 4-1-57　已签收晚点信息查询

7. 工单信息查询

客管系统中可查询当前登乘车次相关的历史工单详情及签收情况，系统中可查询的工单类型包括遗失物品工单、重点旅客工单两类。

遗失物品工单的查看和反馈操作如图 4-1-58 所示。

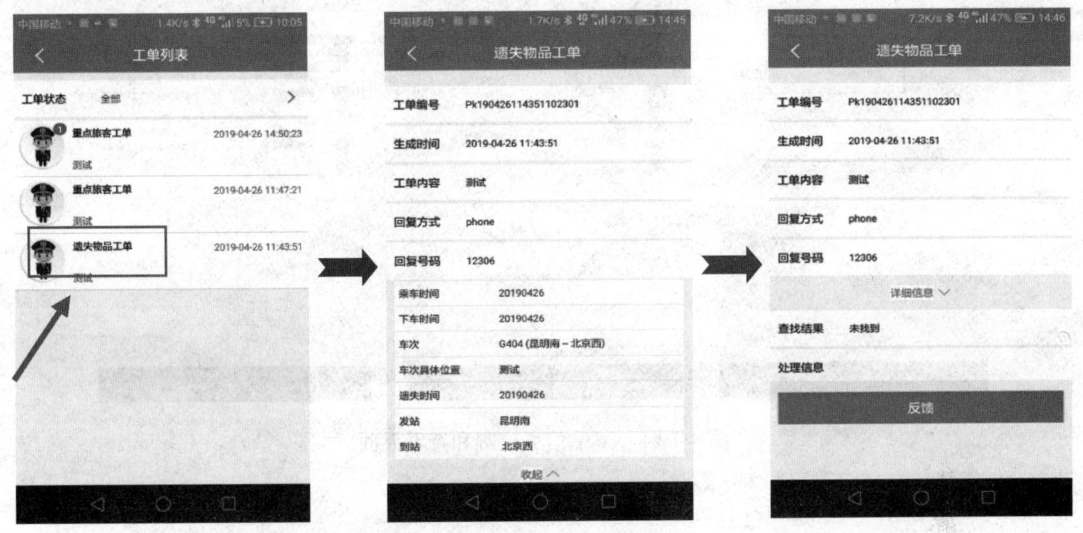

图 4-1-58　遗失物品工单查询及反馈

重点旅客工单中可进行重点旅客工单的查看、反馈、接乘确认的操作，具体如图 4-1-59 所示。

图 4-1-59　重点旅客工单查看、反馈、接乘操作

未签收的消息隔段时间将会继续提醒；在消息界面，已签收的消息可查看消息记录，如图 4-1-60 所示。

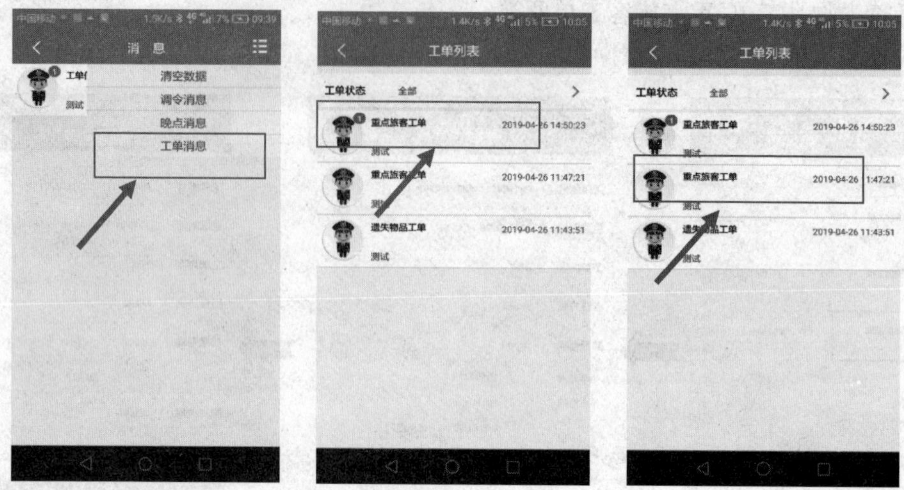

图 4-1-60　工单信息提醒和查看界面

(三)业务操作

在客管系统中,可以进行业务操作。点击首页的【业务操作】按钮,进入页面后点击【客管业务操作】或者滑动页面按钮即可切换到客管业务操作页面,如图 4-1-61 所示。

图 4-1-61　客管系统业务操作界面

客管系统的业务操作可办理包括 8 种类型,具体的业务类型见表 4-1-2。

表 4-1-2　客管系统业务操作项目列表

序　号	业 务 项	序　号	业 务 项
1	列车速报	5	直供电信息录入
2	铁路电报	6	征信管理
3	乘务日志	7	客运记录
4	上水管理	8	出入库考核

1. 列车速报

在客管系统中设置有列车速报模板，可以根据现有模板进行列车速报上报。

(1)填报列车速报

进行列车速报操作时，在业务操作界面点击点【列车速报】，进入列车速报界面后，在右上角菜单选择对应速报模板，填写相应信息后，点击【提交】按钮提交上报，具体的上报操作流程如图 4-1-62 所示。

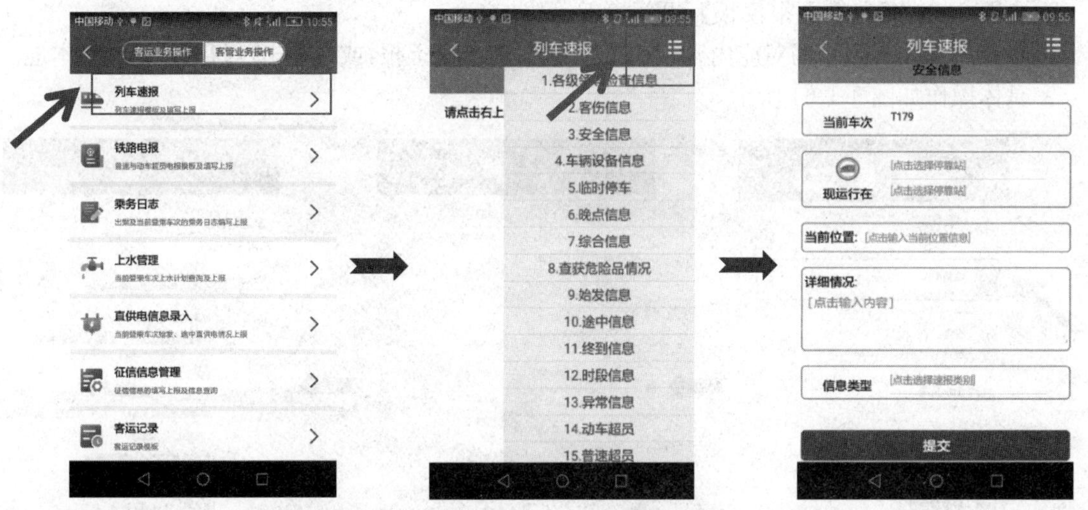

图 4-1-62　列车速报上报操作流程

(2)更新列车速报

各铁路局集团公司可在客管系统中自定义的速报模板进行信息上报，具体操作如图 4-1-63 所示。点击【更新模板】，网络更新对应铁路局集团公司的速报模板，选择模板进入填报界面，填写相关内容后，点击【提交】按钮提交上报即可。

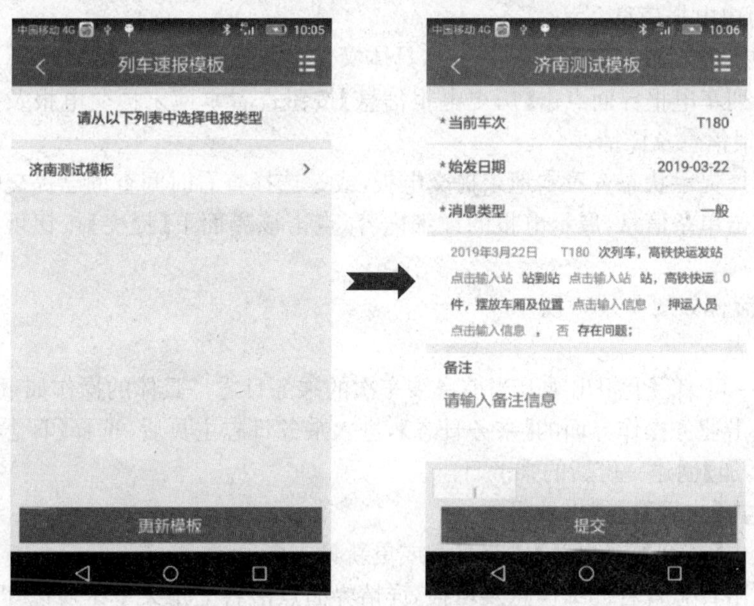

图 4-1-63　更新列车速报模板操作

2. 铁路电报

客管系统中设置有普速与动车超员电报的模板，可以通过铁路电报进行信息上报，对于上报的铁路电报可进行历史信息查询。

(1)铁路电报上报

客管系统获取电报模板的操作如下：

步骤 1：业务操作界面下点击【铁路电报】按钮，进入列车电报界面。

步骤 2：点击【获取电报模板】，更新模板。

步骤 3：点击模板填写对应内容，点击【提交】按钮提交上报，或是点击【保存】按钮保存本地。

具体操作如图 4-1-64 所示。

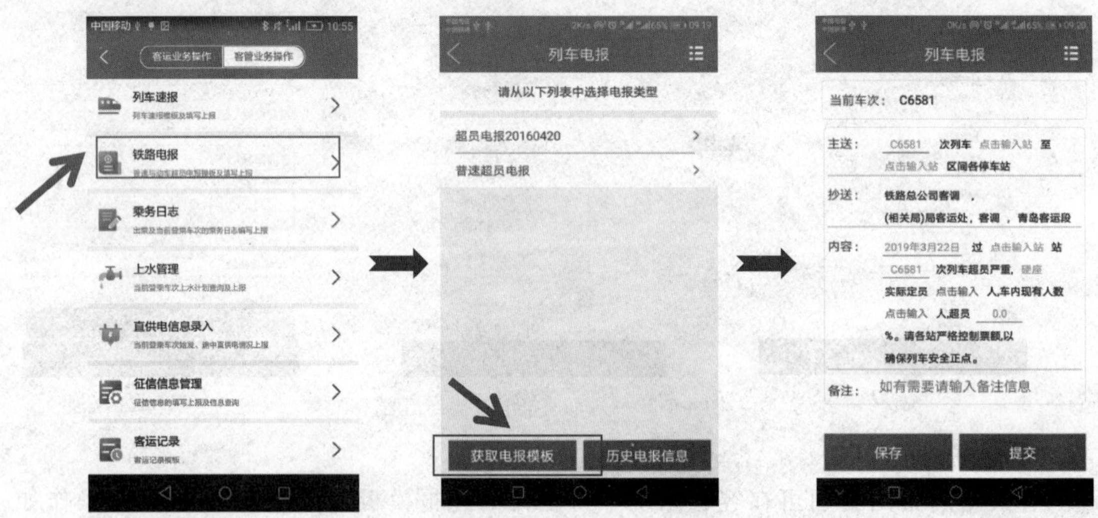

图 4-1-64　铁路电报信息上报(保存)操作流程

(2)查询历史电报信息

客管系统中可查询已上报的电报信息，具体操作步骤如下：

步骤 1：在列车电报界面点击【历史电报信息】按钮查看本地未提交电报及查询对应时间段的已提交电报信息及详情。

步骤 2：选择提示状态查看本地未提交电报，或是选择查看时间查询已提交的电报信息。

步骤 3：点击单条信息，展示电报的详细内容，点击该界面下【提交】按钮可以提交上报对应电报。

具体操作流程如图 4-1-65 所示。

3. 乘务日志

客管系统中可编写上报出乘及当前登乘车次的乘务日志。具体的操作如下：

步骤 1：点击业务操作界面的【乘务日志】，进入乘务日志主页后，选择【日志类型】及【出乘日期】，点击【添加】创建一份新的乘务日志。

步骤 2：点击【出乘】进行出乘操作。

步骤 3：点击【查询】或【更新】按钮查询或更新日志信息。

步骤 4：点击日志查看详细信息及填报，详情界面点击右上角菜单键可以切换不同乘务信息界面进行填报。

图 4-1-65　铁路电报历史信息查询操作

操作流程如图 4-1-66 所示。

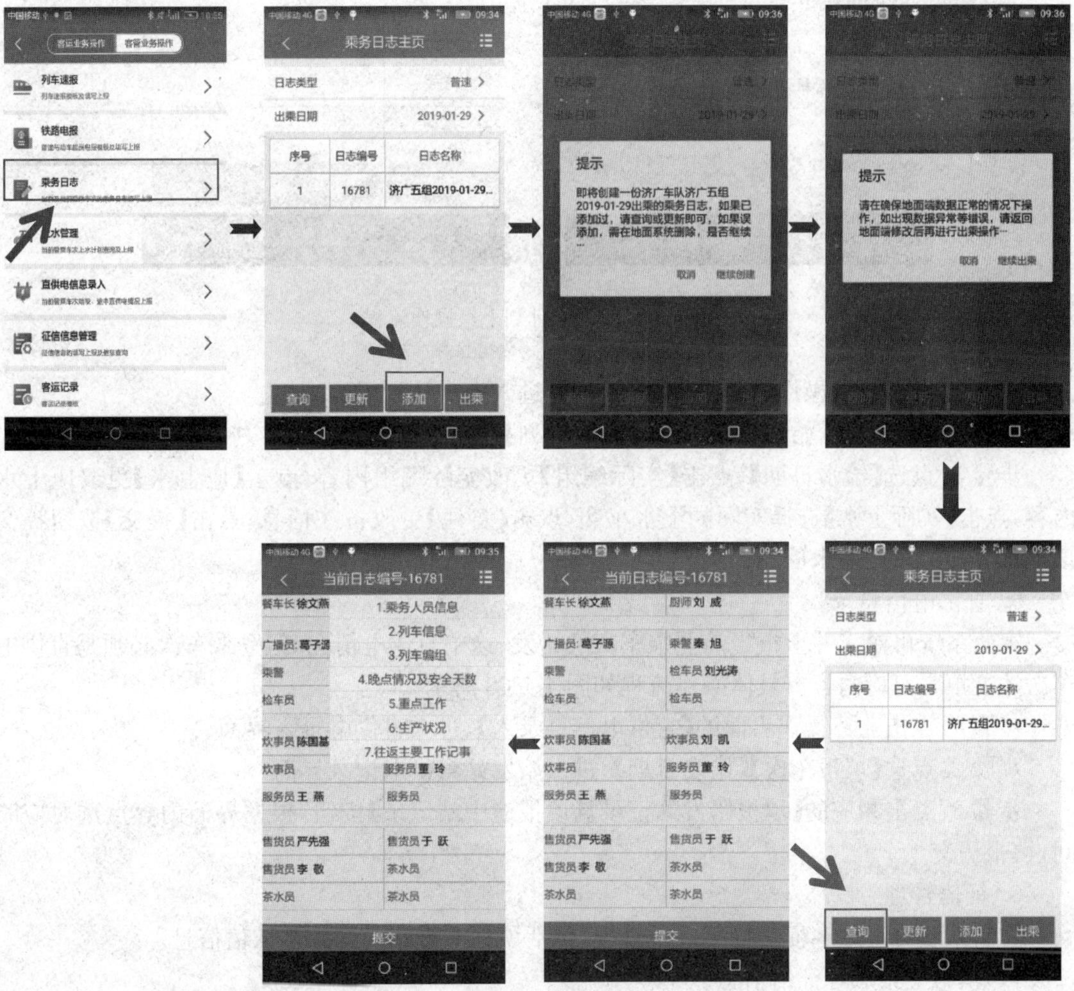

图 4-1-66　乘务日志编写填报操作流程

4. 上水管理

客管系统中查询当前登乘车次上水计划，并上报上水计划信息。具体操作如图 4-1-67 所示。

图 4-1-67　上水计划上报操作流程

步骤 1：点击业务操作界面的【上水管理】，进入上水计划界面。

步骤 2：选择车次、始发日期，点击【查询计划】按钮查询相应上水计划。

步骤 3：点选【给水日期】，点击【实际编组】更改实际编组内容，点击【应上水】更改应上水内容，点击【实际上水】选择实际的上水车厢，点击【备注】更改备注信息，点击【提交】按钮提交该上水界面的车站上水信息。

5. 直供电信息录入

客管系统可录入并上报当前登乘车次的始发、途中直供电情况，但登乘车次必须是直供电车次才能填写对应内容。具体操作流程如图 4-1-68 所示。

步骤 1：点击业务操作界面的【直供电信息录入】，进入直供电录入界面。

步骤 2：点选【填报车次】【始发日期】，进入始发站直供电记录界面。

步骤 3：点击相应的【填报始发站记录】【填报途中站记录】按钮，根据界面内容点选对应时间，填报提交。

6. 征信管理

客管系统可对旅客征信情况进行管理，包括填写上报和查询旅客征信信息。

(1)填写上报旅客征信信息

客管系统填报旅客征信信息的具体流程如图 4-1-69 所示。

图 4-1-68　直供电信息录入操作流程

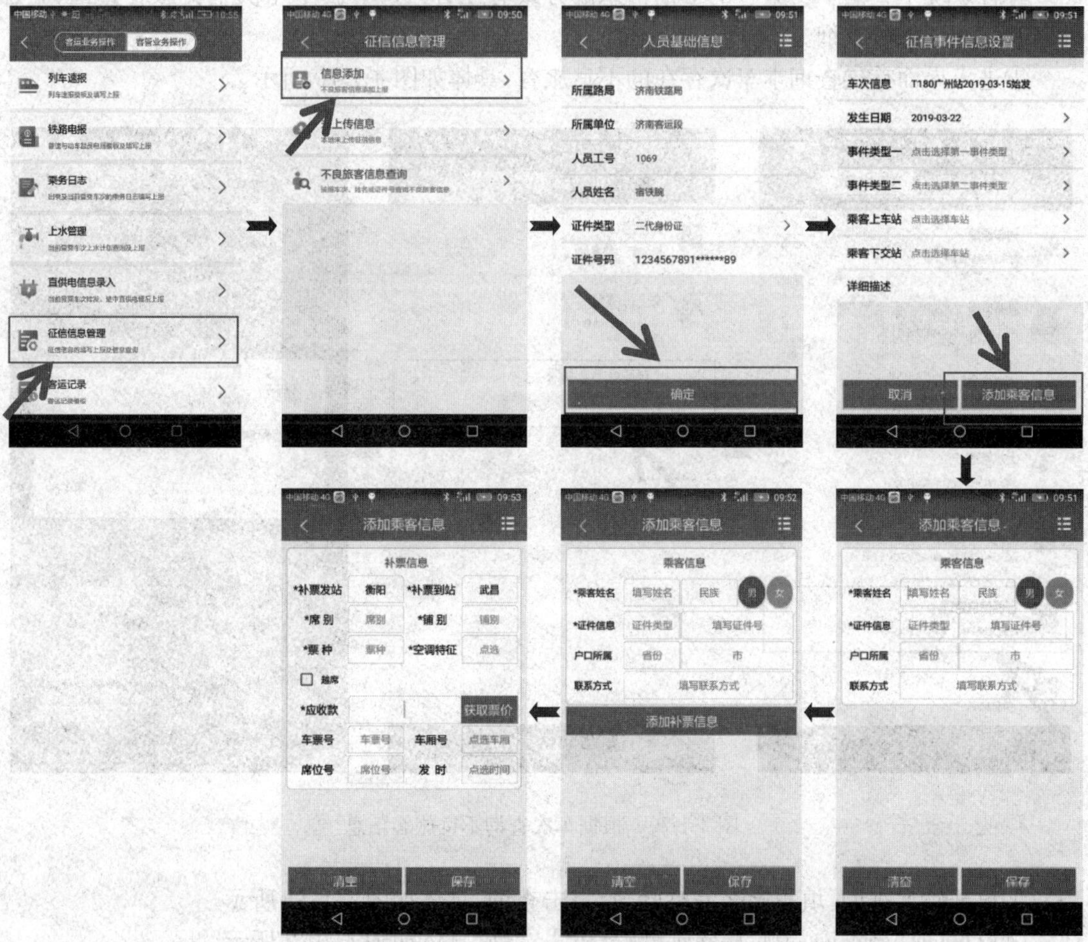

图 4-1-69　旅客征信填报操作流程

步骤 1:点击【征信信息管理】,进入征信信息管理界面。

步骤 2:点击【信息添加】,首次进入填报界面会弹出【人员基础信息】界面,要求确认当前上报人员的信息,不完整的须填写完成并提交后才能使用填报功能。

步骤 3:根据界面内容点选或是填写对应信息,点击【确定】进入【征信事件信息设置】界面。

步骤 4:选择事件类型,根据事件类型填报旅客信息。

①乘客信息分为两类:一类是不需要添加信息的,没有"添加补票信息"按钮;另一类是需要添加信息的,根据信息点填写相应的信息。

②若需要填写旅客身份证号,系统将在线进行身份证核验,核验通过后才可保存该旅客信息。

③乘客信息中带 * 号的字段为必填项。

(2)未上传信息

对于编辑好未上传的本地信息,点开本地保存的未上传信息,点击【上传】提交对应的信息。

(3)不良旅客信息查询

客管系统中查询不良旅客的征信信息的方式有三种,分别为:本车次不良旅客查询、旅客姓名查询和证件号查询。

①进入界面首先查询本车次存在的不良旅客,具体如图 4-1-70 所示。

图 4-1-70　根据车次查询不良旅客信息

②根据姓名查询:填写旅客完整姓名,点击查询,具体如图 4-1-71 所示。

③根据证件号查询:填写旅客证件号,点击查询,具体如图 4-1-72 所示。

图 4-1-71　根据姓名查询不良旅客信息

图 4-1-72　根据证件号查询不良旅客信息

7. 客运记录

客管系统中设置有客运记录模板，列车长可以根据具体情况选择客运记录模板，进入客运记录详情页进行填报，具体操作流程如图 4-1-73 所示。

8. 出入库考核

客管系统中可填写上报列车出入库保洁、质检作业数据。

在客管系统首页功能界面，点击【出入库考核】，进入【设置作业基础数据】界面，选择车底号，点击【填报信息】按钮进入填报界面，根据界面内容填写，点击提交上报，具体操作流程如图 4-1-74 所示。

图 4-1-73　客运记录填报流程

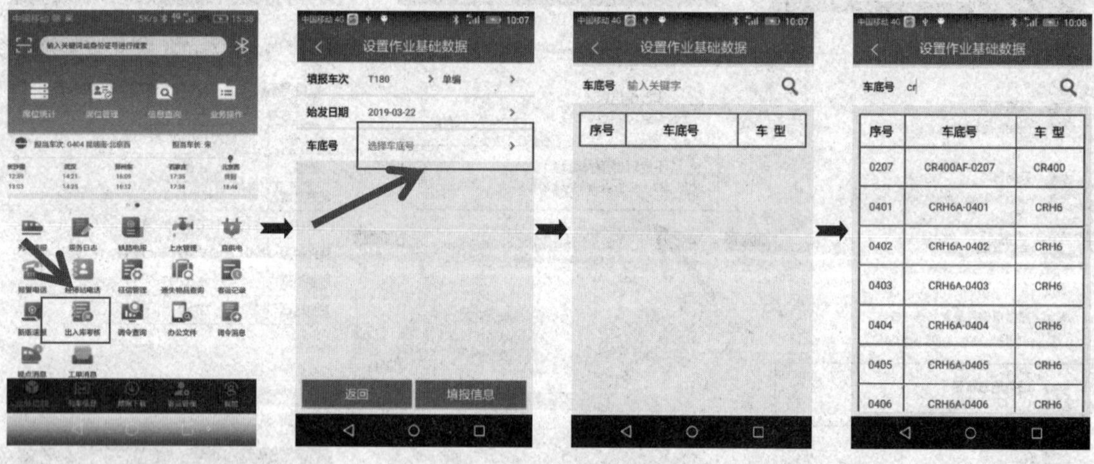

图 4-1-74　出入库考核填报流程

任务训练

一、场景设计

(一)实训目的和要求

1. 实训目的

通过本任务的训练，使学生在理论教学的基础上，能够综合运用高速铁路客运乘务专业理论知识，熟悉站车交互系统手持终端的操作方法和操作流程，具备使用信息化设备进行高速铁路动车组列车信息传递的能力，提高服务技能水平和应急处理能力，以便更好地适应高速铁路动车组列车乘务岗位的需要。

2. 实训要求

(1)实训分小组进行，每小组 2～3 人。

(2)统一着装：专业实训服(如条件不允许，可着正装)。

(二)实训内容

GSM-R 手持终端的操作实训：模拟完成手持终端与手持终端之间通话、手持终端与铁路专网固定电话之间的通话。

二、实训步骤

(一)实训前准备

1. 知识准备：在实训前应熟悉列车便携手持终端的操作方法。

2. 设备准备：动车组列车模拟车厢，模拟站车交互系统手持终端设备(模拟系统)。

3. 人员准备：每小组做好人员分工(一名同学负责录像的同时，另一名同学负责操作)。

(二)实　训

本实训模拟完成动车组列车上站车交互系统(客管系统)手持终端的业务操作和信息查询的使用操作演练。

各小组在实训前要熟悉站车交互系统手持终端设置方法、业务功能、信息查询的类别。实训开始后，先进行具体操作内容抽签，各小组根据抽到的设备操作项点进行人员分工，并迅速到实训场地进行设备操作实训，以个人为单位上传演练视频作为实训成果。

效果评价

站车交互系统(客管系统)手持终端的操作实训评分表

姓名		地点		时间	
实训项目	实训考查要点	分值	小组评分	教师评分	最终得分
站车交互系统(客管系统)手持终端的操作	设备熟悉度	30			
	操作的流畅	20			
	操作规范	20			
	通话规范	20			
	视频质量	10			
合　计		100			

典型工作任务二　GSM-R 手持终端的操作与管理

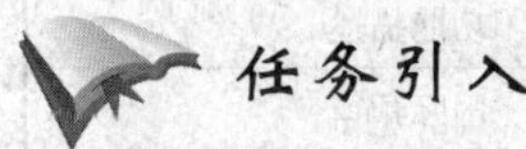

任务引入

GSM-R 全称为铁路数字移动通信系统，是一种实现固定点与移动点、移动点与移动点之间的无线电通信手段。GSM-R 应用于旅客列车上，能够有效地提高列车与地面、列车上工作人员之间的沟通效率，保证行车安全，提高运输效率，改善服务质量。

请思考：

列车乘务工作人员如何通过 GSM-R 与车站、列车上其他设备进行通信？

知识准备

一、GSM-R 手持终端的概述

（一）GSM-R 手持终端的种类

GSM-R 手持终端分作业台、通用台、调车台三种类型。作业台主要供列车、车站、编组站、沿线区间等直接参与行车的运输作业人员使用，很多铁路局集团公司的客运段在旅客列车上使用的是作业台终端，简称 OPH。

（二）GSM-R 手持台配备原则

在布设了 GSM-R 区段运行的旅客列车列车长按每组车底配置 1 台 OPH 手持台。GSM-R 系统 SIM 卡是确保终端正常使用的重要设备，也是终端正常运用管理的重点，只能与铁路专网固定电话相互通话，不能安装在其他手机上使用，也无法与电信、联通、移动等公众运营商进行网间通话。

二、GSM-R 手持终端使用操作

1. 手持终端与手持终端之间通话

动车组列车司机、随车机械师、列车长、乘警长等机车乘务人员可使用车次功能号进行注册。手持终端呼叫上述已注册的车次功能号的用户也可使用车次功能号进行呼叫。具体步骤如下：

(1)注册

在“功能号管理”菜单中，通过【功能号注册向导】进行【车次功能号】注册，输入车次号、功能码后【确认注册】，手持终端会提示【功能号注册成功】。车次号和功能码的输入需要根据表 4-2-1 字母数字转换表中的具体规定进行转换输入。

表 4-2-1　GSM-R 作业台功能码字母数字转换表

字　母	A	B	C	D	E	F	G	H	I	J	K	L	M
十进制数字	65	66	67	68	69	70	71	72	73	74	75	76	77
字　母	N	O	P	Q	R	S	T	U	V	W	X	Y	Z
十进制数字	78	79	80	81	82	83	84	85	86	87	88	89	90

功能码中不同的数字有其固定的功能，数字与功能之间的对应关系见表 4-2-2。

表 4-2-2　功能码对应表

功能码(FC)	功能描述	功能码(FC)	功能描述
00	告警预留	09	国际预留
01	本务机司机(车载台)	10	列车长 1

续上表

功能码(FC)	功能描述	功能码(FC)	功能描述
11	列车长 2	80	国内预留
20	国内(餐车、列车员)预留	81	本务机司机(手机终端)
31	乘警长 1	86	随车机械师 1
32	乘警长 2	87	随车机械师 2
40	ERCS/CTCS 使用		

(2)呼叫

当通话双方均持有手持终端时，直接拨叫手机号码：149869×××××，其中后五位为用户号码。

2. 手持终端与铁路专网固定电话之间的呼叫

(1)手持终端呼叫铁路专网固定电话：901＋铁路区号＋铁路位数电话号码。例如：呼叫南宁局集团公司某单位，则按打 901069×××××；拨打段乘务指挥中心，则键入 90106933702 后按绿色找出键；呼叫柳州的×××××，则拨打 901013×××××。

(2)铁路专网固定电话呼叫手持终端：0149869×××××(手持台后 5 个号码，如本地区使用固话拨打可不加 0)。

三、GSM-R 手持终端呼叫权限及注意事项

GSM-R 手持终端支持使用短号码进行呼叫，除列车调度外，其他部门禁止手持终端使用 299、210、1200、1210、1300、1310、1320 等短号码进行呼叫，禁止按动手持终端顶部红色感叹号按钮。

使用 GSM-R 手持终端的列车长，在列车始发前必须及时按照担当车次正确注册，列车终到后应及时注销。

四、GSM-R 手持终端及 SIM 卡的管理

1. GSM-R 手持终端及 SIM 卡故障处理

(1)段乘务指挥中心接到车队或班组故障申告后，要立即上报乘务科，以便通知维护单位及时进行处理、维护。

(2)在 GSM-R 手持终端及 SIM 卡故障修复期间，班组可到乘务科领取备用的 GSM-R 手持终端及 SIM 卡使用，确保运输生产正常进行。

2. GSM-R 手持终端的检修

(1)GSM-R 手持终端的检修、维护由通信段负责。

(2)GSM-R 手持终端检修周期为 1 年，检修工作主要包括保洁处理和结构部分(含附件)整修，以及各项功能的验证。检修前乘务科以通知形式通知到车队、班组。接到通知后，车队、班组必须配合好 GSM-R 手持终端的检修工作。

3. GSM-R 手持终端及 SIM 卡的更新

GSM-R 手持终端的更新周期为 5 年。GSM-R 手持终端及 SIM 卡更新由铁路局集团公司电务部归口管理。

GSM-R 手持终端及 SIM 卡由乘务科登记造册发放，车队建立专项台账“GSM-R 手持终端及 SIM 卡使用管理台账”，具体见表 4-2-3，日常使用、管理（含手机充电）由车队负责，列车长出乘点名前到车队领取 GSM-R 手持终端和电池，并开机检查 GSM-R 手持终端状态是否良好和电池电量是否充足，退乘后到车队交还 GSM-R 手持终端。车队要设置专用充电区域，指定专人负责对车长交回的 GSM-R 手持终端的充电和发放，并做好回收、发放交接记录。为确保 GSM-R 手持终端安全，充电时必须确认 GSM-R 手持终端已关闭，充电期间每 2 h 巡检一次，做好巡检记录，充电完毕后 GSM-R 手持终端锁入专柜保管。

表 4-2-3　GSM-R 手持终端及 SIM 卡使用管理台账

序号	设备名称	手持终端型号	手持终端编号	SIM 号码	电池编号	使用车次	班组	启用年月	备注
1	GSM-R 手持终端	OPH	149869×××××						
⋮									

GSM-R 手持终端及 SIM 卡为运输生产专用行车设备，如发生丢失、损坏、故障等情况，车队应填写“GSM-R 手持终端及 SIM 卡丢失、损坏、故障登记表”，具体见表 4-2-4，并及时上报乘务科。

表 4-2-4　GSM-R 手持终端及 SIM 卡丢失、损坏、故障登记表

序号	使用车队/班组	手持终端类型	设备编号	丢失、损坏、故障原因	经办人	日期
1	GSM-R 手持终端	OPH	149869×××××			
⋮						

GSM-R 手持终端使用者须经过专业培训，爱惜使用，因人为原因造成 GSM-R 手持终端及 SIM 卡故障、丢失、损坏，或影响行车安全的，将追究车队和有关人员的责任，并等额赔偿。

GSM-R 手持终端不得用于与行车、安全生产无关的通话，以免干扰正常的行车通话。工作联系时，长话短说，减少信道占用时间，不得随意乱按键，以免造成系统堵塞影响行车。

GSM-R 手持终端及 SIM 卡出现故障时，车队应及平时向乘务科报修。

任务训练

一、场景设计

（一）实训目的和要求

1. 实训目的

通过本任务的训练，使学生在理论教学的基础上，能够综合运用高速铁路客运乘务专业理论知识，熟悉高速铁路动车组列车 GSM-R 手持终端的使用方法和操作流程，具备使用设备进行高速铁路动车组列车信息传递的能力，提高服务技能水平和应急处理能力，以便更好地适应高速铁路动车组列车乘务岗位的需要。

2. 实训要求

（1）实训分小组进行，每小组 4～5 人。

（2）统一着装：专业实训服（如条件不允许，可着正装）。

（二）实训内容

GSM-R 手持终端的操作实训：模拟完成手持终端与手持终端之间通话、手持终端与铁路专网固定电话之间的通话。

二、实训步骤

（一）实训前准备

1. 知识准备：在实训前应熟悉 GSM-R 手持终端注册及通话方法。
2. 设备准备：动车组列车模拟车厢，可以实现短距离通话的 GSM-R 手持终端模拟设备。
3. 人员准备：每小组做好人员分工。

（二）实　　训

本实训模拟完成动车组列车上 GSM-R 手持终端与手持终端之间通话、手持终端与铁路专网固定电话之间的通话等的使用标准演练。

各小组在实训前要熟悉 GSM-R 手持终端注册及通话方法。实训开始后，各小组可自行设定列车上需要使用到 GSM-R 手持终端的情景，进行手持终端与手持终端之间、手持终端与铁路专网固定电话之前的通话使用演练，操作要符合现场实际，用语规范，各小组上传演练视频作为实训成果。

效果评价

GSM-R 手持终端的操作实训评分表

姓名		地点		时间	
实训项目	实训考查要点	分值	小组评分	教师评分	最终得分
GSM-R 手持终端的操作实训	设备熟悉度	30			
	情景选定	20			
	操作规范	20			
	通话规范	20			
	分工协作	10			
合　　计		100			

复习思考题

1. 站车交互系统列车便携手持终端的主要业务功能有哪些？
2. 站车交互系统列车便携手持终端能够查询哪些信息？
3. 站车交互系统可以进行哪些业务操作？
4. 客管系统可以查询哪些信息类型？
5. 客管系统可以进行哪些业务操作？
6. 请简述客管系统中进行铁路电报报告的流程。
7. 请简述 GSM-R 手持终端如何实现列车与车站之间的通信联络。

项目五 高速铁路动车组列车台账资料管理

学习目标

1. 知识目标
- 了解列车台账资料的种类
- 掌握客运记录和电报的填写要求

2. 能力目标
- 能正确编制列车客运记录
- 能正确编制列车客运业务电报

3. 素质目标
- 培养学生认真严谨的工作态度
- 培养学生工作中的沟通、合作精神

典型工作任务一 台账资料的种类及管理认知

任务引入

为加强客运基础管理,减轻客运站车班组负担,规范班组台账资料设置,国铁集团制定了《客运班组台账资料管理办法》。

请思考:

高速铁路客运乘务组需要配备和填写哪些台账资料?

知识准备

一、班组客运台账资料的主要内容

台账:需要填记的业务表报、交接凭证等。

资料:客运规章文电、管理制度、作业过程、岗位职责等。

二、台账资料管理职责划分

1. 国铁集团客运主管部门负责制订、修改客运班组台账资料设置范围、标准;对国铁集团各部门需在客运班组设置的台账资料实行归口管理;监督客运班组台账资料设置的执行情况。

2. 铁路局集团公司客运主管部门负责执行国铁集团制订的客运班组台账资料设置范围、标准；对本铁路局集团公司各部门需在客运班组设置的台账资料实行归口管理；监督、考核本部门台账资料设置的执行情况。

3. 未经归口管理部门批准，任何单位、部门不得在客运班组自行设置台账资料。

三、台账资料的设置标准

1. 按照“精简、必须、实用”的原则，立足客运班组作业和管理实际，科学设置班组台账资料。

2. 台账资料按规定设置齐全，定位摆放，专人管理。摆放及管理要求由铁路局集团公司指导站段确定。

(1)台账应根据功能进行优化合并，只保留必须填记的安全生产、服务旅客或票据现金等相关表报。

(2)资料应保存在车间(队)(作业过程除外)，涉及现场安全和服务的资料，班组应有可供查阅的电子记录。部分车站(车务段)异地班组可配置纸质资料。

(3)职教类、党群类、活动类、会议记录类等与旅客安全和服务无直接关系的台账资料在车间(队)保存。

3. 旅客列车台账设置要求如下：

(1)列车上设置的台账资料柜不得占用旅客空间，不得影响安全。资料柜内台账摆放整齐。

(2)旅客列车客运班组出乘只需携带本趟所需台账，退乘后按规定上交车队按期限分类保存，历史台账车下存放。

(3)动车组列车除携带“电报”“客运记录”和处理票务等必要的业务资料外，其他台账不得携带上车。

客运段(车队)应为客运班组存放台账资料提供相应的场所和设备。

4. 车站客运班组台账资料目录由各铁路局根据本办法，自行确定。

5. 台账资料填写规范、清晰、准确、修改及时，按照时效保管完整。对涉及多个专业的台账资料，各铁路局集团公司要明确各专业职责分工，做到各司其职、各负其责。

6. 台账资料内容应符合有关规定，由铁路局集团公司确定样式，并指导站段统一印制。

7. 各铁路局集团公司应积极采取信息技术，逐步实现客运站车台账资料无纸化。

四、动车组列车台账资料

动车组列车的台账资料包括“铁路电报”“客运记录”，《铁路客运运价里程表》《铁路旅客票价表》《行李包裹运价表》。其中，“铁路电报”“客运记录”的保管期限为一年。本项目主要介绍“铁路电报”“客运记录”的编制。

任务训练

一、场景设计

(一)实训目的和要求

1. 实训目的

通过训练，使学生熟悉《铁路客运运价里程表》《铁路旅客票价表》《行李包裹运价表》的使用。

2. 实训要求

(1)正确使用《铁路客运运价里程表》，查找发到站之间的里程。

(2)正确使用《铁路旅客票价表》，或通过动车组列车票价计算公式，确定票价。

(3)正确使用《铁路行李、包裹运价表》，查找携带品超重超大应补收的运费。

(二)实训内容

1. 教师给定题目，学生根据题目要求查找运价里程、票价，或计算票价。

2. 旅客乘坐动车组列车携带品超重的运费核收。

3. 旅客乘坐动车组列车携带品品名不符的运费核收。

二、实训步骤

(一)实训前准备

1. 物品准备：纸质版或电子版《铁路客运运价里程表》《铁路旅客票价表》《行李包裹运价表》。

2. 情境准备：教师给定具体列车车次、停车站信息，设定情境，要求学生完成里程查找、票价查找或计算、运价查找。

3. 人员准备：每小组做好人员分工。

(二)实　训

通过讲练结合的方式，逐项完成实训内容。

效果评价

高速铁路动车组列车工具书、台账使用训练评分表

姓名		地点		时间	
实训项目	实训考查要点	分值	小组评分	教师评分	最终得分
高速铁路动车组列车工具书、台账使用训练	里程查找	40			
	票价查找或计算；运价查找	40			
	完成任务时长	20			
合　计		100			

典型工作任务二　客运记录的编制

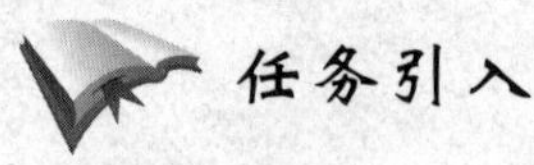

任务引入

2019 年 3 月 20 日，旅客张山乘坐西安北—北京西 G652 次二等座车，座席号为 05 车 01A，西安北开车后，列车查验车票时，旅客发现车票丢失，旅客到站为北京西站。列车长应给旅

客办理补票手续，下车前确认席位使用正常，编制客运记录交北京西站，旅客下车办理退票手续。

请思考：

G652 次列车长应如何编制客运记录？

铁路旅客或行李、包裹运输过程中，会发生一些特殊情况，站车均要编制客运记录，作为特殊情况的文字纪实或站车交接的凭证。

一、客运记录的含义与作用

（一）客运记录的含义

客运记录是指在旅客或行李、包裹运输过程中因特殊情况，承运人与旅客之间需要记载某种事项或车站与列车之间办理客运交接的文字凭证。

（二）客运记录的作用

1. 站车办理交接的依据。
2. 旅客至到站或有关站办理退票的凭证。
3. 办理行包事故记录的凭证。
4. 有关事件纪实的材料。
5. 其他情况需要说明的依据。

二、客运记录的编制要求

1. 据实编制，事项齐全，内容准确、具体、详细、齐全，如实反映情况，不得虚构、臆测、似是而非、含糊不清。

2. 记录措辞简明扼要、条理清晰、层次分明、叙事完整、说明问题、目的明确、字体清晰、书写工整。

3. 记录语句不应出现命令、质问以及不尊重对方的语言。

4. 记录中涉及票据、名称、单位、病情、伤势等应尽量准确；涉及旅客车票时应有票种、票号、发到站；涉及行李、包裹票时，除应由发到站、票号外，还应有旅客、托运人、收货人、单位、品名、数量、重量等，不得漏项。

5. 客运记录应有顺序号，加盖编制人名章。客运记录一式两份，一份交接收人，另一份由接收人签字后自己留存，对留存的应装订成册，妥善保管，以备存查。

三、列车编制客运记录的范围

1. 卧铺发售重号，列车应尽量安排同等席别的其他铺位，没有空位时，应编制客运记录交旅客。

2. 因承运人责任致使旅客不能按票面记载的座别、铺别乘车时，列车应重新妥善安排。重新安排的席别、铺位低于原票等级时，列车长编制客运记录交旅客，至到站退还票价差额。

3. 发生车票误购、误售，应退还票价时，列车长编制客运记录交旅客，作为乘车至正当到站并要求退还票价差额的凭证。

4. 旅客误乘列车或坐过了站，列车交前方停车站免费送回时应编制客运记录。

5. 持挂失补车票乘车的旅客，列车长确认席位使用正常，下车前编制客运记录，交旅客至到站办理退票。

6. 对无票乘车而又拒绝补票的人，列车长可责令其下车并编制客运记录交县、市所在地车站处理(其到站近于上述车站应交到站处理)。

7. 列车上旅客因病不能继续旅行，列车长编制客运记录交中途有医疗条件的车站转送医院治疗。

8. 因铁路责任，致使旅客在中途站办理退票，退还票价差额时应编制客运记录。

9. 发现旅客携带国家禁止或限制运输的物品、危险品乘车，交最近前方停车站或有关车站处理时应编制客运记录。

10. 旅客携带品超过规定范围(危险品除外)，无钱或拒绝补交运费，移交旅客到站或换车站处理时应编制客运记录。

11. 发现旅客遗失物品妥善保管，设法归还失主，无法归还时编制客运记录交下车站处理。无法判明旅客下车站时交列车终到站处理。

12. 旅客在列车内因病死亡，移交县、市所在地车站处理时应编制客运记录。

13. 列车内发现无人护送的精神病患者，移交到站或换车站时应编制客运记录。

14. 因意外伤害(包括区间坠车)，致旅客伤亡，移交有关车站处理时应编制客运记录。

15. 发生违章使用铁路职工乘车证，上报铁路局集团公司收入部门处理时应编制客运记录。

16. 列车接到行李、包裹托运人要求在发站取消托运，将行包运回发站时应编制客运记录。

17. 列车接到行李、包裹运输变更(包括行李误运送)电报时，应编制客运记录，连同行李、包裹和运输报单，交前方营业站或运至新到站(需中转时，移交前方中转站继续运送)。旅客在列车上要求变更时，同样办理。

18. 列车上发现装载的行李、包裹品名不符，或实际重量与票面记载的重量不符，移交到站或前方停车站处理时应编制客运记录。

19. 列车对已装运的无票运输的行李、包裹，应编制客运记录，交到站处理。

20. 列车内发现旅客因误购、误售车票而误运行李时，如其托运的行李在本列车装运，应编制客运记录，交前方营业站或中转站向正当到站转运。

21. 行李、包裹在运输途中发生事故，移交到站处理时应编制客运记录。

22. 动车组列车办理高速铁路快运时，无押运员跟车作业的列车，发现高速铁路快运集装件短少或外包装、施封破损，列车长到场确认后，组织查找，必要时报警。上述异常情况列车长开具客运记录，载明现有集装件数量、编号或内装物品实际情况，到站时交快运公司工作人员处理。

23. 遇列车故障途中需更换动车组车底或终止运行时，无押运员的高速铁路快运，列车长报告被换乘车所在地铁路局集团公司高速铁路客服调度员(客运调度员)高速铁路快运装载情况，乘务组临时看管集装件。换乘地点在车站时，原列乘务组在车站协助下组织集装件换乘，不具备换乘条件时集装件随原列回程或交车站临时看管；换乘地点在区间时，集装件随原列回程；列车长在换乘或交车站前开具客运记录附于集装件上。

24. 其他应与车站办理的交接事项。

四、动车组列车“客运记录”编写实例

以西安局集团公司西安客运段担当的西安北—北京西的 G652 次列车为例，列车沿途停

车站及时分见表 5-2-1。

表 5-2-1　西安北—北京西 G652 次停车站信息

序号	车　站	到达时刻	开车时刻	停站时间(min)
1	西安北	—	07:52	—
2	渭南北	08:09	08:11	2
3	三门峡南	08:52	08:54	2
4	郑州东	09:58	10:01	3
5	新乡东	10:21	10:23	2
6	鹤壁东	10:39	10:51	12
7	高邑西	11:42	11:44	2
8	石家庄	11:59	12:01	2
9	保定东	12:37	12:39	2
10	高碑店东	12:55	12:57	2
11	北京西	13:27	—	—

【实例 1】 旅客持挂失补车票乘车编制客运记录

2019 年 3 月 20 日,G652 次列车西安北站开车后,旅客张山,身份证号 6101041975××××6027,持西安北站至北京西站二等座车挂失补车票,05 车 02A,票号 Y046125,列车长核对"客运管理信息系统"中的挂失补信息,确认席位使用正常,编制客运记录,交旅客到北京西站办理退票。客运记录见表 5-2-2。

表 5-2-2　持挂失补车票乘车办理退票客运记录

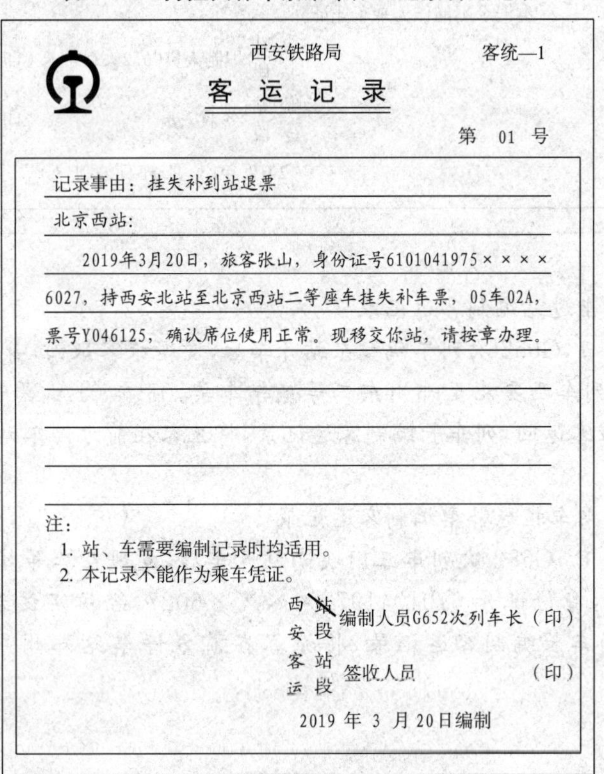

西安铁路局　　客统—1

客 运 记 录

第 01 号

记录事由：挂失补到站退票

北京西站：

2019年3月20日，旅客张山，身份证号6101041975××××6027，持西安北站至北京西站二等座车挂失补车票，05车02A，票号Y046125，确认席位使用正常。现移交你站，请按章办理。

注：
1. 站、车需要编制记录时均适用。
2. 本记录不能作为乘车凭证。

西安~~站~~段　编制人员G652次列车长（印）

西安客运站段　签收人员　　（印）

2019 年 3 月 20日编制

【实例 2】 旅客误乘编制客运记录

2019 年 3 月 20 日，G652 次列车西安北站开车后，发现旅客张山，身份证号 6101041975××××6027，持西安北至宝鸡南 D6025 次二等座车车票，票号 A036753，误乘本次列车。列车长编制客运记录，将旅客在前方停车站渭南北交下。客运记录见表 5-2-3。

表 5-2-3 列车向车站移交误乘旅客客运记录

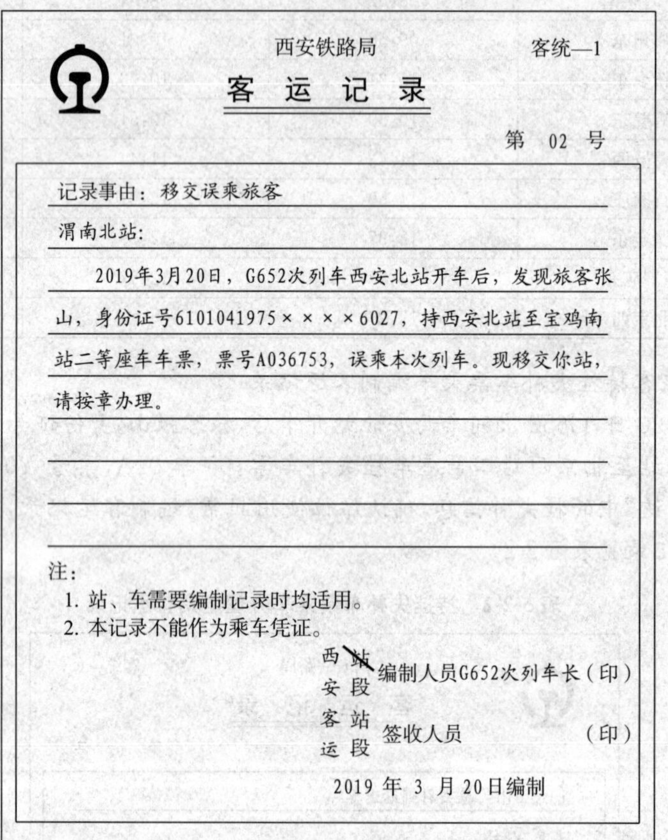

西安铁路局 客统—1

客 运 记 录

第 02 号

记录事由：移交误乘旅客

渭南北站：

2019年3月20日，G652次列车西安北站开车后，发现旅客张山，身份证号6101041975××××6027，持西安北站至宝鸡南站二等座车车票，票号A036753，误乘本次列车。现移交你站，请按章办理。

注：
1. 站、车需要编制记录时均适用。
2. 本记录不能作为乘车凭证。

西安客运段 ~~站~~ 段 编制人员G652次列车长（印）

站 段 签收人员 （印）

2019 年 3 月 20日编制

【实例 3】 旅客坐过站编制客运记录

2019 年 3 月 20 日，G652 次列车鹤壁东站开车后，发现旅客张山，身份证号 6101041975××××6027，持本次列车西安北至郑州东二等座车车票，05 车 01A，票号 E027187，旅客称坐过了站。考虑方便旅客返回，列车长编制客运记录，将旅客在前方停车站石家庄站交下。客运记录见表 5-2-4。

【实例 4】 无票乘车拒绝补票编制客运记录

2019 年 3 月 20 日，G652 次列车三门峡南站开车后，发现在二等座车 05 车 01A 座位上有一无票人员，张山，身份证号 6101041975××××6027，经核实该无票人员从西安北站上车，拒绝补票。列车长编制客运记录，将旅客在前方停车站郑州东站交下。客运记录见表 5-2-5。

表 5-2-4 列车向车站移交坐过站旅客客运记录

西安铁路局　　　　客统—1

客 运 记 录

第 03 号

记录事由：移交坐过站旅客

石家庄站：

2019年3月20日，G652次列车鹤壁东站开车后，发现旅客张山，身份证号6101041975××××6027，持本次列车西安北站至郑州东站二等座车车票，05车01A，票号E027187，旅客称坐过了站。现将该旅客移交你站，请按章办理。

注：
1. 站、车需要编制记录时均适用。
2. 本记录不能作为乘车凭证。

西安 ~~站~~ 段 编制人员G652次列车长（印）

客运 站 段 签收人员　　　　（印）

2019 年 3 月 20日编制

表 5-2-5 列车向车站移交拒绝补票人员客运记录

西安铁路局　　　　客统—1

客 运 记 录

第 04 号

记录事由：移交拒绝补票人员

郑州东站：

2019年3月20日，G652次列车三门峡南开车后，发现在二等座车05车01A座位上有一无票人员，张山，身份证号6101041975××××6027，经核实该无票人员从西安北站上车，拒绝补票。现将该无票人员移交你站，请按章办理。

注：
1. 站、车需要编制记录时均适用。
2. 本记录不能作为乘车凭证。

西安 ~~站~~ 段 编制人员G652次列车长（印）

客运 站 段 签收人员　　　　（印）

2019 年 3 月 20日编制

【实例 5】 移交生病旅客编制客运记录

2019 年 3 月 20 日，G652 次列车三门峡南站开车后，旅客张山，身份证号 6101041975××××6027，持本次列车西安北至北京西站二等座车车票，05 车 01A，票号 E027187，突发疾病，列车通过广播找到医生进行诊断，旅客要求下车治疗。列车长编制客运记录，交前方停车站郑州东站。客运记录见表 5-2-6。

表 5-2-6 列车向车站移交突发疾病旅客客运记录

西安铁路局　　客统—1

客 运 记 录

第 05 号

记录事由：移交突发疾病旅客

郑州东站：

2019年3月20日，G652次列车三门峡南开车后，旅客张山，男，44岁，陕西省西安市莲湖区北关街道，身份证号6101041975××××6027，持本次列车西安北至北京西站二等座车车票，05车01A，票号E027187，突发疾病，列车通过广播找到医生进行诊断，建议旅客下车治疗。现将该旅客移交你站，请按章办理。

注：
1. 站、车需要编制记录时均适用。
2. 本记录不能作为乘车凭证。

西安客运段 ~~站~~ 段　编制人员G652次列车长（印）

站 段　签收人员（印）

2019 年 3 月 20日编制

【实例 6】 移交死亡旅客编制客运记录

2019 年 3 月 20 日，G652 次列车三门峡南站开车后，旅客张山，身份证号 6101041975××××6027，持本次列车西安北至北京西站二等座车车票，05 车 01A，票号 E027187，突发疾病，列车通过广播找到医生进行抢救无效死亡。列车长编制客运记录，交前方停车站郑州东站。客运记录见表 5-2-7。

【实例 7】 移交精神异常旅客编制客运记录

2019 年 3 月 20 日，G652 次列车，旅客张山，身份证号 6101041975××××6027，持本次列车西安北至北京西站二等座车车票，05 车 01A，票号 E027187，三门峡南站开车后，该旅客突然精神异常。经核实，该旅客无同行人，随身携带双肩包一个，内装洗漱袋 1 个，衣服 4 件。列车长编制客运记录，交前方停车站郑州东站。客运记录见表 5-2-8。

表 5-2-7　列车向车站移交死亡旅客客运记录

西安铁路局　　客统—1

客　运　记　录

第 06 号

记录事由：移交突发疾病旅客

郑州东站：

2019年3月20日，G652次列车三门峡南开车后，旅客张山，男，44岁，陕西省西安市莲湖区北关街道，身份证号6101041975××××6027，持本次列车西安北至北京西站二等座车车票，05车01A，票号E027187，突发疾病，列车通过广播找到医生进行抢救，无效死亡。现交你站，请协助处理。

附：1. 西京医院医生张建国参加抢救经过及证明材料一份。

2. 同车厢旅客旁证材料2份。

3. 同行人自述材料1份。

4. 车票两张，同行人车票：西安北—北京西

本次列车二等座车车票，票号E027188。

注：

1. 站、车需要编制记录时均适用。
2. 本记录不能作为乘车凭证。

西安客运 ~~站~~段 编制人员G652次列车长（印）

站段 签收人员（印）

2019年 3 月20日编制

表 5-2-8　列车向车站移交精神异常旅客客运记录

西安铁路局　　客统—1

客　运　记　录

第 07 号

记录事由：移交精神异常旅客

郑州东站：

2019年3月20日，G652次列车，旅客张山，男，44岁，陕西省西安市莲湖区北关街道，身份证号6101041975××××6027，持本次列车西安北至北京西站二等座车车票，05车01A，票号E027187。三门峡南开车后，该旅客突然精神异常，经核实，该旅客无同行人，随身携带双肩包一个，内装洗漱袋1个，衣服4件。现将该旅客移交你站，请按章办理。

注：

1. 站、车需要编制记录时均适用。
2. 本记录不能作为乘车凭证。

西安客运 ~~站~~段 编制人员G652次列车长（印）

站段 签收人员（印）

2019年 3 月20日编制

【实例 8】 移交行李架物品掉落砸伤旅客编制客运记录

2019 年 3 月 20 日，G652 次列车三门峡南站开车后，二等座车 05 车厢旅客李斯在放行李时不慎将一黑色旅行箱碰下，将旅客张山头部砸伤。张山身份证号 6101041975××××6027，持本次列车西安北至北京西站二等座车车票，05 车 02B，票号 E027187，该旅客感觉头部不适，出血不止，要求下车治疗。列车长编制客运记录，将受伤旅客和责任人一并交前方停车站郑州东站。客运记录见表 5-2-9。

表 5-2-9 列车向车站移交行李砸伤旅客客运记录

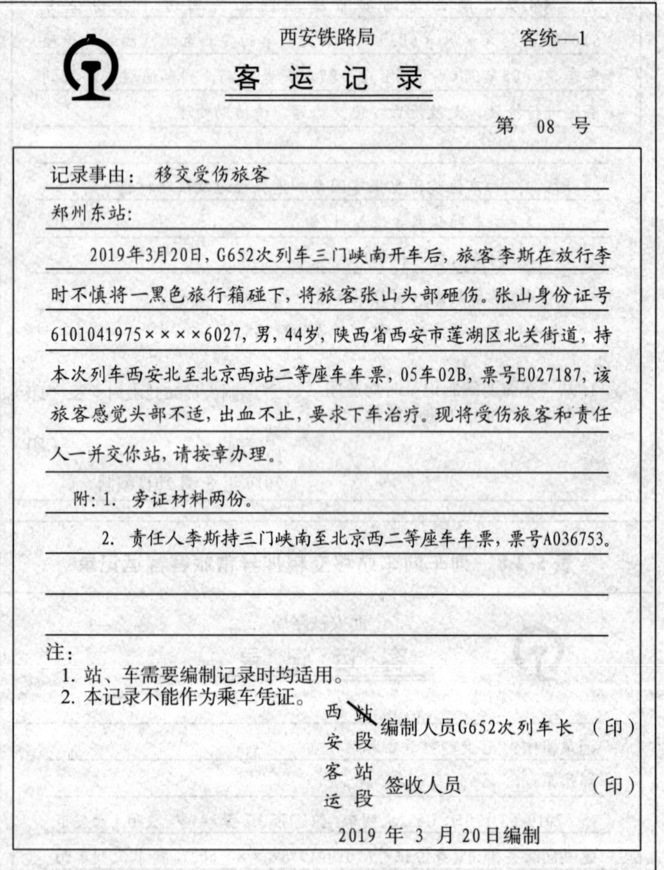

西安铁路局 客统—1

客 运 记 录

第 08 号

记录事由：移交受伤旅客

郑州东站：

2019年3月20日，G652次列车三门峡南开车后，旅客李斯在放行李时不慎将一黑色旅行箱碰下，将旅客张山头部砸伤。张山身份证号6101041975××××6027，男，44岁，陕西省西安市莲湖区北关街道，持本次列车西安北至北京西站二等座车车票，05车02B，票号E027187，该旅客感觉头部不适，出血不止，要求下车治疗。现将受伤旅客和责任人一并交你站，请按章办理。

附：1. 旁证材料两份。

2. 责任人李斯持三门峡南至北京西二等座车车票，票号A036753。

注：
1. 站、车需要编制记录时均适用。
2. 本记录不能作为乘车凭证。

西安客运站段 编制人员G652次列车长 （印）

站段 签收人员 （印）

2019 年 3 月 20日编制

【实例 9】 旅客携带危险品编制客运记录

2019 年 3 月 20 日，G652 次列车鹤壁东站开车后，二等座车 05 车厢有强烈的汽油味，经查，旅客张山携带的旅行包中有塑料瓶装汽油 1 瓶，重量 0.5kg，旅客身份证号 6101091975××××6027，持本次列车西安北至北京西站二等座车车票，05 车 01A，票号 E027187，列车按规定加倍补收四类包裹运费，将汽油移交高邑西站。客运记录见表 5-2-10。

【实例 10】 移交旅客遗失物品编制客运记录

2019 年 3 月 20 日，G652 次列车到达北京西站，列车员在 05 车 01A 座位上，发现有旅客遗失的黑色双肩包一个，会同乘警共同检查，内装上衣外套一件，联想 340C 笔记本电脑一台，将该遗失物品交北京西站处理。客运记录见表 5-2-11。

表 5-2-10　列车向车站移交危险品客运记录

西安铁路局　　　　客统—1

客　运　记　录

第　09　号

记录事由：移交危险品

高邑西站：

2019年3月20日，G652次列车鹤壁东站开车后，二等座车05车厢旅客张山，男，44岁，陕西省西安市莲湖区北关街道，携带的旅行包中有塑料瓶装汽油1瓶，重量0.5 kg，旅客身份证号6101041975×××× 6027，持本次列车西安北至北京西站二等座车车票，05车01A，票号E027187，列车已按规定加倍补收四类包裹运费，现将汽油移交你站，请按章办理。

附：乘警询问笔录一份。

注：
1. 站、车需要编制记录时均适用。
2. 本记录不能作为乘车凭证。

西站
安段　编制人员G652次列车长（印）

客站
运段　签收人员　　　　（印）

2019 年 3 月 20日编制

表 5-2-11　列车向车站移交旅客遗失物品客运记录

西安铁路局　　　　客统—1

客　运　记　录

第　10　号

记录事由：移交旅客遗失物品

北京西站：

2019年3月20日，G652次列车到达北京西站，列车员在05车01A座位上，发现有旅客遗失的黑色双肩包一个，会同乘警共同检查，内装黑色上衣外套一件，联想340C笔记本电脑一台，将该遗失物品交你站，请按章办理。

注：
1. 站、车需要编制记录时均适用。
2. 本记录不能作为乘车凭证。

西站
安段　编制人员G652次列车长（印）

客站
运段　签收人员　　　　（印）

2019 年 3 月 20日编制

任务训练

一、场景设计

(一)实训目的和要求

1. 实训目的

通过训练,要求学生能够判断“客运记录”的编制时机,并按照“客运记录”的编制要求正确编制“客运记录”。

2. 实训要求

(1)客运记录的记录号、记录事由、主送单位、编制人和编制日期不缺项。

(2)客运记录内容简洁明了,叙述清晰。

(3)客运记录页面工整。

(二)实训内容

1. 旅客持挂失补车票乘车编制客运记录。
2. 旅客误乘编制客运记录。
3. 旅客坐过站编制客运记录。
4. 无票乘车拒绝补票编制客运记录。
5. 移交生病旅客编制客运记录。
6. 移交行李架物品掉落砸伤旅客编制客运记录。
7. 移交旅客遗失物品编制客运记录。

二、实训步骤

(一)实训前准备

1. 物品准备:“客运记录”纸质样张若干,计算机“客运记录”电子模板,列车长印章。

2. 情境准备:教师给定具体列车车次、停车站信息,以文字形式设定各种情境,要求学生完成“客运记录”的编写。

3. 人员准备:每小组做好人员分工。

(二)实　　训

通过讲练结合的方式,逐项完成实训内容。

效果评价

高速铁路列车编制客运记录训练评分表

姓名		地点		时间	
实训项目	实训考查要点	分值	小组评分	教师评分	最终得分
列车编制客运记录	记录事由	10			
	记录主送	10			

续上表

实训项目	实训考查要点	分值	小组评分	教师评分	最终得分
列车编制客运记录	记录内容完整，描述清晰	65			
	记录附件	10			
	记录落款	5			
合　计		100			

典型工作任务三　铁路电报的拍发

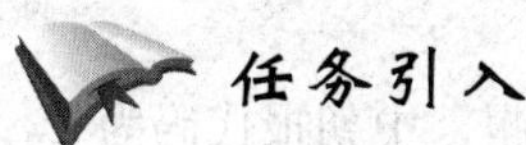

2019 年 3 月 20 日，G652 次列车三门峡南站开车后，旅客张山，身份证号 6101041975××××6027，持本次列车西安北至北京西站二等座车车票，05 车 01A，票号 E027187，突发疾病，列车通过广播找到医生进行抢救无效死亡。列车长编制客运记录，交前方停车站郑州东站协助处理。列车长同时应拍发电报，告知郑州局集团公司、西安局集团公司客运部以及担当乘务的西安客运段。

请思考：

G652 次列车长应如何拍发电报？

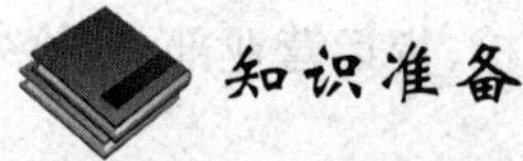

一、铁路电报的等级

铁路电报是铁路公文的一种形式，在处理紧急公务时使用。铁路电报等级按电报性质和急缓程度，分为以下七种。

(一)特提电报(TT)

特提电报指特别紧急的命令、指示，处置重大突发事件等性质的电报。受理后即行办理，从受理到送达用户原则上不超过 2 h。

(二)特急电报(TJ)

特急电报指非常紧急的命令、指示，处置较大突发事件等性质的电报。从受理到送达用户原则上不超过 4 h。

(三)加急电报(JJ)

加急电报指紧急命令、指示、时间紧迫的会议通知、列车改点、变更到站和收货人、车辆甩挂、超限货物运行及行车设备施工、停用、开通.限速的电报以及其他时间紧迫的电报。从受理到送达用户原则上不超过 8 h。

(四)平急电报(PJ)

平急电报指一般性命令、指示、会议通知等性质的电报。从受理到送达用户原则上不超过24 h。

(五)限时电报(X)

指限定时间到达的担保。根据需要与收发报条件,由用户与电报所商定,在附注栏内填写送交收报单位的时间。

(六)列车电报(L)

列车电报指处理列车业务,必须在列车到达以前或在列车到达当时送交用户的电报。

(七)国际联运电报(G 或 C)

国际联运电报指处理国际铁路联运业务的电报,办理限时同特急电报。中朝报代码为 C,其他代码为 G。从受理到出口原则上不超过 4 h。

二、发报权限和范围

(一)发报权限

国铁集团《铁路电报电话管理规则》规定,下列单位和人员有权制发电报。

1. 国铁集团及其机关各部门、各直属机构、驻外单位、控股公司。
2. 国铁集团所属单位,所属单位机关各部门、各直属机构、驻外单位、控股公司。
3. 铁路局集团公司所属站段或同级单位。
4. 站段与运输有直接关系的生产部门(车站、折返段、救援列车、商检、货运营业部、列检所、公寓等)制发电报权限,由铁路局集团公司批准。
5. 执行列车乘务工作的负责人员,包括列车长、车辆乘务员、随车机械师等。
6. 铁路公安系统各单位(公安局、公安处、公安派出所、乘警队等)。
7. 执行公务的各级监察、稽查、审计人员。

(二)发报范围

1. 国铁集团(包括国铁集团机关各部门、各直属机构)发报范围不限。
2. 国铁集团所属单位可向国铁集团所属其他同级单位及其所属站段发报,但不得发至全路各站段。
3. 铁路局集团公司所属站段(或同级单位)可向本铁路局集团公司或外铁路局集团公司同级单位发报,基层站段向所属车间、班组(工区)制发电报权限由铁路局集团公司规定。
4. 站段(或同级单位)所属机构可向本铁路局集团公司和外铁路局集团公司与其有直接工作关系的运输生产单位或其所属机构发报。
5. 担当列车乘务的负责人员(列车长、乘警长、车辆乘务员等工作人员)执勤时,根据工作需要,可向有关站段、车站、铁路局集团公司调度和公安部门发报。
6. 铁路公安系统各单位(公安局、公安处、公安派出所、乘警队等)根据工作需要可向有关单位发报。
7. 拍发给铁路乘务人员的电报,必须指定能够代其负责收转的铁路单位。

三、用户制发电报的具体要求

1. 用户制发铁路电报应符合国铁集团公文管理的有关规定。

2. 电报稿应符合铁路传真电报办事要求，报文内容一般采用 3 号仿宋体字，特定情况可适当调整字号，线条宽度一般不小于 0.25 mm。

3. 报文拟稿应做到：收报单位明确，拟稿人姓名和电话号码齐全，文字简练、准确、通顺、无歧义，报文清晰，标点符号完整、准确。收报单位栏主送单位以冒号作为结尾，中间不得使用冒号；抄送单位以句号作为结尾，中间不得使用句号。未纳入铁路电报所投送范围的收报单位，拟稿时应在主送单位和抄送单位名称后标记“（自办）”字样，由发报单位自行办理电报投送。

4. 发报单位应编制电报发电编码，格式为“单位代字（年份）序号”，其中单位代字在本单位公文代字后加“电”字；年份用全称，使用阿拉伯数字，用六角括号围括；序号由发报主办单位编制流水号。

5. 报文可使用下列文字、符号、记号：

（1）汉字、英文单词。

（2）汉语拼音字母。

（3）阿拉伯、罗马数字。

（4）通用的符号、记号。

（5）图、表。

6. 电报稿应加盖电报专用章或单位公章。使用电报专用章单独发报时，电报专用章应加盖在电报稿首页左上角发报单位处。使用单位公章单独发报时，单位公章应加盖在电报稿末页发包单位名称和成文日期上，居中下压，不得压正文。多个发报单位联合发报时，原则上应使用单位公章，一律加盖在电报稿末页发报单位名称和成文日期上。

7. 发报单位公章或发报专用章应事先向电报所办理印鉴登记，留存印鉴图样。以传真、电话方式办理电报业务的单位，应制定发报经办人员，并持单位证明、单位印鉴、个人有效工作证件向电报所办理备案手续，留存相关资料。

8. 非常设机构或临时机构制发电报时，可由日常主管单位（部门）加盖单位（部门）公章或电报专用章，按用户提供的机构名称拍发。

9. 下列情况不准拍发电报：

（1）处理个人私事的电报。

（2）已经有文电的重复通知。

（3）由于工作走不协调、互相申告（执行列车乘务工作的负责人，在列车运行中向上级领导汇报列车运行中发生的问题不在此限）的电报。

（4）不符合规定的电报版式或书写格式的电报。

（5）未签订服务协议的非铁路单位制发的电报。

（6）非铁路单位超出服务协议规定的业务范围的电报。

四、受理电报

1. 以传真、话传方式受理的电报，报务员应核对该单位备案人员信息，非备案人员制发的电报不予受理。受理后报务员应将电报号码和受理时间通知发报单位，互报姓名或代号，通话应全程录音。

2. 用户可自行配备电报终端(以下简称用户终端)办理电报业务。使用用户终端发送电报时,应符合铁路传真电报的相关规定,将发报原稿发送至电报所,电报所终端收到用户电报后,报务员应按受理电报流程,审核用户电报原稿,确认符合发报要求后,将受理印鉴、受理时间、报文等级等受理信息反馈给用户。

3. 列车乘务人员值乘期间需拍发电报时,可委托经停车站代发电报,并在电报原稿空白处填写证件名称、号码或加盖证明发报人身份、职位的印章。委托车站转交拍发的电报,如有不符合规定或内容有疑问时,由被委托的车站工作人员解释或处理。

4. 执行非图定列车乘务工作的负责人拍发电报时,应写明经由区间,并在附注栏内注明本次列车在发报站的开车时间。

五、高速铁路动车组列车业务电报的拍发范围

1. 列车发生旅客人身伤害时,可用电话向所在单位或上级主管部门报告概况;但发生重伤以上旅客人身伤害时,应在第一时间以短信方式向所属铁路局集团公司主管部门报告,随后向有关铁路局集团公司主管部门拍发速报,并逐级向上级主管部门和宣传部门报告。

报告(含速报)内容主要包括:

(1)发生日期、时间、车次、地点、车站、区间里程。

(2)伤亡旅客的姓名、性别、年龄、国籍、民族、职业、单位、有效身份证件号码、联系方式、住址以及车票种类、号码、发站、到站、车厢、席位等基本情况。

(3)发生经过、旅客伤亡及现场处理简况。

2. 遇特殊情况,途中发生餐料不足,应向前方客运段拍发电报,请求补充,并抄送其主管铁路局集团公司。

3. 列车超员,发电报通知前方停车站采取控制客流措施,并抄送主管铁路局集团公司,必要时抄送国铁集团。

4. 列车发生爆炸、火灾及重大刑事案件等突发事件,应向国铁集团、所在地铁路局集团公司、公安部门、铁路派出所拍发电报,抄送列车配属铁路局集团公司公安局、乘警支队。

5. 列车内发生运输收入现金、客票票据丢失、被盗和短少等事故,应向铁路局集团公司收入部门和公安部门拍发电报报案,并通知有关单位协助查扣。

6. 列车有关业务声明澄清责任时,应向有关站(段)发电报,抄送国铁集团、主管铁路局集团公司业务部门。

7. 因误售、误购车票而误运送行李,行李又未在本列车装运,应向原到站拍发电报,要求将行李向新到站转运。

8. 列车空调故障不能修复,应电告前方各停车站,并抄送上级部门。

9. 列车上发生旅客食物中毒,应电告所属铁路局集团公司及前方铁路局集团公司相关部门。

10. 其他紧急情况,需迅速报告时。

六、列车电报编写实例

以西安局集团公司西安客运段担当的西安北—北京西的G652次列车为例,列车沿途停车站及时刻见表5-2-1。

【实例 1】 发现电子空白车票丢失拍发电报

2019 年 3 月 20 日，G652 次列车到达郑州东站前，发现电子票 A000101 至 A000200 一百张空白票丢失，拍发电报见表 5-3-1。

表 5-3-1　列车票据丢失拍发电报

铁路传真电报

发报单位：　　会签单位：　　拟稿部门：　　拟稿人：
电话：

发报所	电报号码	等级	受理日	时分	收到日	时分	值机员
		L	3.20				

主送单位　西安北至郑州东间各客运营业站：
抄送单位　郑州、西安局集团公司客运部、收入部，西安铁路公安处，西安客运段。

报　文

2019 年 3 月 20 日，G652 次列车到达郑州东站前，发现电子票 A000101 至 A000200 一百张空白票丢失，请各客运营业站接电后协助查扣。

G652 次列车长　（印）
2019 年 3 月 20 日

【实例 2】 发生线路中断，旅客要求中途下车退票

2019 年 3 月 20 日，G652 次列车到达郑州东站时，由于京广高速铁路郑州东—新乡东之间发生水害，线路封锁，影响列车运行，该列车有 35 名旅客要求从郑州东站下车终止旅行，拍发电报见表 5-3-2。

表 5-3-2　线路中断旅客中途退票电报

铁路传真电报

发报单位：　　会签单位：　　拟稿部门：　　拟稿人：
电话：

发报所	电报号码	等级	受理日	时分	收到日	时分	值机员
		L	3.20				

主送单位　郑州东站：
抄送单位　郑州、西安局集团公司客运部、客调，西安客运段。

报　文

2019 年 3 月 20 日，G652 次列车到达郑州东站时，由于京广高速铁路郑州东—新乡东之间发生水害，线路封锁，影响列车运行，该列车有 35 名旅客要求从郑州东站下车终止旅行，请接电后凭旅客车票和客运记录按章办理退票。

G652 次列车长　（印）
2019 年 3 月 20 日

【实例 3】 列车途中空调发生故障不能修复

2019 年 3 月 20 日，G652 次列车石家庄开车后，列车空调系统发生故障无法修复，拍发电报见表 5-3-3。

表 5-3-3 列车空调故障拍发电报

铁路传真电报

发报单位： 会签单位： 拟稿部门： 拟稿人：
电话：

发报所	电报号码	等级	受理日	时分	收到日	时分	值机员
		L	3.20				

主送单位 保定东、高碑店东、北京西站；
抄送单位 北京、西安局集团公司客运部，西安局车辆部，西安客运段，西安动车段。

报 文

2019 年 3 月 20 日，G652 次列车石家庄开车后，列车空调系统发生故障无法修复，请相关各站接电后凭旅客车票和客运记录按章办理退票。

G652 次列车长 （印）
2019 年 3 月 20 日

【实例 4】 列车超员拍发电报

2019 年 4 月 30 日，G652 次列车，郑州东开车后，核实二等座车车内实际人数为 520 人，该列车二等座车定员为 399 人，超员率大于 30%，拍发超员电报见表 5-3-4。

表 5-3-4 列车超员电报

铁路传真电报

发报单位： 会签单位： 拟稿部门： 拟稿人：
电话：

发报所	电报号码	等级	受理日	时分	收到日	时分	值机员
		L	4.30				

主送单位 新乡东、鹤壁东、高邑西、石家庄、保定东、高碑店东站；
抄送单位 中国国家铁路集团有限公司客运部，郑州、北京局集团公司客运部、客调，西安客运段。

报 文

2019 年 4 月 30 日，G652 次列车，郑州东开车后，核实二等座车车内实际人数为 520 人，该列车二等座车定员为 399 人，超员率大于 30%，请各站接电后停售 G652 次列车二等座车车票。

G652 次列车长 （印）
2019 年 4 月 30 日

【实例 5】 发生旅客疾病或死亡拍发电报

2019 年 3 月 20 日，G652 次列车三门峡南站开车后，旅客张山，身份证号 6101041975××××6027，持本次列车西安北至北京西站二等座车车票，05 车 01A，票号 E027187，突发疾病，列车通过广播找到医生进行抢救无效死亡，拍发电报见表 5-3-5。

表 5-3-5　旅客疾病或死亡电报

铁路传真电报

发报单位：　　　　会签单位：　　　　拟稿部门：　　　　拟稿人：
电话：

发报所	电报号码	等级	受理日	时分	收到日	时分	值机员
		L	3.20				

主送单位　郑州东站：
抄送单位　郑州、西安局集团公司客运部，西安客运段。

报　文

2019 年 3 月 20 日，G652 次列车三门峡南站开车后，旅客张山，男，44 岁，陕西省西安市莲湖区北关街道，身份证号 6101041975××××6027，持本次列车西安北至北京西站二等座车车票，05 车 01A，票号 E027187，突发疾病，列车通过广播找到西京医院医生张建国抢救无效死亡，列车长编制客运记录 06 号交郑州东站处理。

G652 次列车长　（印）
2019 年 3 月 20 日

【实例 6】　行李架物品掉落砸伤旅客拍发电报

2019 年 3 月 20 日，G652 次列车三门峡南站开车后，二等座车 05 车厢旅客李斯在放行李时不慎将一黑色旅行箱碰下，将旅客张山头部砸伤。张山身份证号 6101041975××××6027，持本次列车西安北至北京西站二等座车车票，05 车 02B，票号 E027187，该旅客感觉头部不适，出血不止，要求下车治疗，拍发电报见表 5-3-6。

表 5-3-6　行李架掉落物品砸伤旅客电报

铁路传真电报

发报单位：　　　　会签单位：　　　　拟稿部门：　　　　拟稿人：
电话：

发报所	电报号码	等级	受理日	时分	收到日	时分	值机员
		L	3.20				

主送单位　郑州东站：
抄送单位　郑州、西安局集团公司客运部，西安客运段。

报　文

2019 年 3 月 20 日，G652 次列车三门峡南站开车后，二等座车 05 车厢旅客李斯在放行李时不慎将一黑色旅行箱碰下，将旅客张山头部砸伤。张山身份证号 6101041975××××6027，男，陕西省西安市莲湖区北关街道，电话 139272×××××，持本次列车西安北至北京西站二等座车车票，05 车 02B，票号 E027187，该旅客感觉头部不适，出血不止，要求下车治疗，列车站编制 08 号客运记录，将受伤人和责任人一并交郑州东站处理。

G652 次列车长　（印）
2019 年 3 月 20 日

【实例 7】 旅客携带危险品拍发电报

2019 年 3 月 20 日,G652 次列车鹤壁东站开车后,二等座车 05 车厢有强烈的汽油味,经查,旅客张山携带的旅行包中有塑料瓶装汽油 1 瓶,重量 0.5 kg,旅客身份证号 6101091975××××6027,持本次列车西安北至北京西站二等座车车票,05 车 01A,票号 E027187,列车按规定加倍补收四类包裹运费,将汽油移交高邑西站,铁路电报见表 5-3-7。

表 5-3-7 旅客携带危险品电报

铁路传真电报

发报单位: 会签单位: 拟稿部门: 拟稿人:

电话:

发报所	电报号码	等级	受理日	时分	收到日	时分	值机员
		L	3.20				

主送单位 高邑西站,高邑西站公安派出所;

抄送单位 西安局集团公司客运部,西安北站,西安北站派出所。

报 文

2019 年 3 月 20 日,G652 次列车鹤壁东站开车后,二等座车 05 车厢有强烈的汽油味,经查,旅客张山,陕西省西安市莲湖区北关街道,身份证号 6101091975××××6027,携带的旅行包中有塑料瓶装汽油 1 瓶,重量 0.5 kg,旅客持本次列车西安北至北京西站二等座车车票,05 车 01A,票号 E027187,列车按规定加倍补收四类包裹运费,编制客运记录 09 号将汽油移交高邑西站。

G652 次列车长 (印)

2019 年 3 月 20 日

任务训练

一、场景设计

(一)实训目的和要求

1. 实训目的

通过训练,要求学生熟悉动车组列车客运业务电报的拍发范围和编制的要求,能够正确编写报文。

2. 实训要求

(1)电报的主送、抄送单位正确,无遗漏。

(2)报文简洁明了,叙述清晰。

(3)编制人姓名、日期填写正确。

(4)电报版面工整。

(二)实训内容

1. 发生线路中断,旅客要求中途下车退票时拍发电报。

2. 列车途中空调发生故障不能修复时拍发电报。
3. 列车超员时拍发电报。
4. 发生旅客疾病或死亡时拍发电报。
5. 行李架物品掉落砸伤旅客时拍发电报。
6. 旅客携带危险品时拍发电报。

二、实训步骤

(一)实训前准备

1. 物品准备:《铁路传真电报》纸质样张若干,计算机及《铁路传真电报》电子模板,列车长印章。

2. 情境准备:教师给定具体列车车次、停车站信息,以文字形式设定各种情境,要求学生完成《铁路传真电报》的编写。

3. 人员准备:每小组做好人员分工。

(二)实　训

通过讲练结合的方式,逐项完成实训内容。

效果评价

高速铁路列车编制电报训练评分表

姓名		地点		时间	
实训项目	实训考查要点	分值	小组评分	教师评分	最终得分
列车编制电报	主送单位	15			
	抄送单位	10			
	报文内容完整,描述清晰	65			
	落款	10			
合　计		100			

复习思考题

1. 动车组列车的台账资料有哪些?
2. 客运记录的作用是什么?
3. 客运记录的编制要求有哪些?
4. 列车编制客运记录的范围有哪些?
5. 什么是列车客运电报?可以向哪些部门拍发?
6. 列车业务电报的拍发范围有哪些?

项目六　高速铁路动车组列车卫生管理

学习目标

1. 知识目标

- 了解列车给水工作原则、作业程序和工作组织
- 掌握旅客列车厕所管理的规定
- 熟悉动车组保洁服务总体要求
- 熟悉动车组保洁作业时间标准、工具标准，人员岗位行为规范

2. 能力目标

- 会进行动车组的给水工作
- 能够对动车组列车厕所特殊情况进行处理
- 能够熟知动车组保洁服务规范

3. 素质目标

- 培养学生认真严谨的工作态度
- 培养学生工作中的沟通、合作精神

典型工作任务一　动车组列车给水工作管理

任务引入

客车上水工作直接涉及旅客最基本服务需求，为切实做好旅客列车给水工作，满足旅客列车用水需要，提高客车给水质量，各铁路运输企业，需要充分利用工时、上水设备条件、图定旅客列车对数、停站时间和同一时间内的最高聚集客车列数等因素，核定客车给水人员定员。

请思考：

1. 旅客列车给水的设备有哪些？
2. 旅客列车给水原则是什么？

知识准备

一、给水工作的简介

客车给水有关人员应严格遵守各项规章制度，认真负责地做好本职工作，不准以任何借口

拒绝给客车供水。坚持“安全第一、预防为主”的方针，客车给水人员要注意来往车辆，加强瞭望，按照固定线路行走，严禁扒车、钻爬车底、顺道心行走、抢越线路，防止发生伤亡事故。

(一)客车给水有关人员应符合以下条件

1. 身体健康，从业体检合格，能承担室外劳动作业。

2. 熟悉车辆种别、水箱构造、容量、设备布局、操作方法、水压、流量、电气化安全等知识以及给水方案、列车到开时刻、编组等情况。

3. 经过铁路运输、劳动安全培训合格。

(二)客车给水员的职责范围

1. 负责按照给水方案对各次旅客列车的给水工作。

2. 爱护给水设备、备品，给水车辆满水后，应及时关闭上水阀，做好节水工作。

3. 监督各次列车到站“一锁二不倒”(直排式客车锁厕所，不倒污水、垃圾)卫生执行情况，并及时反馈信息。

(三)给水设备要求

客车给水站按照列车运行 5～6 h 或距离 200～300 km 的原则确定，给水站由国铁集团公布。客车给水站给水设备的能力，应满足同一时间最高聚集客车列数的给水需要。

1. 水井数量应满足图定旅客列车最大编组需要。设置水井间距以 25 m 为宜。

2. 给水量较大的车站还应配置一井双栓(仅停靠动车组列车线路一井一栓)，一栓一管。

3. 客车给水站的水栓应设置检查井。

4. 给水管路的适当位置设置水表。

5. 根据需要设置防寒设施。

给水站水井使用一个栓头时，栓口设计流量不应小于 2.5 L/s；双头栓同时上水时，每个栓头设计流量不应小于 2.0 L/s。客技站、库内给水设备的能力应满足列车在站停或整备作业时间内全列满水的需要；客车给水系统不得接引其他用水，确保水压、流量的稳定性。

铁路运输企业应组织有关部门对客车给水设备每年进行春、秋两次大检查、大整修，按照分工负责制的要求保证设备、备品完整好用，所需费用应纳入年度维修财务预算。

二、旅客列车给水原则及方案

(一)动车组列车给水原则

1. 当日第一趟车始发时应辆辆满水。

2. 单程运行时间 10～14 h 的，途中安排重点车厢补水 1 次。16 辆编组的，优先安排紧邻餐吧车的前部 2 辆、后部 2 辆车厢补水；8 辆编组及重联的，每组优先安排紧邻餐吧车的前部 1 辆、后部 1 辆车厢补水；部分车型紧邻餐吧车车厢没有厕所的，向邻近车厢顺延。

3. 单程运行时间在 14 h 以上的，途中(运行 7 h 前后)安排 1 次全列满水。

4. 车底连续套跑 10 h 以上的，中间(运行 6 h 前后)安排 1 次折返站全列满水。

5. 动车组上水的同时安排吸污作业，吸污车站、车厢数与上水作业相同。动车组列车途中上水、吸污作业停站时间 6 min。

6. 关于加强动车组途中上水、吸污安全卡控，动车组途中上水、吸污时，车站客运人员要确认上水、吸污等作业完毕后，将对讲机转至行车频道通知动车组列车长，动车组列车长须得到车站客运人员的确认后，方可按要求报告司机(或机械师)关闭车门。站车联控用语规定如下：

车站客运人员："××次××站客运作业完毕。"

列车长应答："××次客运作业完毕，列车长明白。"

(二)其他给水原则

1. 紧邻高速铁路正线且无隔离的到发线不得安排上水作业。

2. 入库整备且库内具备给水条件的，应在库内给水，出库保证辆辆满水。

3. 列车终到后折返停留无法供水，且整备保洁工作有用水需要，终到站应安排餐车、座车、卧车各1辆满水，每组动车安排2辆满水。具体位置由列车担当铁路局集团公司确定，在上水方案中公布。

4. 运行图编制前一个月，按照客车给水原则，结合旅客列车停站方案，担当铁路局集团公司要制定各次旅客列车给水站及停时方案，报运行图编制部门。

5. 运行图编制后，跨铁路局集团公司旅客列车担当铁路局集团公司编制客车给水实施方案(包括给水车次、给水站、给水车厢号、交接车厢号等)，由国铁集团审核后，单独公布。两铁路局集团公司担当的列车应协商一致，两铁路局集团公司不能协调解决的，由国铁集团决定。给水方案应按照节约、高效、保质原则，既要满足旅客列车用水需要，又要合理安排给水频次。跨铁路局集团公司旅客列车按照客车给水实施方案进行清算。

6. 遇有列车或编组长期调整时，担当铁路局集团公司与给水铁路局集团公司协商一致后，由担当铁路局集团公司以铁路局集团公司电重新公布调整车次的给水方案，跨铁路局集团公司旅客列车报国铁集团备案，同时在给水系统中调整方案。遇临时调整时，由列车担当单位申请客调命令布置。

(三)给水方案编制

1. 运行图编制前一个月，各铁路局集团公司要按照动车组列车给水原则，结合列车停站方案，拟定各次动车组列车给水站及停时方案。

2. 运行图编制后，跨铁路局集团公司动车组列车担当铁路局集团公司编制给水实施方案报国铁集团统一公布。两铁路局集团公司共同担当(分日期轮流担当同一车次)的列车要协商一致。

3. 遇有编组长期调整时，由担当铁路局集团公司以铁路局集团公司电重新公布调整车次的给水方案，跨铁路局集团公司动车组列车报国铁集团备案。临时短期调整时，由列车担当单位电话通知相关给水站，相关给水站应积极配合。

4. 临时动车组列车比照上述办法编制上水方案，安排给水工作，管内动车组列车由各铁路局集团公司自定。

5. 方案按上述原则制定的同时，上水方案格式填报动车组列车始发(折返)站、途中站上水、吸污方案，但不办理站车交接(交接车厢号一栏不填写)。

三、动车组列车非正常情况给水作业处理

1. 给水站未给水时应向列车说明情况，列车在上报月度上水数据备注栏内注明。方案安

排给水，但长期不能给水且难以解决的，站车应报上级协调解决。

2. 遇到动车组列车需要途中临时补水时，列车长必须提前与所在局客运调度员、前方给水站联系，告知车次、缺水车厢号、缺水程度等，给水站接到调度指令后，应提前组织给水人员重点给水。

3. 遇列车长时间滞留非给水站或给水站设备故障无法给水时，根据列车需要，由所在局客调安排停靠车站为旅客和餐车送水。

4. 列车应做好节约用水、爱护设备等宣传。运行途中列车乘务员加强巡视，发现浪费用水、损坏设备等行为及时劝阻。列车乘务员应做好防堵、防冻、解冻工作，不得随意关闭总阀，影响客车给水和正常使用。

四、严格考核统计

国铁集团定期公布各铁路运输企业、列车担当单位、给水车站给水联系电话，公布的联系电话应保证 24 h 有人接听。如有变化，应及时通知相关单位，报铁路局集团公司、国铁集团备案。

各客运乘务单位每月 8 日前将上月担当的各次列车给水情况上报。"沿途给水情况记录簿"按照车次、班组、日期装订，按月存档，保存期一年。

1. 动车组列车上水工作纳入月度上水考核，并按规定上报。动车组列车随车不增设台账，列车长应利用既有乘务日志本(册)做好上水情况记录，退乘后回单位按要求填记"沿途给水情况记录簿"并报"旅客运输管理信息系统"。

2. 动车组列车不进行上水量核对，如遇途中长时间(1 h 以上)且大面积(短编组 3 辆及以上、长编组或重联 5 辆及以上)断水的，列前一上水站未上水，上水辆数均记做 0，其他情况均视作按方案上水。

3. 对未按规定为动车组列车给水，造成严重影响服务质量的单位，将追究有关单位领导责任，并限期进行整改。

五、加强站车配合

1. 加强沟通协调。公布铁路局集团公司客运部、列车担当单位、给水车站给水联系电话，其中，列车担当单位、给水车站给水工作人员加强值班。

2. 遇重要问题，站车间、客运部间应加强沟通联系，妥善处理。

3. 遇动车组列车严重缺水，列车应提前电话通知上水(吸污)站，内容包括车次、缺水车厢号、缺水程度等，上水站应提前组织上水作业人员，在确保安全的情况下做好上水工作。

六、加强动车组注水口盖板管理

2014 年 2 月 3 日，G71 次(北京西—深圳北)、G531 次(石家庄—广州南)动车组列车运行至武汉局管内时，车辆部门 TEDS 系统监测到个别车厢注水口盖(挡)板未锁闭，列车停车处理。为防止类似问题再次发生，应注意以下几点：

1. 列车始发时，上水人员要逐车确认注水口盖(挡)板作用良好，发现作用不良，应及时报告车辆部门。

2. 上水人员上水完毕后，应拔出注水管，关闭注水口盖(挡)板，并确认稳固。

3. 各单位要加强上水人员的业务培训，完善作业流程，加强作业卡控。

4. 动车组一级检修作业时车辆部门要加强车下“三板”(底板、裙板、各部盖板)的检查，确保安装紧固，锁闭良好。动车组在动车所内进行上水、吸污作业的须安排在一级检修作业前进行。

5. 要加强TEDS设备的维护、使用管理，确保设备性能良好，严格按照“双确认”要求准确预报故障。

6. 动车调度接到“动车组注水口、排污口盖板开放”故障预报时按下述规定处置：内嵌式挡板开放时可在前方办客站(非站台侧)或终到站处理；外掀式盖板开放时须立即停车处理。

任务训练

一、场景设计

(一)实训目的和要求

1. 实训目的

(1)了解给水工作基本常识。

(2)熟悉旅客列车给水原则及方案。

2. 实训要求

(1)小组分工，合作完成。

(2)查阅资料，找到与实训内容相对应的规章制度。

(3)小组讨论，分析规章给出初步判断结果。

(4)应用规章，给出处理依据。

(二)实训内容

根据动车组的给水工作组织要求，结合工作实际，选取某个具体情景进行上水工作模拟进行规范操作训练。

二、实训步骤

(一)实训前准备

1. 物品准备：准备纸张等相关用具。

2. 知识准备：给水工作基本常识、旅客列车给水原则、非正常情况给水作业处理、给水工作组织。

3. 情境准备：实训前各小组查阅收集资料，上网搜集关于给水工作的视频选择给水员工种的日常情境，并细化情境内容进行操作。

4. 人员准备：每小组做好人员分工。

(二)实　训

各小组在明确给水有关人员应符合的条件、给水员的职责范围及给水设备要求的基础上，分组完成以下上水工作：

(1)动车组列车给水训练

动车组列车给水操作训练表

序号	单程运行时间	给水原则	补水车厢的优先原则
1	单程运行时间 10～14 h		
2	单程运行时间在 14 h 以上		
3	车底连续套跑 14 h 以上		

(2)非正常情况给水作业处理实训

以小组为单位，针对以下情况进行处理：

①遇到动车组列车需要途中临时补水时，列车长应如何处理？

②遇列车长时间滞留非给水站或给水站设备故障无法给水时，该如何处理？

效果评价

给水工作技能训练评分表

姓名		地点		时间	
实训项目	实训考查要点	分值	小组评分	教师评分	最终得分
旅客列车给水技能训练	小组准备情况	10			
	了解给水工作基本常识	15			
	旅客列车给水原则	30			
	给水工作组织	15			
	过程评价项	20			
	合作完成评价项	10			
合　计		100			

典型工作任务二　动车组列车厕所卫生工作

任务引入

集便客车运行途中，连续发生集便器满箱报警影响旅客使用的问题，给旅客出行带来不便，为加强客车吸污工作，要认真学习列车厕所卫生工作相关知识，统筹安排客车吸污作业，强化客车吸污作业确认制度，建立健全客车吸污责任追究制度。

请思考：

1. 旅客列车厕所是如何管理的？
2. 动车组列车厕所发生特殊情况时应如何处理？

知识准备

一、铁路客运站车厕所环境卫生管理责任分工

国铁集团负责制定铁路客运车站和旅客列车厕所环境卫生的管理办法，负责指导铁路局集团公司对客运站车厕所环境卫生管理工作进行监督和检查。铁路局集团公司负责制定铁路客运车站和旅客列车厕所环境卫生管理的相关办法、措施，并指导、监督、检查、考核站段落实和执行。客运站段作为客运站车厕所环境卫生管理的责任主体，负责制定本单位客运站车厕所环境卫生相关管理制度并组织实施，保持客运站车厕所环境卫生始终处于良好状态。

二、旅客列车厕所管理

(一)旅客列车厕所质量要求

1. 库内

(1)无异味。

(2)便器、导水沿凹槽(俗称“反扣”)、排便桶无积便、积垢，无尿碱、尿垢。

(3)厕所顶板、四壁、门窗、照面镜、灯罩洁净无污渍、积灰。

(4)不锈钢面、洗手盆、手纸盒、扶手表面无污痕、锈渍。

(5)地面无垃圾、积垢、死角、积冰、积水等。

(6)垃圾桶内无积垢、积渍。

(7)地漏不返臭味。

2. 途中及外段折返站

在库内保洁标准的基础上，还应实现：

(1)便器无积便、尿液。

(2)地面无垃圾、积冰、积水。

(二)旅客列车厕所作业要求

1. 备品用具

(1)厕所内配备专用厕刷。

(2)随车配备拖布、洁厕清洗剂、水桶、抹布。

(3)库内保洁班组配备便器导水沿凹槽钢丝刷、钢丝球、百洁布、洁厕清洗剂、抹布、洗衣粉、去污粉、胶皮手套等专用工具。

2. 库内保洁

(1)厕所便器及地面死角保洁。

①清理厕所地面垃圾、污水等。

②按照“一喷、二闷、三刷、四冲”的程序洗刷便器及卫生死角。

a.“喷”：用洁厕清洗剂喷淋便器表面、导水沿凹槽及辅助便桶。

b.“闷”：闷浸 3～5 min，使洁厕清洗剂与尿碱、污垢发生化学反应、软化分解。

c.“刷”：用便器专用钢丝刷或钢丝球反复刷导水沿凹槽，用百洁布洗刷便器表面，用长厕

刷洗刷辅助便桶，将便迹、尿碱、污垢刷掉。

d."冲"：对洗刷后的便器进行冲洗，检查清洁效果，对未彻底清除干净的部位补强清洁。

(2)厕所四周部位保洁。

①按照"由上至下、由内至外"的次序清擦天棚、四壁、门窗、照面镜、灯罩。将专用料剂或洗衣粉水均匀喷涂到顶板、墙壁等处所，用百洁布打磨污渍，然后用抹布擦拭干净。

②对不锈钢表面、手纸盒表面的严重腐蚀、污渍、锈渍，用百洁布沾去污粉或细水砂纸(沾水)进行打磨。

③对垃圾桶内外侧表面的严重腐蚀、污渍、锈渍，用百洁布沾去污粉或细水砂纸(沾水)进行打磨。

(3)重点部位周期性保洁。

直供电车底要在机车或地面停止车厢供电、供风之前完成洗刷便器作业。空调发电车供电车底利用供电、供风时完成便器保洁作业。

(三)旅客列车厕所途中作业

1. 列车运行中，列车员(随车保洁员)适时检查厕所便器及地面卫生，清理厕所地面垃圾、污水，用厕刷洗刷地面及便器残留便迹，清理垃圾桶内垃圾。

2. 检查厕所冲便设备、水龙头、卫生纸架(盒)、坐便垫圈纸盒等设备设施状态是否良好，发生故障，及时报告当班列车长，通知车辆乘务员处理。

3. 检查厕所卫生纸、坐便垫圈纸等备品，按规定及时补充。

4. 列车到达中间大站或终到站前 30 min，全面检查厕所便器及地面状态，清扫厕所，清理垃圾桶，检查设备状态。做好终到"三不带"。

5. 途中发现厕所集便箱满时，应及时锁闭厕所，并联系前方吸污点吸污或按规定采取应急排污措施。

保洁作业时，应使用适合的保洁工具和清洗剂，不损伤车辆设施。应文明作业，不用水直接冲刷墙板和电器装置。

(四)建立列车双所长制

旅客列车厕所分别由客运段段长担任列车厕所"卫生总所长"，客运段车队队长担任本车队列车厕所"卫生所长"；车辆段(动车段)段长担任列车厕所"设备总所长"，对应客运车队指派专人担任列车厕所"设备所长"。车辆部、客运部为业务指导部门。

列车厕所"卫生(总)所长"对担当范围内厕所日常保洁质量负总责，主要负责安排管理和作业人员对厕所进行深度保洁和日常保洁作业、补充消耗品、检查出库、途中和终到厕所卫生质量、检查途中吸污作业质量、巡视设备设施状况、登记设备设施故障并联系维修等。

列车厕所"设备(总)所长"对配属旅客列车厕所设备设施运用状态负总责，主要负责组织人员对车辆厕所相关设备设施定期检修维护，遇临时故障及时抢修；合理提报设备设施更新改造计划，提供必要的库内保洁和整备条件等。

建立列车设备检修考核制度。设备管理单位要做好库内厕所设备检修维护，满足出库(所)质量标准和服务质量规范要求。客运和车辆部门要做好列车出库、途中设备设施检查巡视，对发现的设备故障签认登记，结合设备情况和故障种类，合理确定修复周期，修复后客运和车辆部门共同确认销号。各铁路局集团公司对出库(所)设备质量和故障修复不及时的,严格考核车辆设备管理部门和列车厕所"设备(总)所长";对客运发现问题未登记、未督促整改的,严格考核客运担当单位和列车厕所"卫生(总)所长"。

(五)列车厕所达标活动

重点解决厕所设备设施故障、作用不良问题,消除厕所水锈、尿垢等死角卫生和顽固性污渍,动态保持厕所卫生和消耗品配备数量,确保动车组列车厕所无异味、无死角。

三、动车组列车厕所特殊情况处理

(一)加强动车组列车应急吸污组织工作

途中遇有动车组列车30%以上的卫生间集便箱满载停用,预计无法维持使用至下一图定吸污站点时,由列车长视情况,按照公布的高速铁路吸污站名单选择应急吸污站,原则上选择本次列车停靠车站,提前1 h向吸污站所属铁路局集团公司高速铁路客服调度员或客运调度员提出应急吸污请求,具体内容包括车次、车站、吸污车厢号。

高速铁路客服调度员或客运调度员接到列车长的应急吸污请求后,经值班主任(值班副主任)准许,及时向有关车站、吸污作业单位发布应急吸污作业的调度命令,抄送有关列车调度员,并通知列车长。列车长转报司机、随车机械师。不具备作业条件或来不及安排时,值班主任(值班副主任)立即报国铁集团调度,并由高速铁路客服调度员或客运调度员通知列车长。

吸污作业单位接到调度命令后,应立即组织人员进行吸污作业,作业完毕向站台客运值班员汇报,客运值班员按《铁路旅客运输服务质量规范》要求,确认吸污作业完毕并通知列车长。

如因列车晚点、股道运用、动车组检修等原因无法按计划安排当日终到吸污的,由吸污单位汇报高速铁路客服调度员或客运调度员,按相关规定处理。

(二)旅客列车"双改单"后列车制动机试验办法

为规范旅客列车"双改单"后列车制动机试验工作,减少列车制动机试验期间因旅客使用厕所造成列车充风不足或延长充风时间等影响,特提出有关要求如下:

1. 采用双管供风的旅客列车因故改为单管供风后,在进行全列制动机试验前,客运乘务人员须根据车辆乘务员的通知,将设置集便装置的客车厕所关闭,开车后启用。

2. 采用单管供风的旅客列车编挂有设置集便装置的客车时,在进行全列制动机试验前,客运乘务人员须将设置集便装置的客车厕所锁闭,开车后启用。

3."双改单"后的旅客列车以及编挂有设置集便装置客车的单管供风旅客列车,运行中因列车管压力下降被迫停车时,机车司机要及时与车辆乘务员联系,车辆乘务员、列车长查明列车管压力下降原因,确认因使用集便装置客车厕所而导致的,要及时充风,列车缓解后应尽快开车,客运乘务人员需根据情况,适当关闭厕所。

4. 设置集便装置的客车应尽量安排在双管供风的列车中使用,在采用单管供风的旅客列车中编挂时,配属车辆段应发电报通知相关担当机务段,并将需关闭客车厕所的车站名称书面通知担当客运段;临时加挂或换挂的,由随车车辆乘务员负责通知本列客运乘务员和本务机车司机。

(三)应急情况下客车集便式厕所开启直排功能

一、直排方式

1. 集便器直排。将车厢内厕所集便器真空抽便改为便池直接向集便箱排污的应急措施。

2. 集便箱直排。将集便箱排污阀、进气阀打开向线路直接排污的应急措施。

二、启用流程

1. 当集便箱超容量后导致座车或卧车的厕所超过半数不能正常使用时,列车长、检车长商定后分别向列车运行所在局客调、辆调报告,调度部门应积极协调相关车站、车辆段,就近安排在具备条件的车站,采用地面固定或移动吸污方式进行吸污作业。

2. 无法安排地面固定或移动吸污作业的,列车调度员发布调度命令,原则上就近安排在有砟轨道的车站停车实施直排作业。列车到站停车后,由车站将调度命令转交司机(列车调度员已向司机直接发布时除外)、车辆乘务员和列车长。

3. 接到调度命令后,车辆乘务员按规定设置防护后下车逐车开启集便箱向线路直排功能,同时对应开启集便器直排功能,保持厕所直排状态,直至终到站或吸污站恢复正常状态。

4. 车辆乘务员处理完毕后应及时通知司机、列车长,司机报告车站值班员或列车调度员。确认行车凭证正确,具备发车条件后,司机按规定起动列车。

5. 开启集便箱直排功能后,所在车站应及时通知工务部门清理排出的污物。列车运行过程中厕所管理应比照非集便式厕所,遇站停及长大桥梁、隧道等按规定锁闭厕所(列车长时间滞留时除外)。

6. 启用厕所直排功能时,客运乘务员应加强宣传和厕所冲刷,取得旅客理解和配合,保持环境卫生。

7. 集便器、箱开启直排功能使用说明书由集便器生产厂家提供,各铁路局集团公司可在铁路车辆信息系统上下载,各车辆段要据此制定作业指导书,并做好演练和车辆乘务员培训工作。

任务训练

一、场景设计

(一)实训目的和要求

1. 实训目的

通过本任务训练,使学生在理论教学的基础上,加强对旅客列车厕所管理质量要求和作业要求,熟悉动车组列车厕所特殊情况的处理。通过训练,不断提高服务技能水平和解决实际问题的能力,以便更好地适应高速铁路动车乘务岗位的需要。

2. 实训要求

(1) 实训分小组进行,每小组 4～5 人。

(2) 统一着装:专业实训服(如条件不允许,可着正装)。

(二)实训内容

1. 旅客列车厕所管理实训。
2. 动车组列车厕所特殊情况处理实训。

三、实训步骤

(一)实训前准备

1. 物品准备:准备纸张等相关用具。
2. 知识准备:在实训前了解列车厕所卫生工作的日常,熟悉对旅客列车厕所管理的质量要求和作业要求,熟悉动车组列车厕所特殊情况的处理等知识。
3. 情境准备:实训前各小组查阅、收集资料,选择动车组列车乘务工作的某个情境,并细化情境内容。
4. 人员准备:每小组做好人员分工。

(二)实　　训

本实训对旅客列车厕所管理及动车组列车厕所特殊情况处理的操作进行训练,采取抽题的方法展开演练。

各小组要熟悉旅客列车厕所卫生质量要求、旅客列车厕所途中作业、保洁作业及开启直排功能的操作。实训开始后,先进行具体环节抽签、人员分工,完成任务的演练操作实训。

效果评价

列车厕所卫生工作技能训练评分表

姓名		地点		时间	
实训项目	实训考查要点	分值	小组评分	教师评分	最终得分
列车厕所卫生工作技能训练	小组准备情况	10			
	旅客列车厕所管理	30			
	动车组列车厕所特殊情况处理	30			
	过程评价项	20			
	合作完成评价项	10			
合　　计		100			

复习思考题

1. 动车组列车给水原则是什么?
2. 给水方案是如何编制的?
3. 如何加强动车组注水口盖板的管理?
4. 铁路客运站车厕所环境卫生管理责任是如何分工的?
5. 什么是列车双所长制?

6. 动车组列车厕所的达标活动是什么?

7. 为规范旅客列车“双改单”后列车制动机试验工作,减少列车制动机试验期间因旅客使用厕所造成列车充风不足或延长充风时间等影响,提出了哪些要求?

8. 动车组保洁工作模式有哪些?

9. 动车组保洁作业时间标准是什么?

参考文献

[1] 彭进.铁路客运组织[M].3版.北京:中国铁道出版社,2015.

[2] 蓝志江,雷莲桂.高速铁路乘务工作实务[M].北京:北京交通大学出版社,2019.

[3] 铁路职工岗位培训教材编审委员会.动车组列车员(长)[M].北京:中国铁道出版社,2011.